高等院校旅游管理专业规划教材

导游业务

主　编　王红宝
副主编　王　杨　王玉成　和文征

ZHEJIANG UNIVERSITY PRESS
浙江大学出版社

图书在版编目（CIP）数据

导游业务 / 王红宝主编. —杭州：浙江大学出版
社，2010.8(2015.7 重印)
ISBN 978-7-308-07828-3

Ⅰ.①导… Ⅱ.①王… Ⅲ.①导游－教材
Ⅳ.①F590.63

中国版本图书馆 CIP 数据核字（2010）第 141678 号

导游业务

主　　编　王红宝
副主编　王　杨　王玉成　和文征

丛书策划	朱　玲　樊晓燕
责任编辑	朱　玲
文字编辑	王元新
封面设计	联合视务
出版发行	浙江大学出版社
	（杭州天目山路 148 号　邮政编码 310007）
	（网址：http://www.zjupress.com）
排　　版	杭州中大图文设计有限公司
印　　刷	德清县第二印刷厂
开　　本	787mm×1092mm　1/16
印　　张	13.5
字　　数	336 千
版 印 次	2010 年 8 月第 1 版　2015 年 7 月第 3 次印刷
书　　号	ISBN 978-7-308-07828-3
定　　价	25.00 元

前 言

　　第二次世界大战结束以来,和平的国际环境和世界经济的繁荣,使旅游业得到迅速发展。如今世界旅游业已经发展到空前繁荣的阶段,1992 年旅游业已经跃居为世界第一大产业。虽然我国旅游业起步较晚,但是改革开放以来,旅游业得到持续、健康、快速的发展,目前我国正从世界旅游大国向世界旅游强国迈进。导游业务是旅游业的代表性业务,是旅游业发展中不可或缺的重要组成部分。导游人员作为一个国家或地区的代表和象征,被誉为"形象大使"。随着我国旅游业的不断深入发展,对导游人员的要求也越来越高。

　　自 20 世纪 80 年代以来,我国一些旅游界学者开始把导游作为一门学问和艺术进行研究。由于导游业务的实践性很强,因此其理论研究须随着旅游业的整体发展而发展,并进而服务于实践。本教材由从事多年"导游业务"课程教学和实践的教师编写,在参考和借鉴目前国内外有关导游研究成果的基础上,注意反映导游学的新观点、新成果和新材料,体现出与时俱进的特征。本教材每章都设计有学习目标、复习思考、案例分析、知识链接等相关知识。另外,案例分析主要体现华北地区的旅游发展情况,理论联系实际,使学习者重点理解和掌握导游服务程序以及导游服务技能和方法。总体上,本教材呈现出理论系统、结构完整、内容丰富、知识全面、语言风格活泼等特征。

　　本教材既可以作为高等院校旅游管理专业教材使用,又可以作为导游人员资格考试培训用书,同时还可以作为在职导游人员的培训教材和导游爱好者的自学参考用书。

　　本教材由王红宝、王玉成负责全面规划和统筹。具体分工如下:第一章和第三章由王红宝(石家庄经济学院)编写;第二章由和文征(石家庄经济学院)编写;第四章由王玉成(河北大学)编写;第五章、第六章、第七章及附录由王杨(河北师范大学)编写;第八章由王杨(河北师范大学)、孟国辉(石家庄市铁路职业中专)合作编写。

　　鉴于编者水平有限,书中难免有不妥之处,恳请各位专家和读者提出宝贵意见,以便今后进一步修改完善。

编　者
2010 年 5 月

目　录

导
游
业
务

第一章 导游服务概述

 学习目标

通过本章的学习,要求学生了解导游服务的产生与发展;熟悉导游服务的内涵与特点;掌握导游服务的原则;并能对导游服务有一个比较全面、系统的认识和理解,以正确对待导游服务工作。

导游服务是旅游业务的代表性业务,是一种高智能、高技能的服务工作,在旅游服务中占有非常重要的地位,起着纽带和标志的作用。本章从导游服务的产生和发展入手,具体介绍导游服务的内涵和特点以及导游服务的原则等一系列相关知识。

第一节 导游服务的产生与发展

导游服务作为旅游服务的重要组成部分,是在旅游活动过程中产生并随着旅游活动的发展而发展的。导游服务经历了从最初形态的向导服务发展为现代的导游服务的过程。

一、古代——导游服务萌芽时期

导游服务的最初形态是向导服务,它是随着私有制的出现和旅行活动的开展而产生的。古代向导服务是导游服务的萌芽时期。

在国外,古埃及在公元前 3000 年左右就已经建立了统一的国家,大规模修建的金字塔和神庙吸引了统治区域内外的大批朝拜者,出现了世界上最早的大规模非生产性的祭祀旅行活动。古希腊是西方文明之源,繁荣的城邦贸易、流通的货币和众多的宗教圣地使其成为古代最发达的旅行活动地区之一,尤其奥林匹克运动会的举办,更是吸引很多人前去旅行——参加或观看奥林匹克运动会。古罗马拥有广阔的疆土、稳定的政局、繁荣的商业、发达的交通和多样的文化,这些都极大地促进了古代旅行的发展。这一时期的旅行不仅有经商和宗教旅行形式,而且还出现了滨海疗养、鉴赏艺术、游览古迹、欣赏建筑等多种目的的旅行。到了封建社会,旅行的方式更加多种多样,以消遣为目的的王公贵族的四处巡游;以求学求知为目的的教育旅行;以探险为目的的航海旅行;以经商为目的的跨地区、跨国商业

旅行;以传经布道为目的的宗教旅行等相继发展起来。在这些旅行活动中,有的由侍从相随,他们除了担任随时侍奉和护卫外,也起着旅行向导的作用,而有的途中雇佣了当地的向导指引方向。但需要指出的是,在漫长的古代旅行发展史中,以商业为目的的旅行始终是主要形式,而纯粹以消遣为目的的旅行还不是普遍现象,只是少数人参加的活动。由此可见,在古代时期的各种旅行中,已经产生了向导服务,不管提供这种服务的人的身份是独立的,还是附属于其主人,他们在旅行中所起的向导作用是值得肯定的。

中国是旅行活动起源较早的国家之一。相传,大禹为治理洪水,在 13 年中走遍大半个中国,应该算是我国最早的旅行家了。在我国古代,帝王们外出巡游时必有"陪臣"、"侍从"一起同往,这些人实际上起着导游的作用。他们不仅要为帝王查看出游线路,充当向导,而且还要为帝王讲解沿途的景物。春秋战国时期,诗人宋玉就曾是楚怀王、楚襄王出游时的"文学侍从"。秦始皇、汉武帝出巡时,每次也都带领大批侍从、陪臣同游,如司马迁曾陪汉武帝封禅,一方面为汉武帝巡游提供咨询服务,另一方面又为自己以后编写《史记》收集各种风物民情史料,可以说司马迁是我国学术考察旅行的鼻祖。我国历代文人士子、政治家、科学家、探险家漫游四方,他们每到一处不仅要访问考察,还会请熟悉当地情况的人作为向导,讲解沿途的山水景物和民俗风情。文人墨客的漫游往往影响深远,他们在游历中写下的诗、词、歌、赋以及游记,成为今天的旅游指南和导游词。孔子、司马迁、李白、杜甫、李时珍、徐霞客等遍游祖国名山大川,留下了宝贵的诗篇、文献。张骞三次出使西域、玄奘前往印度取经、鉴真东渡日本、郑和七次下西洋,为发展东西文化交流作出了杰出的贡献。他们在国际旅游史上占有重要的地位。

在古代,来中国旅行的外国人主要是来往的使节、商人、修学者或宗教徒。例如意大利著名旅行家马克·波罗走过世界很多地方,在中国居住 20 余年,写下了著名的《马克·波罗游记》。历代王朝都设有专门的接待机构、接待人员和接待设施。据《史记》记载,汉武帝时期为外国人入境设有专门的旅馆,即"蛮夷邸",有专门的外贸机构和外贸官员,还有专门的翻译人员,即"译官"。外国人在中国活动期间,"译官"负责陪同和接待,其工作内容已类似于当今的国际导游员的具体工作了。

从整体上看,古代的向导服务受到当时社会经济条件的很大制约。具体来说,生产力的发展为旅行活动的开展创造了前提条件,从而产生了对向导服务和当地进行导游服务的需要,私有制的出现使财富集中到少数人手中,他们有能力承担或支付向导服务的费用。另外,这个时期的向导服务对提供者来说多少带有偶然性、临时性,他们接受的也只不过是游客赏赐给的"盘缠"或"酒钱"(相当于现在的小费),人们不可能以此作为谋生的手段,更不能据此来养家糊口。因此,这个时期虽然出现了向导,提供了初期的导游服务,但还只能是少数人的一种兼职行为,不能形成一种社会化的职业,更不可能形成向导或导游队伍。

二、近代——导游服务产生时期

随着资本主义生产关系的确立,特别是 18 世纪 60 年代,英国开始的产业革命以及随后在美国、法国、德国等西欧国家和日本相继于 19 世纪完成的产业革命,大大促进了生产力的发展和经济的繁荣。近代是导游服务的开创时期。

世界上公认的第一次商业性旅游是 1841 年由英国人托马斯·库克组织的。托马斯·库克,1808 年 11 月 22 日生于英格兰比郡墨尔本镇,自幼家境贫寒,做过帮工、木工、颂经人等。由于宗教信仰的原因,他极力主张禁酒。1841 年 7 月初,在他居住的莱斯特城不远的拉夫伯勒(Loughborough)要举行一次禁酒会。为了壮大这次大会的声势,托马斯·库克在莱斯特城张贴广告、招徕游客,组织了 570 人从莱斯特城前往拉夫伯勒参加禁酒大会。他向各位游客收费 1 先令,为他们包租了一列火车,做好了行程的一切准备,使这次短途旅行十分成功。这标志着近代旅游活动的开始。在这次旅游活动中,托马斯·库克本人始终陪伴着旅游者,并为他们安排各项活动、交通及用餐,已经具备了现代导游服务的各项主要特征,因此这也被认为是第一次正式的具有现代意义的商业性、职业化导游服务。1845 年,托马斯·库克在英国莱斯特城正式成立了"托马斯·库克旅行社",开始专门从事旅行社代理业务,这也是世界上最早创办的一家商业性旅行社,它标志着近代旅游业的诞生。1846 年,托马斯·库克的旅行社组织了一个 350 人团队先后乘火车和轮船去苏格兰旅游,旅行社为每位成员分发了旅游活动日程表,还为旅行团专门配置了导游员带队。这是世界上第一次有商业性导游人员陪同的旅游活动。1855 年,托马斯·库克采用团体包价形式组织了前往法国巴黎的旅游活动,于是开始出现了国际旅游活动。后来库克本人又亲自带团成功地进行了环球旅游。1864 年,托马斯·库克组织的旅游人次已经累计超过百万。托马斯·库克不仅开创了近代旅游业的先河,而且提供了众多成功的旅游模式。欧洲、北美诸国和日本纷纷仿效,先后组建旅行社或类似的旅游组织,招募导游员,带团在国内外参观游览。这样,导游员开始逐渐增多并成为世界各国的一种职业需求。

与西方国家相比,我国近代旅游业起步较晚。1923 年 8 月,爱国企业家陈光甫先生在自己开办的上海商业储备银行设立了旅行部,办理旅行业务。1927 年 6 月,旅行部从该银行中独立出来,正式成立了中国旅行社,并在国内 15 个城市开设分社。中国旅行社的业务范围很广,代理各种各样的交通服务、预定酒店、组织团队旅行、提供翻译、导游服务,并且创办了我国第一本旅行杂志,对我国旅游业的发展进行学术探讨,介绍国内外主要旅游活动、各地风光名胜以及有关旅游接待服务信息等内容。同时,中国还出现了其他类似的旅游组织,如铁路游历经理处、公路旅游服务社、浙江名胜岛团等。

综上所述,这个时期既是导游服务的开创时期,也是导游服务的奠基时期,所提供的导游服务在许多方面和现代导游服务是相同或类似的。而旅行社招聘全程陪同和临时雇佣当地人员进行导游活动又促使了社会中一些人逐渐将导游工作作为一种职业来对待。所以,这个时期是导游服务逐步走向职业化的时期。

三、现代——导游服务全面发展时期

第二次世界大战之后,和平与繁荣的环境促使世界经济稳步发展,居民收入不断提高,闲暇时间不断增加。加之各国政府对发展旅游业的重视,使旅游活动开始进入千家万户。20 世纪 70 年代中期,大众旅游成了时尚。1992 年,旅游业更跃居为世界上最大的产业。旅游对社会经济的影响越来越大,旅游业已经成为世界经济的一个重要组成部分,为 2 亿多人提供了就业,其中就包括导游服务人员。目前,世界上许多国家都加强了对导游人员的选拔、教育和培训以及导游服务质量的管理。现代的导游服务主要呈现出以下主要特征。

1.导游服务职业化

随着旅游业的发展,导游队伍也在不断地壮大。导游服务在旅游服务中的重要性使得导游服务的地位逐步为社会确认,即导游服务成了社会诸种职业中的一种。早在 20 世纪

70年代,西方一些发达国家就已经将导游作为一种职业列入其社会职业分类词典之中。我国劳动和社会保障部1999年颁发的《中国职业分类大典》也将导游作为一种职业列在第四大类"商业与服务业"之中。与其他国家不同的是,我国导游服务职业还未完全形成自由化,而在德国、日本、新加坡等国已经实行了导游职业自由化制度。

2.导游服务商品化

与其他消费品一样,旅游产品也是一种商品,在市场中遵循的也是市场法则。作为旅游产品一部分的导游服务对游客来说具有使用价值,能够满足游客身心的需要,同时在进行导游服务的过程中导游人员需要付出劳动,因而又具有价值。在交换中,其消耗的活劳动需要得到补偿,这种补偿和创造的价值是以收费的形式表现出来的。在国外,导游服务收费在理论上是通过谈判来确定的,而在现实中则由政府机构确定,或由旅游产业界的协议来规定。在我国,导游服务收费包含在包价旅游的综合服务费中,而散客委托服务则按单项计价。导游服务商品化这一特征要求导游人员在进行导游服务的过程中必须讲求服务质量,以服务质量赢得更多的回头客,否则就会在激烈的市场竞争中被淘汰。

3.导游服务规范化

在近代,导游服务刚刚出现的时候,导游服务不可能有统一的社会标准。但到了现代,随着旅游业竞争日益激烈,游客对导游服务的质量越来越重视。为了保护消费者的合法权益,国际标准化组织、一些地区性的旅游组织和不少国家的旅游组织或相关机构先后制订了服务标准、旅游产品销售标准和导游服务标准,对旅游产品和导游服务全过程的质量要求进行了规范。例如,欧盟理事会颁布的《关于包价旅行、包价度假、包价旅游的指令》,规定了旅游商的促销产品必须向消费者就产品价格、日程以及所包含的各项服务的内容、规格、档次等提供详细的书面材料。我国技术监督局也于1995年制定了《导游服务质量》国家标准,1997年国家旅游局又颁布了《旅行社国内旅游服务质量要求》的部门标准。所有这些标准分别从不同角度、不同层面对导游服务质量提出了规范化的要求。

4.导游人员管理的法制化

为了确保导游服务质量,维护旅游者的合法权益,树立旅游目的地的旅游企业形象,世界上许多国家政府部门、组织加强了对导游人员的管理,并将这种管理纳入法制化轨道,主要措施包括以下几种。

(1)导游资格考试制度

目前许多国家都对导游人员规定了选拔程序,选拔的主要方法就是进行导游人员资格考试。考试一般分笔试和面试两种形式,考试内容多涉及实际工作中必备的知识和技能。不同的是各国负责组织考试的机构不尽相同。除了政府、旅游管理部门、导游协会外,还有委员会、评估机构乃至大学等。我国1989年建立了全国导游人员资格考试制度,1995年又建立了导游人员等级考核制度。

(2)导游人员注册制度

世界大部分国家都有明确规定,导游人员在进入旅游行业从事导游工作时要进行注册,只有经过注册的导游人员才有执业资格。不同的是,注册有效期限和负责注册的机构各不相同。有的国家一次注册终身有效,有的国家每年、每两年或每隔五年需要注册一次。负责注册的机构除了市政当局、地方政府、旅游部门外,还有商会、导游公司等。我国关于导游人员注册制度的规定是,导游人员在获得导游资格证后,需要向一家旅行社或导游管理服务机构注册,然后持同旅行社签订的劳动合同或导游管理机构登记证明材料向所在地旅游行政管理部门申请办理导游证。

（3）导游人员管理立法

很多国家对本国的导游人员制定了有关的法规,相当一部分国家规定不合格的导游人员从事导游工作为非法。例如,在塞浦路斯,法律明文规定,没有取得导游资格的人从事导游工作为非法行为。在我国,为了加强对导游人员的管理,1999年中华人民共和国国务院颁布了《导游人员管理条例》,2002年国家旅游局又颁布了《导游人员管理实施办法》,规定除了对导游人员实行资格考试制度和等级制度外,还实行计分管理制度和年审制度,从而将我国导游人员的管理纳入法制化轨道。

四、导游服务的未来发展趋势

随着旅游业的快速发展,新的旅游活动方式正在不断地涌现。为了适应旅游活动的发展趋势,导游服务势必要随时调整,以满足旅游者的需要。导游服务在未来将会出现如下五种发展趋势。

1. 导游内容的高知识化

导游服务是一种知识密集型的服务工作,是一种高智能、高技能的服务工作,是传播文化的重要渠道,是促进世界各国、各地区、各民族间文化交流的重要途径。在未来的旅游活动中,参与者的文化修养更高,对知识的更新更加重视,文化旅游、专业旅游、生态旅游、科研考察旅游的发展,对导游服务将会提出更高的知识要求。因此,导游人员必须提高自身的文化修养,在掌握渊博知识的同时,努力深化导游讲解的内容,使其更具有科学性,更有说服力,更能吸引旅游者。导游人员不仅能与旅游者讨论一般的问题,还应能较深入地谈论某些专业问题。总之,导游人员要努力丰富自己的知识,使自己既要成为一名"杂家",又要成为某一领域或某一方面的专家。

2. 导游手段的科技化

随着科学技术的发展,将会有越来越多的先进的科技手段运用到导游服务工作中去。这些先进的导游手段,运用在游览前或游览现场,引导旅游者参观游览,不仅能让旅游者看到或听到旅游景观的现状,还能让其进一步了解历史沿革和相关知识,起到深化实地导游讲解和以点带面的作用,从而成为导游工作不可或缺的辅助手段。导游人员必须学会越来越先进的科技导游手段,并且要在游前导、游中导和游后导中运用自如,与实地口语导游密切配合,使其相辅相成、锦上添花。

3. 导游方法的多样化

经过几十年的努力,我国导游业已经总结出几十种行之有效的导游方式。但是这些方法大都是在现场讲解时使用的。旅游活动多样化的趋势,尤其是参与性旅游活动的兴起和发展,要求导游人员随之变换其导游方法。参与性旅游活动的发展意味着人们追求自我价值实现的意识在不断增强。追求自我价值不仅体现在工作中,人们还将其转移到了娱乐活动中。人们参加各种竞赛,参与各类节庆活动,与当地居民一起活动、生活,还在旅游目的地学习语言、各种手艺和技能,甚至参与探险活动,等等。旅游活动的这一发展趋势给导游员提出了更高的要求。未来优秀的导游员应该是个多才多艺的人,不仅能说会道,能向旅游者提供精彩的讲解,而且要能歌善舞,能随时带领大家一起活跃旅游生活。另外,导游人员还要有较强的动手能力,有健康的体魄、勇敢的精神,能与游客一起回归大自然,参与绿色旅游生活,一起参加各种竞赛,甚至去探险。

4. 导游服务的个性化

当今社会是个性张扬的社会,个性化发展成为时代的主题。旅游者对旅游产品消费的个性化需求也越来越明显。现代旅游服务之间的竞争,归根到底是服务质量的竞争,是特色服务的竞争。如果说导游服务的标准化、规范化是保证导游服务质量的基础,那么,个性化服务就是服务质量的灵魂。导游服务要求导游人员能根据游客的个性差异和不同的旅游需求提供针对性的服务,使不同的游客都能获得极大的身心满足。同时,导游服务个性化有利于导游人员根据自己的优势、特长或爱好,形成自己的导游艺术风格,给游客留下特色鲜明的印象。

5. 导游职业的自由化

从世界各国导游发展历史来看,导游员作为自由职业者是必然趋势,他们身份自由、行动自由、收入自由,靠为游客提供良好的服务和高尚的职业道德得到社会的认同。收入取决于上团机会、服务水平、个人声誉。各方面都好的导游人员上团的机会就高一些,收入自然也高一些。目前,我国各地成立的"导游公司"或"导游服务中心"就是这一趋势的反映。

五、中国导游服务的发展历程

总体而言,我国导游服务发展过程大致经历了三个时期。

第一个时期是中华人民共和国成立以前的时期,它始于20世纪20年代。1923年8月,上海商业储备银行总经理陈光甫先生首次在该行设立了旅行部,办理旅行代理业务。1927年该部从银行独立出来设立了"中国旅行社",除了继续从事有关旅行代理业务外,还组织接待国内旅游团和国际旅游团,为游客提供导游和翻译服务。除"中国旅行社"外,在这个时期成立的其他旅游组织,如铁路游历经理处、公路旅游服务社等也为游客提供导游服务。可以说,这个时期是我国导游服务的初始时期。

第二个时期是自中华人民共和国成立至改革开放前的时期。这个时期的导游服务是外事接待工作的重要组成部分。新中国第一家国营华侨服务社于1949年11月19日在厦门诞生。1954年4月15日,中国第一家面向外国旅游者开展国际业务的旅行社——中国国际旅行社在北京成立,随后还在上海、广州等12个城市设立分社。其任务是承办除外国政府代表团之外的所有其他单位委托的外宾在中国的食、宿、行、游等生活接待以及外国自费旅游者的接待工作。这些旅行社配备了专职的翻译导游,这是新中国真正意义上的第一批导游员。1957年,华侨旅行社更名为中国旅行社,接待对象为我国港澳台同胞、海外侨胞、外籍华人。由于外事工作政策性强,政治思想素质要求高,因而对翻译导游人员提出了"三过硬"的工作要求,即思想过硬、外语过硬和业务过硬。同时,对翻译导游也提出了"五大员"的工作任务,即宣传员、调研员、服务员、安全员和翻译员。除此之外,还提出了有关外事纪律。至于向华侨、港澳台同胞提供服务的接待人员的工作则主要服从于侨务工作的需要。所以,这个时期导游服务的主要特点体现在:服从政治需要;翻译导游人员以翻译面貌出现;不讲究经济效益。

第三个时期是改革开放以后的时期,也是我国导游服务同国际接轨的时期。1980年,中国青年旅行社成立,形成由中国国际旅行社(国旅)、中国旅行社(中旅)、中国青年旅行社

(青旅)三家垄断经营的局面。三大旅行社承揽了绝大部分入境游客的招徕和接待工作以及国内游客的国外旅游业务。1984年,国务院对旅行社的体制做出两项决定,一是打破垄断,在一定条件下对旅行社放开经营;二是规定旅行社由行政或事业单位改为企业。这两项决定对我国旅行社从过去的友好接待单纯职能转变为真正的企业化运作起到了决定性作用。这个时期不仅导游人员数量众多,导游队伍不断扩大,更为重要的是导游服务已经作为旅游服务的一部分而成为旅游产品价值实现的重要一环。导游服务质量直接关系游客对旅游产品质量的评价,并构成旅游产品吸引力的一个重要因素。这个时期导游服务的特点主要体现在:导游服务队伍扩展迅速;导游服务作为旅游服务的一部分构成了旅游产品的重要内容;导游服务程序和服务质量实现了标准化;导游服务管理实现了制度化和法制化。

第二节　导游服务的内涵和特点

自托马斯·库克旅行社成立以来,旅游活动便作为一种商品来经营。旅行社为了从旅游活动中获得利润,就必须提高游客的满意度,使组织的旅游活动能够安全顺利地进行。为此,就需要做好各项旅游服务,如引导游客顺利地旅行、向游客介绍游览项目、帮助游客解决旅行中的各种问题或事故等。"导游"一词就是对这类工作的高度概括。

一、导游服务的概念

导游服务是导游人员代表被委派的旅行社,接待或陪同游客旅行、游览,按照组团合同或约定的内容和标准向其提供旅游接待服务。

导游服务的概念包括如下含义。

1. 导游人员必须由旅行社委派

根据《导游人员管理条例》,在提供导游服务时,导游人员代表的是委派他的旅行社。导游人员可以是专职的,也可以是兼职的。未经旅行社委派的导游人员,不得擅自接待旅游者、承揽导游业务。

2. 导游人员的主要业务是从事游客的接待

导游人员在陪同旅游者旅行、游览的过程中,为旅游者提供向导、讲解以及相关的旅游服务。具体来说,地方导游人员所负责的是当地的旅游接待服务;全陪导游人员所负责的是游客整个旅游行程的陪同和照料服务;景区景点导游人员所负责的是所在景区景点的导游讲解服务;海外领队所负责的是出境旅游团的全程陪同和照料服务;在旅行社设置于饭店、交通港口或大型商场柜台工作的导游人员所负责的是向顾客提供旅游咨询、旅游活动洽谈和安排以及联络服务。

3. 导游人员提供的接待服务必须符合组团合同或约定的内容和标准

导游人员在接待过程中要注意维护所代表的旅行社的形象和信誉,同时也要注意维护游客的合法权益。因此,导游人员必须按照组团合同或约定的内容和标准为游客提供服务,不得擅自增加、减少甚至取消旅游项目,也不得降低导游服务质量标准。

二、导游服务的地位和作用

旅行社、饭店和交通是现代旅游业的三大支柱,其中旅行社在现代旅游业的三要素中处于核心地位,而旅行社接待工作中处于第一线的关键角色是导游人员。导游人员是导游服务工作的主体,因此,世界各国旅游专家把导游服务视为现代旅游业的代表工种,并给予高度评价。例如日本旅游专家土井厚认为,任何行业都有代表性的业务,在旅游业中,其代表性业务就是导游服务。导游服务在旅游接待中起着不可或缺的作用。具体来说,导游服务的重要性主要体现以下几个方面。

1. 导游服务的地位

导游人员的地位由于受政治制度和社会因素的制约,各国有所不同,但是对导游工作的地位都给予很高评价——导游工作是旅游服务中代表性的工作。导游人员是旅游接待的第一线关键人员,起着主导的作用。

旅行社的业务主要包括四大项,即旅游产品开发、旅游产品销售、旅游服务采购和旅游接待。根据马克思的生产和再生产原理,产品要经过生产、分配、交换和消费四个环节,其中生产是起点,消费是终点。旅行社的前三项业务属于产品的生产与交换,最后一项业务属于产品的消费,即游客购买了旅游产品后到旅游目的地进行消费。旅游接待过程即是实现旅游产品的消费过程。如果说我们把旅游接待过程看做是一条环环相扣的链条(从迎接客人入境开始,直到欢送游客出境为止),那么,向游客所提供的住宿、餐饮、交通、游览、购物、娱乐等服务则分别是这根链条上的一个个环节。正是导游服务把这些环节连接起来,从而使相应服务的部门和单位的产品价值得以实现。因此,导游服务虽然只是旅游接待服务中的一种,但是与旅游接待服务中的其他服务(如住宿服务、餐饮服务、购物服务)相比,导游服务无疑居于主导地位。

2. 导游服务的作用

导游服务作为旅游行业的代表性业务,在旅游服务中具有十分重要的作用,主要体现在以下几个方面。

(1)纽带作用

导游服务是旅游服务的核心和纽带。正是通过导游服务才将旅游服务中的其他各项服务联系起来,使之相互配合,协同完成旅游接待工作。

首先是"承上启下"的作用。导游人员代表旅行社具体实施接待计划,为旅游者安排和落实食、宿、行、游、购、娱等各项服务,并处理旅游期间可能出现的各种问题。同时,导游人员作为旅行社的代表,在旅游活动期间直接面对旅游者,为旅游者提供全程服务。旅游者的需求以及对旅游产品的意见、建议等,导游人员了解得最为清楚。因此,导游人员处于承上启下的位置,应做好信息反馈工作,及时地反映、转达至上级管理部门。其次是"连接内外"的作用。导游人员既代表旅行社的利益,履行合同,实施旅游接待计划,又代表旅游者的利益,负有维护旅游者的合法权益的责任,代表旅游者与各旅游服务部门进行交涉、提出合理要求。当遇到违反合同的行为时,要进行必要的干涉,为旅游者争取应该享有的正当权益。同时,导游人员有责任向游客介绍中国,帮助他们尽可能地多了解我们的国家、人民、文化、风俗民情以及国家的有关政策、法令等。在与游客接触的过程中,导游人员应多进行调查研究,了解国外,了解游客。最后是"协调左右"的作用。导游人员在旅游接待服务中,还要负责协调与其他旅游接待部门的横向关系。导游服务与其他各项旅游服务的服务对象是共同的,但是服务内容上又有所不同。在根本利益一致的前提下,又有各自的部门利益,存在着相互依存、相互合作,又相互制约、相互牵连的关系。导游人员作为旅行社的代表,对饭店、旅游景点、交通部门、旅游商店、娱乐场所等企业提供的服务在时间上、质量上起着重要的协调作用。因为旅游服务中任何一个环节出现了问题,都会影响整个旅游服务质量。导游人员既有义务协助有关旅游服务提供者,同时也有责任对这些部门的服务提出意见和建议。

（2）标志作用

导游服务质量包括导游讲解质量、为游客提供生活服务的质量以及各项旅游活动安排落实的质量。导游人员与其他旅游接待单位的人员相比,同游客接触的时间最长,游客对导游服务的感受也最为深刻,对服务质量的感受最敏感。旅游服务中的其他服务虽然也很重要,但是对游客印象一般不如导游服务质量深刻。因此,导游服务质量的高低相对于旅游目的地的接待服务水平具有某种代表性,起着一定的标志作用。

（3）扩散作用

优质的导游服务能对旅游目的地的旅游产品和旅行社形象起到扩散或传播的作用。由于导游服务质量的高低在很大程度上决定着旅游产品的使用价值,游客往往通过导游人员带领游客进行活动的情况来判断旅游产品的使用价值。如果导游服务质量高,令游客满意,游客会认为旅游产品物有所值,回到旅游客源地后就会以其亲身体验向亲朋好友进行义务宣传,从而扩大旅游产品的销路。反之,如果导游服务质量不高,则会导致游客抱怨和不满,并间接影响其周围的人,从而影响旅游产品的销路。由此可见,无论导游服务质量是高是低,都会对旅游产品的销路起到扩散的作用。不同的是,质量高时起到促销的作用,质量低时起到阻碍销售的作用。

（4）反馈作用

在旅游接待的过程中,导游人员如能较好地处理旅行社与游客的关系、旅行社与其他旅游接待单位的关系以及游客同其他旅游接待单位的关系,游客和其他旅游接待单位的意见、建议、要求等就能比较顺畅地向导游人员表达出来,并通过导游人员及时反馈给旅行社,这有利于旅行社进一步改进旅游产品,提高旅游产品的质量,以便更好地满足旅游者的需要。

三、导游服务的类型和范围

导游服务的类型和范围所包括内容是多方面的,具体来说,包括以下内容。

1. 导游服务的类型

导游工作类型是指导游人员向旅游者介绍所游地区或景点情况的方式。现代导游工作的方式大致分为两大类,即图文声像导游方式和实地口语导游方式。

（1）图文声像导游方式

图文声像导游方式也可以称为物化导游方式,随着科学技术的进步,物化导游方式更加丰富多彩,目前主要包括以下内容：

①导游图、交通图、旅游指南、景点介绍册页、画册、旅游产品目录等。

②有关旅游产品、专项旅游活动的宣传品、广告、招贴以及旅游纪念品等。

③有关国情介绍和景点介绍的录音带、录像带、电影片、幻灯片等。

旅游业发达的国家都非常重视图文声像导游方式,各大中城市、旅游景点以及机场、火车站、码头等处都设有"旅游服务中心"或"旅游问讯处",那里摆满了各种印制精美的旅游宣传资料,人们可以随意翻阅,其中大部分供问讯者免费取走;工作人员还会热情、耐心地回答有关旅游活动的种种问题并向问讯者提供很有价值的建议。很多旅游公司通过定期向公众放映有关旅游目的地国家或地区的电影或录像、举办展览会来影响旅游者。组团旅行社一般在旅游团集合后、出发前都要为旅游者放映有关旅游目的地的风俗民情及注意事项,帮助旅游者对即将前往的旅游目的地有一个基本的了解。很多博物馆、教堂和重要的旅游景点都安装了先进的声像设施,方便旅游者参观游览,并帮助他们比较深刻、全面地理解重要景观内涵的深奥寓意和艺术价值,从而获得更多美的享受。

（2）实地口语导游方式

实地口语导游方式也称为讲解导游方式,是导游人员在游客旅行游览过程中对游客进行介绍、讲解的导游方式。具体来说,它包括导游人员在旅游者旅行、游览途中所作的介绍、交谈和问题解答等导游活动,以及在参观游览现场所作的介绍和讲解。

随着科学技术的进步,导游服务方式越来越高科技化,越来越多样化。图文声像导游方式形象生动;然而同实地口语导游方式相比,仍然处于从属地位。实地口语导游方式不仅不会被图文声像导游方式所代替,而且会一直在导游服务中处于主导地位。

总之,对旅游者而言,图文声像导游方式和实地口语导游方式都是必要的。它们相互补充,取长补短,可以使旅游者在旅游过程中获得更加完美的导游服务,获得旅游需求的最大满足。

2.导游服务的范围

导游服务的范围是指导游人员向旅游者提供服务的领域及其组成。导游服务的范围涉及很广,但就导游服务主体来说,导游服务的范围一般由三个部分构成,即导游讲解服务、旅行生活服务与交通服务。这三者都是旅游接待服务的重要组成部分。

导游服务工作的范围如图1-1所示。

（1）导游讲解服务

导游讲解服务包括旅游者在旅游目的地旅游期间的沿途讲解服务,参观游览现场的导游讲解、座谈、访问和某些参观点的口译服务。具体来说主要包括:

①途中导游讲解。导游人员在旅游中将沿途所见与将要参观游览景点的情况结合起来提供讲解服务。归途中可对游览景点的情况进行归纳整理,做补充讲解,并随时回答旅游者的提问。在市容市貌的游览中,导游人员要注意讲解内容与窗外景物的一致,并适当介绍整个城市的情况。

②现场导游讲解。在参观自然景观时,导游人员一方面应该介绍其独特的形态;另一方面还要介绍其形成的地理、地质条件和有趣的轶事;在参观文物古迹时,导游人员则应该介绍其历史背景、建筑特色、历史和艺术价值等;在参观游览主题公园等现代项目时,导游人员则应该将讲解与参与结为一体。

③座谈、访问。导游人员的介绍、翻译或讲解,可帮助旅游者认识一个国家或地区及其民族的历史文化、传统风俗、生活方式和现代文明,进而了解当地人的精神风貌、价值观念和道德水准,使旅游者获取对旅游目的地社会文化的切身体验。

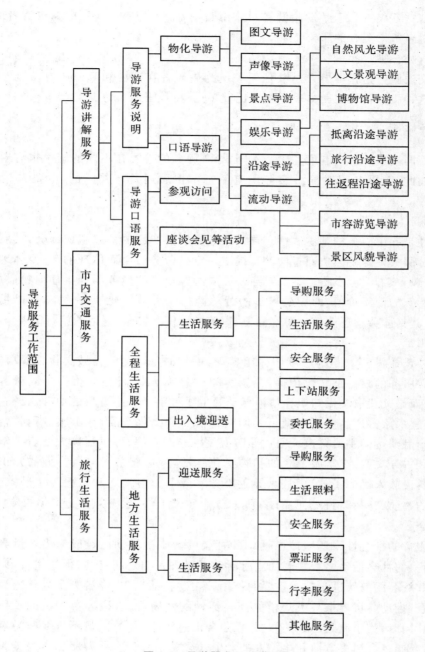

图 1-1 导游服务工作范围

（2）旅行生活服务

旅行生活服务可分为综合和单项两种。综合服务包括需要为旅游者提供出入境迎送、旅途生活照料、安全服务以及上下站联络等一系列服务,而单项服务只为旅游者提供某个项目的服务。

导游人员为旅游者提供快捷、安全、便利的旅行生活服务,使旅游者在旅游期间的生活顺利、愉快,这不仅有利于激发旅游者对旅游目的地的认识和了解,提高旅游者的满意度,还能给旅游者留下美好的印象。

（3）市内交通服务

市内交通服务是指导游人员兼任驾驶员为旅游者在市内和市郊旅行游览时提供的开车服务。这种服务目前在西方发达国家比较多见,在我国还极为少见。

四、导游服务的性质

由于不同国家的社会制度和国情不同,导游服务的性质在不同的国家也有着不同的提法。尽管如此,世界各国对导游服务所有的基本性质还是有共识的,主要包括以下几个方面。

1. 服务性

服务性是导游服务的基本属性。导游服务是旅游产品的核心组成部分,其服务性更为突出。导游服务是导游人员通过向游客提供一定的劳务活动而体现的,主要体现在导游讲解、翻译、旅行安排、生活服务等。导游人员向游客提供的劳务不产生任何物质成果,但是它能创造特殊的使用价值,即导游人员的劳动消耗能为旅行社带来效益,并以报酬的形式得以补偿,其具体劳动还能满足游客游览、审美的愿望和安全、舒适的旅行需要。

2. 文化性

人们外出旅游不只是为了度假休闲享受,更多的是以体验异域文化、获取异地知识为目的。导游服务的核心是文化传递,在游客的旅游活动中,导游人员由于同游客接触的时间最长,因而是其获取文化知识和精神享受的主要帮手。从旅游目的地和旅游企业的角度来说,所销售的旅游产品主要是满足人们精神需要的文化产品,导游服务则是帮助游客实现对这种产品消费的主要渠道。通过导游人员精彩的讲解,可以帮助旅游者了解旅游地的风俗文化和古今文明,丰富旅游者的精神文化生活,增进旅游者对各方面的知识以及旅游地风光和各民族人民的了解。因此,导游服务实际上起着沟通和传播一个国家、一个地区及其民族的物质文明和精神文明的作用,从这个意义上讲,导游人员是文化的传播者。

3. 社会性

导游服务的社会性来源于旅游活动的社会性。旅游活动已经成为当今世界上规模最大、最具活力的社会活动之一。现代旅游活动对促进人们之间交往、促进世界和平、促进经济的发展和社会的繁荣进步起着重要的作用。在这种活动中,导游人员处于旅游接待工作的中心位置,推动着世界上最大规模的社会活动的发展,所以说导游人员的工作具有明显的社会性。同时,为了满足游客的需要,在服务的过程中,导游人员不仅要与游客保持经常接触,而且要同社会诸多方面和相关人员发生社会关系,因此,导游服务本身就是一种社会服务。随着旅游活动的发展,旅游业已经成为社会经济中的一个行业,导游也逐渐成为社会诸多职业中的一种。导游工作作为一项社会职业,能够容纳一定数量的社会就业,对绝大多数导游人员来说,它又是一种谋生的手段。

4. 经济性

导游工作是一种社会职业。导游人员通过向旅游者提供导游服务而获取报酬,而且导游人员受旅行社或相关组织的委派,是作为旅行社或相关组织的代表为旅游者提供服务的,为有关旅游企业获利作出了贡献。在导游服务的过程中,导游人员还可以通过科学的安排,为有关企业节省开支。与此同时,导游服务可以为国家建设创收创汇。导游人员还可以在促销旅游商品、扩大客源和促进经济交流等方面发挥重要的作用。

5.涉外性

在国际旅游接待活动中,导游人员应帮助海外旅游者正确了解和认识中国,融政治与对外宣传于导游讲解、日常交谈和游览娱乐中。导游人员在与海外旅游者交往时,必须严格遵守有关保密纪律,绝不能随心所欲说话和行动。导游讲解既要遵循外事纪律,又要保持热情友好的态度,不卑不亢,有理、有礼、有节,求同存异,绝不能无理、无礼,乃至丧失国格、人格。导游服务的涉外性一方面体现在导游人员为中国公民提供出境陪同服务。出境前导游人员要充分了解旅游目的地国的概况、社会动态、风俗民情、生活方式、宗教信仰等,向出境的中国公民讲解清楚,作为中国的代表,在国外要展示中国人良好的精神风貌和素质。另一方面表现在民间的外交上。在国际旅游方面,由于旅游是不同国度、不同宗教、不同信仰以及不同生活方式的人们之间直接交往的手段,因而导游服务有助于增进国际间的了解,加强国与国之间的和平友好关系。人们通过旅游交往彼此相互了解。事实证明,各国人民之间的交往往往先于官方之间的往来。旅游作为官方外交的补充和先导,往往起到了官方外交起不到的作用,特别是国家之间尚未建立正式外交关系时,旅游便成了国与国之间人们互相交往的重要途径。

五、导游服务的特点

导游服务是旅游服务中具有代表性的工作,处在旅游接待的第一线。随着时代的发展,导游工作的特点也在发生变化,但就目前而言,其特点归纳起来包括以下内容。

1.独立性强

导游服务是导游人员受旅行社委派后独自带领游客参观游览的服务活动。这种活动要求导游人员独挡一面。在与旅游者相处的整个过程中,导游人员独立地根据旅游接待计划组织活动,带领旅游者参观游览,与各方面人士打交道,提供和协助提供各项服务,尤其是出现问题时,导游人员常常要当机立断,合情合理地进行处理,事后向领导和有关方面汇报。同时,导游工作的流动性很大,上午在一地,下午可能在另一地。在内容讲解上,导游讲解也具有相对的独立性,即使是同一旅游线路或旅游景点,导游人员也要根据具体的对象、年龄特点、文化层次以及不同的情趣爱好及时调整讲解的内容,以满足不同旅游者的旅游需求,圆满完成导游任务。当然,导游人员的这种独立工作特点并不意味着工作可以随心所欲,而必须以国家的有关政策、法规、标准和旅行社的有关规定为依据。导游服务的这一特点要求导游人员在工作的过程中树立主人翁的意识,工作中积极主动、灵活应变,同时又要严格自律、遵纪守法。

2.知识面广,工作量大

导游服务是一项脑力劳动和体力劳动高度结合的服务性工作。导游服务并不像有些人认为的那样"游山玩水",轻松愉快,而是一项复杂、繁琐的工作。一方面,导游人员在讲解过程中必然会涉及多方面的知识,这就要求导游人员知识渊博,掌握古今中外、天文地理、政治、经济、文化、医疗卫生、宗教信仰、社会生活、民风民俗等知识。另一方面,导游服务流动性强,工作量大,体力透支较大。在带团的过程中,导游人员除了在进行讲解、回答游客的问题的过程会消耗大量的脑力之外,还要从早到晚与游客一起奔波,帮助游客解决各种问题,有时还要协助相关接待单位工作,几乎没有休息的时间。特别是到了旅游旺季,导游人员往往是连轴转,一批游客接着一批游客,难得有休息的时间。不管是严寒还是酷暑,导游人员都是作业在外,体力消耗很大。由此可以看出,导游服务是一种脑体结合、消耗量较大的劳动,导游人员需要具备高度的事业心和健康的体魄才能胜任。

3. 工作涉及面广

导游人员在向游客提供各种服务时,需要同许多相关部门和单位进行接触、联系。在向外国游客提供服务时,还会涉及海关、公安等部门以及外国使馆、领馆。对于游客来说,这些部门和接待单位所提供的服务应该是环环相扣,是符合标准要求的。这一切都需要导游人员进行广泛的协调。同时由于导游人员服务的对象来自五湖四海,国籍、民族、宗教信仰不同,职业、性别、年龄各异,旅游者的需求必然多种多样。不同的旅游者既存在着消费层次的差异,也存在着消费内容的差异。这种情况要求导游人员不仅要有饱满的热情和周到的安排,而且要有真才实学。这一特点要求导游人员具备较强的组织协调能力、丰富的知识和良好的语言表达能力。

4. 政治性、思想性强

对于国外旅游者而言,导游人员是中国形象的代表。导游人员在向国外旅游者提供导游服务时,担负着向旅游者宣传社会主义中国物质文明和精神文明的职责,使之对中国的历史、文化、社会制度和建设有较深刻的了解,消除其中一些旅游者的疑虑和误解。这就要求导游人员了解国家的方针政策,具有较高的政治觉悟和政策水平,同时又要讲究策略和方法,寓政治于导游当中。同时,导游人员在同国内外旅游者交往的过程中,经常要面对各种物质诱惑和精神污染,处在这种氛围中的导游人员需要有较高的政治思想水平、高度的责任感、坚强的意志和清醒的头脑,自觉抵制不正当的诱惑和精神污染。

5. 复杂多变

导游服务工作繁重、复杂多变。其复杂性主要体现在以下几个方面。

（1）服务对象复杂

导游服务的对象是来自五湖四海的游客,他们的民族、年龄、职业、宗教信仰、社会地位各异,他们的性格、志趣、习惯和嗜好各不相同。而且由于接待的每一批游客都互不相同,也加大了导游人员工作的难度。

（2）游客的需要多种多样

虽然每一个旅游团体都有共同的旅游接待计划,但是每个个体在旅游目标和生活习惯上不尽相同,从而在参观游览、娱乐活动、住宿饮食等许多方面都表现出不同的兴趣和爱好,会存在着各种各样的要求。而且随着旅游活动的进行,这些需求还会发生变化。这就要求导游人员审时度势,准确判断并妥善处理。

（3）人际关系复杂

导游人员除了天天和游客打交道以外,在安排和组织游客旅游活动中还要同饭店、餐馆、旅游点、商店、娱乐、交通等部门和单位的人员接洽、交涉,以维护游客的正当权益,这是一项复杂的工作。单就游客而言,他们来自不同的国家或地区,有着不同的旅游心愿和文化背景,他们的旅游需求基本一致却又各具特色,需要导游人员提供个性化的服务,同时导游人员还要处理和协调导游服务集体之间的关系,争取各方面的支持与配合。然而每一种关系的背后都有各自的利益,落实到具体人员身上,情况就更为复杂。导游人员既要代表旅行社的利益,又要维护游客的合法权益,同时还需要与这些单位的人员搞好协作关系,从而使其处在这种人际关系网和利益网的核心。

（4）导游服务的涉外性

接待国外旅游者的导游人员和带领国内团前往境外旅游的海外领队的工作具有涉外性,政策性强。外事无小事,因而要求导游人员工作时踏实认真、细心负责,尽量避免问题的发生。

（5）讲解内容繁杂

导游讲解内容涉及面广,而且知识需要不断更新、扩展。导游现场讲解复杂多变,这就要求导游人员不仅具备渊博的知识,而且要有随机应变的能力。

第三节　导游服务的原则

导游人员向旅游者提供服务有一定的服务准则,这是在大量的导游实践活动基础上归纳总结出来的,有一定的普遍性,并符合国际惯例,因而具有一定的指导性和规范性。

一、"宾客至上"原则

"宾客至上"是旅游服务的座右铭。导游服务是旅游接待服务的一种,旅游者是旅游服务业生存、发展的前提保证。如果没有旅游者,导游人员就失去了主要服务对象,也就失去了本身存在的必要。导游人员必须明白,旅游团的每一个成员都是客人,都是服务的对象,都是发展旅游业的希望所在,所以,导游人员始终要将旅游者放在心上,时时、处处关心旅游者。

首先,"宾客至上"意味着"游客第一",即在游客与服务行业的关系中,游客是第一位的,是矛盾的主要方面。没有游客,导游服务便没有服务对象;没有游客的购买,导游服务行业产品的价值就不能实现,旅游服务就失去了服务对象,失去了存在的意义。同样,导游服务也是如此,没有游客,导游服务的价值就无从体现,旅游产品就无法销售,旅行社的收益更是无从谈起,导游人员也无法在社会生存。其次,"宾客至上"表现在旅游服务人员与游客的关系上,要尊重游客,全心全意地为游客服务。游客是买方,旅游服务人员是卖方,卖方要为买方服务好。导游服务也是如此,不同的是,导游人员提供的不是有形的产品,而是劳务。如果导游人员陪同游客参观游览,导游服务做得不好,使游客没有享受到应得到的服务,这就是对游客的不尊重。最后,"宾客至上"还表现在导游人员在处理某些问题时要以游客利益为重,不能过多强调自己的困难,更不能以个人的情绪来对待游客,而应尽可能满足游客的合理要求。因此,"宾客至上"的原则既是导游人员的一条服务原则,也是导游人员在处理问题时的出发点,更是圆满解决问题的前提。

二、等距离交往原则

等距离服务是指导游人员对每一位旅游者都应该一视同仁,对每一位旅游者都同样热情、友好和礼貌,为大家提供同样的服务。无论旅游者来自境外还是境内,是东方国家还是西方国家,无论旅游者的肤色、宗教、信仰、消费水平如何,导游人员都应该一视同仁地尊重他们。导游人员不应该对一些旅游者表现出偏爱。厚此薄彼的行为会造成旅游团内部关系紧张,甚至给导游人员自己的工作带来不必要的麻烦和困难。旅游团内部的每一位成员都是导游服务的对象,他们要求享受到同样的服务待遇,受到同样的关照。导游人员对每一位游客都要友好、礼貌,照顾到旅游团中所有的游客,为每一位旅游者服务。

三、规范化服务与个性化服务相结合原则

规范化服务又称标准化服务,它是由国家和行业主管部门所制定并发布的某项服务工作应达到的统一标准,要求从事该项服务的工作人员必须在规定的时间内按照标准进行服务工作。从这个意义上说,它具有类似法规的约束力。但是,规范化服务只是对导游服务质量提出的基本要求,并不等于优质导游服务。

个性化服务也可以称为特殊服务,是相对于规范化服务而言的,它是导游人员在执行标准服务和合同约定之外,针对旅游者个别需要或要求而提供的服务,是一种超值服务。

在标准化服务的基础上,导游人员应该结合旅游者的具体情况提供个性化服务,只有这样才能让旅游者感到满意,才能达到优质服务的目的。

四、履行合同原则

导游人员在带团的过程中要以双方签订的契约为基础,并且不折不扣地执行旅游合同或约定的内容。一方面要按照合同规定的相关服务内容和等级要求进行服务,另一方面要科学合理地计算相关成本,在维护游客合法权益的基础上,不损害旅行社的利益。

五、合理而可能的原则

合理而可能的原则既是导游服务的原则,也是导游人员处理问题、满足旅游者要求的依据和准绳。导游服务应该以满足旅游者的需要为出发点,但要注意到旅游者一般都有求全的心理,往往会在旅游活动的安排上提出一些过高的、不切实际的要求。因此,在"宾客至上"的前提下,对于旅游者提出的种种要求,导游人员应该遵循"合理而可能"的原则进行综合分析。凡是合理的又有可能实现的要求,即对旅游者有益的而且是正当的,导游人员就应该努力去做,如果没有做好就应改正,给予弥补。对于不合理或不可能实现的要求,导游人员要耐心地向旅游者解释,晓之以理,动之以情,使旅游者心悦诚服。导游人员绝不能对旅游者的要求置之不理,更不能断然拒绝、严厉驳斥。

六、AIDA 原则

AIDA 原则是商界的市场推销原则,它是由下列四个英文单词或词组的首字母组成的:

A——Attention(通过有趣的、尽可能具体的形象介绍)激起谈话对象对所推销商品的注意力。

I——Interest(通过进一步展开已经引起对方注意的谈话)激起谈话对象对商品的兴趣。

D——Desire to Act 促使谈话对象希望进一步了解情况,获得启示,激起购买商品的欲望。

A——Action 继续努力,促使谈话对象采购购买行为。

导游人员可以运用这一原则推销附加游览项目,但不得以变更游览活动内容使旅游者接受替代项目;或在调节旅游者情绪,调整与旅游者的关系,营造旅游团的友好气氛时,这个原则往往能起到良好的作用。

复习思考

1.托马斯对世界旅游业的发展作出了哪些贡献?

2.什么是导游服务?

3.现代时期导游服务的特征主要体现在哪些方面?

4.导游服务在旅游服务中起着什么作用? 如何理解导游服务在旅游接待中处于中心位置?

5.导游服务的类型有哪些? 各自有什么特点?

6.导游服务的性质有哪些?

7.从哪些方面可以看出导游服务是一项复杂的工作?

8.在旅游接待服务中,导游服务的特点体现在哪些方面?

9.如何理解导游服务的原则? 如何贯彻好 AIDA 的原则?

10.导游服务的纽带作用主要表现在哪些方面?

11.如何理解规范化服务和个性化服务?

案例分析

托马斯和托马斯旅行社

人们通常认为,真正意义上的现代形式的旅游首先出现在 19 世纪的英国,这在很大程度上要归功于托马斯·库克的努力。托马斯·库克 1808 年 11 月 22 日生于英格兰德比郡墨尔本镇,自幼家境贫寒,做过帮工、木工、颂经人等。

托马斯·库克认为,休闲旅游能够提供比酒吧和赛马场更健康、更有意义的娱乐形式。这种信念伴随着他漫长的旅游创业生涯。托马斯·库克是一个充满活力的人,他思想活跃,拥有惊人的组织才能。18 世纪 60 年代,英国开始的产业革命以及随后在美国、法国、德国等西欧国家和日本相继于 19 世纪完成的产业革命,大大促进了生产力的发展和经济的繁荣。19 世纪中叶的英国,有一系列因素使大众休闲旅游的发展瓜熟蒂落,并促使了托马斯·库克的旅游事业。工业化给社会中下层(如职员、店主以及独立的工匠等)阶级带来了更多的收入,同时也唤起了人们暂时逃离大工业城市的欲望。全国性的铁路系统的发展也为托马斯·库克的大众旅游的梦想的实现提供了保证。同时,广泛流行在英国上流社会的欧洲大陆"教育旅游"也促使一些基础设施、接待设计得以发展,并使旅游深入人心。

由于宗教信仰的原因,托马斯·库克极力主张禁酒。1841 年 7 月初,在他居住的莱斯特城不远的拉夫伯勒要举行一次禁酒会。为了壮大这次大会的声势,托马斯·库克在莱斯特城张贴广告、招徕游客,组织了 570 人从莱斯特前往拉夫伯勒参加禁酒大会。他向各位游客收费 1 先令,为他们包租了一列火车,做好了行程的一切准备,使这次短途旅行十分成功。

它标志着近代旅游活动的开始。在这次旅游活动中,托马斯·库克本人始终陪伴着旅游者,并为他们安排各项活动、交通及用餐,已经具备了现代导游服务的各项主要特征,因此也被认为是第一次正式的具有现代意义的商业性、职业化导游服务。1845年,托马斯·库克在英国莱斯特正式成立了"托马斯·库克旅行社",开始专门从事旅行社代理业务,这也是世界上最早创办的商业性旅行社,"为一切旅游公众服务"是它的服务宗旨,它标志着近代旅游业的诞生。1845年,托马斯·库克开始从事商业性旅游经营,组织旅游团到利物浦和北威尔士,启用导游,并出版个人编撰的导游书籍。这些举措一时间得到很大的反响,竟至于参加旅游团的票证在黑市上价格猛升。1846年,托马斯·库克亲自带领一个旅游团乘火车和轮船到苏格兰旅行。旅行社为每一个成员发了一份活动日程表,还为旅行社配置了导游,这是第一次有商业性导游陪同的旅游活动。到1851年,托马斯·库克的事业主要是旅游促销和组织,他拥有与此相关的印刷业务,创办了第一份旅游报纸,发行对象主要是工人和雇主。1865年托马斯·库克和儿子约翰·梅森·库克(John Mason Cook)成立父子公司,即通济隆旅游公司,迁址到伦敦,并在美洲、亚洲、非洲等地设立分公司。1855年,托马斯·库克采用团体包价形式组织了前往法国巴黎的旅游活动,于是开始出现了国际旅游活动。后来库克本人又亲自带团成功地进行了环球旅游。1864年,托马斯·库克组织的旅游人次已经累计超过百万。1872年,托马斯·库克本人亲自组织了一个9个人旅游团访问纽约、华盛顿、南北战争战场、尼亚加拉大瀑布、多伦多等地,把旅游业扩展到了北美洲。这次环球旅行声名远播,产生了极大的影响,使人们"想到旅游,就想到库克"。同年,托马斯·库克创办了最早的旅行支票,可以在世界各大城市通用。由于托马斯·库克在旅游业方面所做的杰出贡献,他被称为近代旅游业的创始人,而托马斯·库克旅行社的问世,标志着近代旅游业的诞生。

后来,欧洲和北美洲诸国以及日本纷纷效仿托马斯·库克组织旅游活动的成功模式,先后成立了旅行社或类似的旅游组织,招募陪同或导游,带团在国内外参观游览。这样,在世界上逐渐形成了导游队伍。第二次世界大战以后,经济的发展以及和平的国际环境促使大众旅游逐渐兴起,使导游队伍不断扩大。随着世界旅游业的迅速发展,如今已经进入空前繁荣的阶段,1992年,更是跃为世界最大的产业。到目前,几乎世界各国都拥有一批数量不等的专职和兼职导游。

(资料来源:谢彦君:《基础旅游学》,中国旅游出版社2004年版改编)

根据上述内容,回答下列问题:

1. 结合案例分析,"导游"职业产生的条件是什么?

2. 为什么"导游"首先出现在英国?

3. 托马斯·库克有很多业绩具有开创性,请列举其中重要的创举。

第二章　导游人员

 学习目标

　　通过本章的学习,要求学生了解导游人员的概念和类型、角色概念以及职业形象;熟悉导游人员的基本条件、角色定位;掌握导游人员从业素质、基本职责以及具体分工职责。

　　人们常说,导游人员就是一个城市的窗口、一个符号,导游人员是旅游业的"灵魂"。旅游景区一般不在市区,所以如何让外地客人在短时间内更好地了解一座城市,导游人员在其中扮演着重要的角色。本章从导游人员的概念和分类入手,具体介绍导游人员的条件、角色定位、从业素质和职业形象以及导游人员的职责等一系列相关知识。

第一节　导游人员的概念及分类

　　"导游"一词来自于英语 tour guide。其中 guide 既可以作为名词,也可以作为动词。按照牛津词典解释,作为名词的含义是"指路的人";作为动词的含义是"引导"。中文将导游理解为引导游览,让游客感受山水之美,并且在观光游览过程中为游客在食、住、行等各方面提供帮助。

一、导游人员的概念

　　对导游人员的定义,不同的国家有不同的标准,目前世界上没有统一的标准。比较典型的如加拿大用"旅游团领队"指代导游人员,还明确地要求"他是受过高等教育和培训的人,他有能力进行研究,为一次旅游做准备,带领团队旅行、做旅游讲解,因而能使一次旅游成为一次异乎寻常、难以忘却的经历"。美国对导游人员的描述是:"他是首要的代理人和各种服务的供应商,直接与旅行者打交道,保证提供承包的服务项目、实现承诺,使游客满意,此人就是陪同或旅游团领队,通常称为导游。"

　　随着我国旅游业的蓬勃发展,对导游人员的描述也在不断变化,1994 年国家旅游局颁布的《导游员职业等级标准》中明确定义为:"运用专门知识和技能为旅游者组织、安排旅行

和游览事项、提供向导、讲解和旅途服务的人员。"1996年《导游服务质量》国家标准中定义为："导游人员是指持有中华人民共和国导游证书,受旅行社委派,按照接待计划,从事陪同旅行团(者)参观、游览等工作的人员。"1999年版的《导游业务》中定义为："导游人员是指按照《导游人员管理条例》的规定取得导游证,接受旅行社委派,为旅游者提供向导、讲解及其他服务的人员。"

导游人员的概念可以从以下几个层面理解:第一,导游工作的性质、任务决定导游人员必须依照《导游人员管理条例》的规定取得导游资格证,导游证是导游人员的执业许可证件;在导游证的有效期限内,导游人员才能从事导游活动;导游人员进行导游服务时,必须佩戴导游证。第二,取得导游证的人员,必须接受旅行社委派,方可从事导游工作,严禁导游人员未经旅行社委派私自承揽导游服务。第三,导游人员的工作范围,并不仅限于对参观游览对象的讲解,还要指导参观游览,沟通思想,提供生活服务,落实安排旅游者的食、行、游、购、娱等活动。

随着旅游业的发展与市场竞争,人们越来越重视旅游服务质量的控制与管理,而导游服务又是旅游服务的重要环节,因而对导游人员的要求也越来越严格。这就要求导游人员要不断提高自己的业务水平、提升自身素质、更新知识,成为称职的导游人员。

二、导游人员的分类

导游人员由于业务范围、业务内容不同,服务对象和使用语言各异,其业务性质和服务方式也不尽相同。即使是同一个导游人员,由于从事的业务性质不同,所扮演的社会角色也会随之变换。既然很难用统一标准对导游人员进行分类,那么可以从不同角度按不同标准对导游人员进行分类。

1. 按业务范围划分

按业务范围分类,可将导游人员分为境外领队、全程陪同导游员、地方陪同导游员和景区景点导游员。

(1)境外领队是指经国家旅游行政主管部门批准可以经营出境旅游业务的旅行社的委派,全权代表该旅行社带领旅游团从事旅游活动的工作人员。

(2)全程陪同导游人员,简称全陪,是指受组团旅行社委派,作为组团社的代表,在领队和地方陪同导游人员的配合下实施接待计划,为旅游团(者)提供全程陪同服务的工作人员。其中,组团社是指接受旅游团(者)或境外旅行社预订,制订和下达接待计划,并可提供全程陪同导游服务的旅行社;领队是指受境外旅行社委派,全权代表该旅行社带领旅游团队从事旅游活动的工作人员。

(3)地方陪同导游人员,简称地陪,是指受接待旅行社委派,代表接待旅行社实施接待计划,为旅游团(者)提供当地旅游活动安排、讲解、翻译等服务的工作人员。其中,接待旅行社是指接受组团社的委托,按照接待计划委派地方陪同导游人员负责组织安排旅游团(者)在当地参观游览等活动的旅行社。

(4)景区景点导游人员,也称讲解员,是指在旅游景点景区内部,如博物馆、展览馆、主题公园等为游客进行导游讲解的工作人员。

综上所述,前两类导游人员的主要业务是进行旅游活动的组织和协调。第三类导游人员既有当地旅游活动的组织、协调任务,又有进行导游讲解或翻译的任务。第四类导游人员的主要业务是从事所在景区景点的导游讲解。在通常情况下,前三类导游人员,即领队、全陪和地陪组成一个导游集体,共同完成一个旅游团队的接待任务。这三类导游代表三方旅行社的利益,他们协作的愉快与否直接影响着游客旅游经历的质量好坏。

2. 按职业性质划分

按职业性质分类,可将导游人员分为专职导游人员和兼职导游人员。

(1)专职导游人员是指在一定时期内以导游工作为其主要职业的导游人员。一般为旅行社的正式职员,他们大多数受过中、高等教育,或经过专门训练,他们是当前我国导游队伍的主体。

(2)兼职导游人员也称业余导游人员,是指不以导游工作为其主要职业,而利用业余时间从事导游工作的人员。目前这类导游人员分为两种:一种是通过了国家导游资格统一考试取得导游证而从事兼职导游工作的人员;另一种是具有特定语种语言能力受聘于旅行社,领取临时导游证而临时从事导游工作的人员。业余导游的来源主要是:具有大中专文化水平并能熟练掌握一门外语的高等院校师生和中学的教师、科研人员、企事业单位的干部;旅游院校、外语院校的在校学生;社会上自学成材的青年等。他们经过短期培训并取得上岗证或合格证。业余导游员不仅缓解了旅行社在旅游旺季专业导游人力不足的问题,而且在一定程度上降低了旅行社的人力成本,同时能广泛筛选、吸收高素质的兼职人员短期内固定为其所用。这种旅行社、业余导游、游客三方共赢的行为极有可能成为导游队伍中的一支生力军,成为导游服务的一个发展趋势。

在西方国家,有一批真正意义上的"自由职业导游员"。他们以导游服务为主要职业,但并不受雇于固定的旅行社或其他旅游企业,而是通过签订合同有选择地为多家旅行社服务。他们构成了西方大部分国家导游队伍的主体。这类导游人员已经在中国出现,人数虽然不多,但很可能是未来的一个发展方向。

3. 按导游使用的语言划分

按导游使用的语言分类,可将导游人员分为中文导游人员和外语导游人员。

(1)中文导游人员是指能够使用普通话、地方话或者少数民族语言从事导游业务的人员。目前,这类导游人员的主要服务对象是国内旅游中的中国公民和入境旅游中的港、澳、台同胞以及华侨旅游者。

(2)外语导游人员是指能够运用外语从事导游业务的人员。目前,这类导游人员的主要服务对象是入境旅游的外国旅游者和出境旅游的中国公民。

4. 按技术等级划分

按技术等级分类,可将导游人员分为初级导游人员、中级导游人员、高级导游人员和特级导游人员。

(1)初级导游人员是指经过导游资格考试而取得导游资格证书的人员。

(2)中级导游人员是指获初级导游人员资格两年以上,业绩明显,考核、考试合格者晋升为中级导游人员。他们一般为旅行社的骨干。

(3)高级导游人员是指取得中级导游人员资格四年以上,业绩突出、水平较高,在国内外同行和旅行商中有一定影响,考核、考试合格者晋升为高级导游人员。

(4)特级导游人员是指取得高级导游人员资格五年以上,业绩优异,有突出贡献,有高水平的科研成果,在国内外同行和旅行商中有较大影响,经考核合格者晋升为特级导游人员。

第二节　导游人员的条件

实行统一的导游人员资格考试,是世界上许多旅游业发达国家的通行做法,而且都是以法律形式明确加以规定的。依据我国《导游人员管理条例》规定,我国也实行导游人员资格考试,这既体现了国家对导游工作的高度重视,表明了导游工作在旅游业中所处的重要位置,也可以为旅游行政管理部门对导游工作的管理提供有力的法律手段,可以保证和提高我国导游人员队伍的素质,为旅游者提供良好的导游服务,提高我国旅游业的产业形象。我国不仅实行资格考试,而且对导游人员也有相应的条件要求。

一、导游人员的基本条件

(1)必须是中华人民共和国公民,热爱祖国,拥护社会主义制度,遵纪守法,遵守旅游职业道德,热心为旅游者服务。

(2)具有渊博的知识,有胜任导游工作的语言表达。有幽默感,语言得体,能使旅游者经常处于轻松愉快的气氛中。

(3)熟悉旅游业务,有较强的组织接待能力。

(4)具有较高的导游技巧。

(5)为人热情、乐观、机敏,工作勤奋,遇到紧急情况能沉着应付。

(6)有健康的身体和良好的心理品质。

(7)能反映旅游者的意见和要求,维护旅游者的合法权益,协助处理旅途中遇到的问题。

(8)能代表派出方旅行社的利益,维护其正当权益。

二、全陪、地陪和领队应具备的条件

全陪和地陪是我国导游人员的主体组成部分,是最主要的两种,由于他们面对的游客群体、接待任务、活动范围有区别,所以应具备的条件也有所区别。一般来说,地陪是导游人员基础工作,有了一定的地陪经验积累才可能胜任全陪工作。领队也是一种全陪工作,它是工作区域更广、工作内容更复杂的全陪,是全陪工作的延伸。

1. 地陪应具备的条件

(1)必须对当地的景区景点的历史、现状、发展情况及典故十分熟悉,能向旅游者进行生动、风趣、得体、使人受益的讲解。

(2)善于与当地的交通、住宿、餐饮、购物、娱乐等单位密切配合,为旅游者提供方便、满意的服务。

(3)对当地政治、经济、社会发展和自然条件状况比较了解,能够为旅游者解答有关问题。

2. 全陪应具备的条件

(1)具有一年以上的地陪工作经验,有较丰富的接待工作经验与知识。

（2）有较强的组织工作能力。能在较短时间内以自己的工作在旅游者中树立起威信，成为旅游者在异国他乡可以信赖与依靠的人。

（3）熟悉所经过的旅游城市和地区的情况。

3.领队应具备的条件

（1）具有一年以上的全陪工作经验，熟悉导游业务。

（2）具有良好的组织协调能力和语言表达能力，起码掌握旅游目的地语言，能与目的地工作人员进行沟通、交流。

（3）对目的国和地区比较熟悉，能正确处理接待方导游人员和其他方面的关系。

（4）在旅游者中享有威信和声望，有较强的号召力和凝聚力。

第三节　导游人员的角色定位

导游人员在旅游中的表现，直接影响旅游者的兴致和感觉，对旅游质量的好坏起着举足轻重的作用。那么导游人员应如何进行角色定位呢？扮演好自己的角色就成为一个重要的研究内容。

一、导游人员的角色含义

"角色"一词源于戏剧，是指演员或演员在戏剧中所扮演的人物，以及小说或戏剧中的人物。自1934年米德首先运用角色的概念来说明个体在社会舞台上的身份及其行为以后，角色的概念被广泛应用于社会学与心理学的研究中。

角色是"社会角色"的简称，是指个人在社会关系位置上的行为模式，它规定一个人活动的特定范围和与人的地位相适应的权利义务与行为规范，是社会对一个处于特定地位的人的行为期待。社会学对角色的定义是"与社会地位相一致的社会限度的特征和期望的集合体"。

在社会生活中，处于一定社会地位的人扮演着多种角色，集许多角色于一身，就是一个角色丛。人们常常自觉不自觉地根据一个人所处的社会角色来评价他（她）的行为。如果个人的行为和社会角色行为一致，则会得到社会的认同，得到所在社会群体的较高评价，个人也会有自我认同感以及随之而来的荣誉感和成就感。反之，如果个人的行为和社会角色要求不符，则会受到社会和所在社会群体的谴责和排斥，个人也会有沮丧和挫折感，甚至引发反社会行为。

一个人在一定时间内所扮演的社会角色可能不止一种，同样一个人在不同时间扮演的社会角色也可能不一样，这是由个人所处的社会关系的复杂性和多变性决定的。个体在社会中所扮演角色的多样性和易变性要求人们具备角色学习能力、角色认知能力和处理角色冲突的能力。

导游人员的角色是指导游人员在导游服务中、在和游客的互动交往中所扮演的职业角色。它是在旅游活动中导游人员为游客服务这种工作关系中形成的。因此，导游人员角色是由两方面决定的：一是社会对导游人员的职业要求，它体现在《导游服务质量》、《旅行社国内旅游服务质量要求》和《旅行社出境旅游服务质量》等标准对导游服务质量和导游人员素质所作的基本规定,即以国家标准的形式反映了社会对导游人员的"角色期望";二是游客对导游人员服务的要求,即期望导游人员是其旅游活动中可信赖的伙伴和助手。

二、导游人员的角色定位

导游人员被旅游业界誉为"旅游业的灵魂"、"旅游活动的导演"。导游人员角色定位回答的是导游人员在导游服务中、在和游客的互动交往中扮演什么样角色的问题。导游人员角色扮演得是否成功关系着导游工作的质量好坏,而导游工作的质量又直接影响着旅游者的旅游质量。因此,导游人员应当在旅游活动中做好多种角色定位,导游人员的角色应是以下社会角色的融合体。

1.旅游活动的"组织策划者"

导游人员与游客直接接触为其服务,导游最了解旅游者的需求特点和感受。因此,导游应该参与旅游线路的前期策划设计,并代表旅行社组织、执行旅游活动计划,为游客安排落实吃、住、行、游、购、娱等各项服务。同时,在旅游活动过程中根据情况变化适时调整旅游活动计划,并在今后的旅游活动中不断完善旅游活动计划。有人把导游人员称为"参观游览活动的导演",旅游活动能否顺利完成,游客是否满意,"导演"起着非常关键的作用。

在外出旅行的过程中,导游作为整个旅程的组织者,同时作为整个旅游团队的临时管理者,既要担负责任,同时也需要做出很多决定,比如说,如何应对突发状况,是否增加或减少景点,如何处理团队中存在的内部矛盾等。解决所有这些问题的出发点都应该是顾客的利益和满意度,只有这样才能顺利地完成导游工作。

2.游客旅游审美的"指导员"

旅游活动是集自然美、艺术美和社会美的综合性审美实践活动。山水风光或文物古迹的欣赏价值,并不是孤立地存在的,它总是与一定的自然、地理、历史、艺术等条件和特点相联系。旅游者通常想在有限的时间内游览和观赏更多的景物,了解更多各地的风土人情与文化,因此他们在"人地两生"的情况下为了达到上述目的,对导游的依赖程度较大。导游有责任帮助旅游者在旅游活动中去发现美、欣赏美、鉴别美、感受美,完成审美过程。导游人员可以通过把握观赏距离、观赏时机、观赏角度、观赏节奏,同时运用多种导游方法,使他们在感悟过程中得到最大限度的审美享受。

3.旅游接待服务中的"协调员"

为了满足旅游者的多方面的需求,导游在旅游接待服务中需要加强横向联系,与旅游活动有关部门密切合作,协调行动。否则,无论哪一环节出现问题,都会影响到旅游服务质量和旅游活动的顺利完成。导游处于接待服务的前线,在为旅游者提供旅行服务、生活服务、讲解服务、参观游览服务以及办理各种手续、接洽各种事务时,与其他部门配合形成一个配合协作链,协同工作。这个协作链的中心环节就是导游,导游在这一过程中起着"协调员"的作用。同时,导游员肩负着维护旅游者合法权益的责任,他代表旅游者与各有关部门进行交涉,提出合理要求,对违反合同的行为进行干预,为旅游者争取理应享受的正当权益。

4.游客旅途中的"服务员"

导游作为游览过程中的"向导",为游客进行语言服务,为游客引路、带路,为旅游者代办各种旅行证件,代购交通票据,安排旅游住宿、旅途就餐等与旅行游览有关的各种服务。导游服务质量是衡量旅行社整体服务质量的主要标志。在现代旅游活动中,导游员已成为整个旅游服务工作运转的焦点和轴心,导游服务已成为旅游服务的关键环节。一次旅游活动的成败在很大程度上取决于导游员的服务质量。

5.旅游知识的"传播者"

人们在外出旅游中,对知识的渴求越来越强烈,而导游员是科学知识、文化知识和历史知识的传播者。导游人员进行导游活动时,肯定要适时地向旅游者讲解旅游目的地的人文和自然情况,介绍风土人情。让游客在游玩的同时,能够真正了解和体会当地的特色与地方的文化、历史。作为旅游知识的"传播者",导游员应注意:第一,寓教于游、寓教于乐,导游员应该正确引导旅游者在游览过程中通过亲自参与、感知、思考等方式获得知识、了解文化;第二,向游客学习,不断提高自身的知识储备。

6.游客安全的"保卫员"

游客外出旅游最注重的是安全,"没有安全就没有旅游"。在旅游活动中,导游人员要时刻关注游客的人身和财物安全。在拥挤场所,导游人员要时常提醒游客看管好自己的物品;在游览过程中,导游人员应在可能发生危及游客人身、财物安全时,向游客做出真实说明和明确的警示,并采取措施防止危害发生;在发生危及游客生命财产安全等紧急情况时,导游人员要挺身而出,采取果断措施,保护游客生命和财务不受损害。

7.旅游目的地的"形象代言人"

导游人员服务质量的好坏,不仅影响旅行社的声誉,也影响一个地区甚至一个国家旅游业的形象。导游工作对旅游业发展非常重要,所以世界各国旅游界对导游业务和导游人员都用极为美好的词句去形容它。日本人称导游为"无名大使",英国伦敦称导游为"伦敦大使",美国人称翻译导游是"祖国的一面镜子"。从某种意义上来说,导游人员是一个国家形象的体现,也是了解一个国家的窗口。

三、导游人员的角色学习和认知

导游人员为了扮演好导游角色,符合游客的社会角色期望的要求,必须不断地进行角色学习,同时也要有意识地培养角色认知能力,熟练掌握导游工作规律与技能,具备高尚的道德情操,并能在导游工作中灵活处事、把握分寸。导游服务是实践性很强的工作。"纸上得来终觉浅",导游人员应以一定的理论知识为基础,多进行实践锻炼,实际带团时灵活运用理论知识,积累技能经验。同时,在带团游览中扩大知识视野,丰富历史文化积累,提升自身的综合能力与素质。

第四节　导游人员的从业素质

20世纪60年代,人们根据周恩来总理等国家领导人对翻译人员的要求,提出翻译导游人员必须政治素质过硬、语言过硬和业务过硬。这"三过硬"的基本精神至今仍然适用。随着我国旅游业快速发展,国际、国内游客的需求也发生了重大变化,游客对导游人员的社会角色要求也越来越高，从而对导游人员的素质有了更高的要求。要求导游人员不仅要具有上述"三过硬"的素质，而且要在观念上、角色上和所起作用方面有新的变化。导游人员要具有市场观念、产品质量意识和竞争意识；导游人员应意识到自己是导游服务的供给者，要具有很强的服务意识、很高的服务技能，努力满足游客的正当需求；导游人员应认识到自己的作用是协助旅行社实现旅游产品的消费价值，帮助游客最大限度地享受到旅游产品的使用价值。

一、良好的思想道德

思想品德是一个人的灵魂，在任何时代、任何国家，人的思想道德品质总是处于社会最重要的地位。良好的思想道德品质是社会对其成员的共同要求，也是导游人员应具备的基本素质之一。

1. 具有爱国主义意识

爱国，在任何时代、任何国家，都是伦理道德的核心。导游人员处在旅游业的窗口岗位，代表着国家或地区旅游业的形象，在行业精神文明建设中起着重要作用。导游人员在向游客提供服务时，应把祖国的利益、社会主义事业摆在第一位，自觉维护祖国的利益和民族尊严。

爱祖国、爱家乡、爱社会主义制度是中国导游人员的首要美德。我国的导游人员不仅要熟知祖国的自然、人文景观，更要了解、掌握祖国五千年的历史文化，树立民族自尊心和自豪感，用自己的热情去感染游客，使他们在领略我国山川风情的同时体会中华文化的博大精深，感受中华民族不屈不挠、奋发图强的民族精神。

2. 具有优秀的道德品质

导游人员要做好导游服务工作，首先要学会做人，要尊重他人，要诚信待人，要将个人的功利追求和国家利益融合起来。导游人员要自尊、自爱，时时维护自己的人格尊严，绝不为蝇头小利而做有损人格、国格之事。

导游人员要自信、自强，不管面对什么人、什么事，都不应妄自菲薄，而要相信自己，相信自己的力量和能力。一个自信的人在工作和生活中总是充满信心，勇于克服困难，争取成功。

3. 具有服务意识、尽职敬业

导游人员要将全心全意为人民服务的思想与"游客至上"、"服务至上"的旅游服务宗旨紧密结合起来，真心实意地为游客服务。

导游工作是一种服务性劳动，要求导游人员要有尽职尽责的服务意识和无私的奉献精神，是一项既劳心又劳力的脑力劳动和体力劳动高度结合的工作，工作强度大。导游人员只有热爱自己的工作，努力学习、刻苦钻研，不断提高自己，尽职尽责地完成工作，才能为游客提供满意的服务。

4. 遵纪守法

导游人员应具有健康的政治素质、高尚的情操，不断提高判断是非、识别善恶、分清荣辱的能力，抵制形形色色的物质诱惑和"精神污染"。

遵纪守法是每个公民的义务，导游人员作为旅游行业的形象代表更应该树立高度的法纪观念，自觉地遵守国家的法律、法规，遵守行业规章制度，严格执行导游服务质量标准，严守国家机密和商业机密,维护国家和旅行社的利益。在导游服务工作中牢记"内外有别"的原则,利用法律武器,维护游客和自身的权利。

二、渊博的知识

随着时代的发展,现代旅游活动更加趋向于对文化、知识的追求。人们出游,除了消遣,还想通过旅游来增长知识、增加阅历、获取教益,这就对导游人员提出了更高的知识要求。

丰富的知识是完成导游服务工作的前提。导游讲解必须以丰富的知识作后盾,讲解内容要丰富,要言之有物,内容要健康,要有情有趣、有根有据,而不是胡编乱造。因而,导游人员要具有真才实学,知识要丰富、涵盖面要广。实践证明,导游人员的知识越丰富、信息量越多,就越有可能把导游工作做得有声有色,越能在更大程度上满足旅游者的知识需求。具体来说,导游人员应掌握以下几个方面的知识。

1. 语言知识

语言知识是导游人员最重要的基本功,是导游服务的工具。古人曰:"工欲善其事,必先利其器。"导游人员若没有扎实的语言功底,就不可能顺利地进行文化交流,也就不可能高质量地完成导游服务工作。

外语导游人员既要熟练掌握外语,又要不断提高运用母语的能力。

导游讲解是一项综合性的口语艺术,要求导游人员具有很强的口语表达能力,而导游人员的口语艺术必须建立在丰富的知识、扎实的语言功底的基础之上,两者有效结合,才能取得良好的导游效果。

2. 政治、经济、社会知识

在游览过程中,游客特别是海外游客,会对随时可能见到或听到的旅游目的地国家和地区的某些社会现象比较感兴趣,要求导游人员给予相应的解释。因而,导游人员要了解国情,熟悉国家的政治、经济体制,关心国家和国际形势,熟悉社会知识,其中包括风土民情、婚丧嫁娶习俗、禁忌习俗、宗教信仰情况、社会生活以及当前热门话题,结合旅游景区景点给游客以满意的答复。

3. 史地、文化、民俗知识

史地文化民俗知识是导游讲解的素材,掌握史地文化民俗知识是做一名合格导游人员的必备条件。

史地文化民俗知识包括历史、地理、民族、宗教、风俗民情、风物特产、文学艺术、古建园林等诸方面的知识。导游人员需要不间断地通过各种渠道和方式学习、积累史地文化民俗知识,综合理解并将其融会贯通、灵活运用,提高导游讲解水平,使游客从讲解中学到新的知识,得到美的享受。

艺术素养不仅能使导游人员的人格更加完美,还可使导游讲解的层次大大提高,从而在文化交流中作出更多的贡献。因而,导游人员要不断提高自身的艺术鉴赏能力,以便更好地为游客服务。

4. 政策法规知识

政策法规知识是导游人员必备的知识,是导游人员工作的指针,指导导游人员的导游讲解、回答游客问题以及与游客讨论有关问题;政策法规是处理问题的原则,导游人员要根据相关的法律、法规正确处理旅游活动中出现的问题和事故；导游人员必须遵纪守法，还要让游客尤其是外国游客了解中国的法律、法规，遵守中国的法律、法规。

导游人员必须掌握相关的法律、法规知识，以便正确地处理问题，做到有理、有礼、有节，同时自己也可防范错误的发生。

导游人员应掌握和熟悉的政策法规知识主要有《旅行社管理条例》《导游人员管理条例》《导游人员管理实施细则》《旅游安全管理暂行办法》《旅游投诉暂行规定》《中华人民共和国合同法》《中华人民共和国消费者权益保护法》《中华人民共和国公民出入境管理法》《中华人民共和国外国人入境管理法》《娱乐场所管理条例》等。

5. 心理学和美学知识

导游人员的服务对象是形形色色的旅游者，而且都是短暂相处，因而掌握心理学知识具有特殊的重要性。导游人员要学会运用旅游心理学、消费心理学和行为心理学知识了解旅游者，有的放矢地做好导游讲解和旅行生活服务，有针对性地提供心理服务，从而使旅游者从心理上得到满足，在精神上获得享受。同时，导游人员也要运用心理学知识协调与各种各样的旅游接待部门工作人员的关系。导游人员还要运用心理学知识随时调整自己的心理状态，使自己始终精神饱满、热情周到地为旅游者服务。

旅游活动是一项综合性的审美活动。游客外出旅游的一个重要目的就是到异地从大自然、历史文化遗迹和民俗风情中领略美、感受美，满足其审美心理需求。导游人员只有懂得什么是美、知道美在何处，并且善于运用生动形象的语言向不同审美情趣的旅游者传递审美信息，才能帮助他们最大限度地获得美的享受。由于导游人员本身就是旅游者的审美对象，所以导游人员也要运用美学知识指导自己的衣着打扮和言谈举止。

6. 旅行、交通、食宿等知识

导游人员带领游客在目的地游览，在提供导游讲解服务的同时，还要随时随地帮助游客解决旅行中的交通、食宿等方面的问题。为此导游人员应该掌握旅游业务知识，熟悉交通知识、海关知识、货币保险知识、邮电通信知识、社会知识、国际知识以及卫生、生活常识等。

7. 客源国（地）和目的地知识

接团时游客来自五湖四海，出团是去不同的地方，游客的价值观和生活习惯往往不同于旅游目的地居民及导游人员的价值观和生活习惯。导游人员不仅要熟悉客源国（地）或旅游接待国（地）的历史、地理、文化、民俗风情等，还要了解客源国（地）或旅游接待国（地）的宗教信仰、礼俗禁忌、思维方式等。了解和熟悉这些情况有利于导游人员有的放矢地提供导游服务，避免由于文化差异所引发的冲突，加强与游客的沟通，提高游客的满意度。

三、较强的业务能力

一个旅游团多数情况下是因为旅游而临时组织起来的，游客之间可能本来素不相识，他们的层次往往参差不齐，他们的文化修养不同，生活习惯、兴趣爱好也有较大差异。这给导游人员提出了一个棘手的问题：怎样将旅游者聚集在自己周围，怎样使全团成员，至少使大部分成员旅游过程愉快，获得美的享受并对导游服务工作满意。

为了圆满地做好导游服务工作，导游人员不仅要具有丰富的知识，较强的业务能力，也要掌握必不可少的服务技能，还要注意服务工作的方式、方法。语言、知识、服务技能构成了导游服务三要素,缺一不可。只有三者和谐结合才能向旅游者提供高质量的导游服务。

1.语言表达能力

导游人员只有具有比较扎实的语言功底和很强的口语表达能力,才能和游客进行交流和沟通。导游服务使用的语言以口头语言和体态语言为主。口头语言要求语音清晰,语意清楚,语速适中,语言流畅;体态语言是一种辅助语言,其通过脸上各部位动作构成的表情语言和身体各部位做出表现某种具体含义的动作符号,使自己的表达方式更加丰富,表达效果更加直接。两者有效配合,可以更好地表情达意。语言表达能力是导游服务工作的基本功,需要导游人员在实践中不断锻炼,以练就扎实的功底,提高与游客的信息交流与沟通能力。

2.导游讲解能力

导游讲解能力是指将旅游目的的景区、景点内容通过语言传递给游客的能力。导游讲解能力以良好的语言表达能力为基础,与导游人员对景区、景点的熟悉情况密切相关。导游讲解是导游服务的核心内容,导游讲解能力是导游人员应具备的各项能力的核心。导游人员要学会对相同的题材针对不同的游客从不同角度讲解,语言规范精确、清楚达意,生动形象、幽默风趣,丰富多彩、娴熟流畅,使其达到不同的意境,满足不同层次和不同审美情趣游客的需要。

3.独立工作能力及创新精神

导游服务工作的独立性很强。带团外出旅游,导游人员一般是独挡一面:独立地组织旅游活动,独立地处理各种各样的问题等。培养导游人员独立分析解决问题的能力和创新精神,既是导游服务工作的需要,也关系到个人的发展。导游人员的工作对象是形形色色的人,每天所遇到的问题各不相同,工作中也不允许墨守成规,导游人员只有具备较强的独立工作能力及创新精神,充分发挥主观能动性和创造性,才能更好地为游客服务。所以,较强的独立工作能力及创新精神对导游人员成功地完成导游工作具有特殊意义。

4.人际交往与组织协调能力

导游人员的工作对象面广、复杂,善于和各种人打交道是导游人员最重要的技能之一。与层次不同、品质各异、性格不同的中外人士交往,导游人员必须掌握一定的公共关系学知识并能熟练运用,且具有灵活多变、能适应不断变化着的氛围的能力,才能随机应变处理问题,搞好各方面的关系。导游人员具有相当的公关能力,在待人接物时会更自然、得体。

导游人员接团后,要根据旅游接待计划合理安排旅游活动,处理好与饭店、景点、旅行车司机等多方面的协调关系。这就要求导游人员具有较强的组织、协调能力;要求导游人员在安排活动时有较强的针对性并留有余地;在组织各项活动时讲究方式、方法,并及时掌握变化着的客观情况,灵活地采取相应的有效措施;在旅游活动的每个环节都能紧密衔接,使旅游活动顺利实施。

5.处理特殊问题和突发事件的应变能力

旅游活动中出现问题和事故在所难免,能否妥善处理问题和事故是对导游人员的考验。临危不惧、处惊不乱、头脑清醒、处事果断、办事利索、随机应变是导游人员处理问题和事故时应有的素质。

旅游活动中出现问题和事故的时空条件、问题和事故的性质各不相同,不允许导游人员墨守成规,而应该根据不同情况采取相应措施,合情、合理、合法地予以处理。

四、身心健康

导游服务工作是一项脑力劳动和体力劳动高度结合的工作,为了适应这项工作,导游人员不仅要有丰富的知识、较强的语言表达能力和娴熟的服务技能,还必须有健康的身体。导游服务工作要求导游人员能走路、会爬山,能适应各地的气候、水土和饮食;能为旅游者四处奔波,满足他们的正当要求,解决他们的困难;能适应长期在外、连轴转带团、体力消耗大、无法正常休息等工作特点。

导游人员的良好心理素质是导游活动成功的重要保证。导游服务的复杂性和特殊性,决定了导游人员不能只掌握一些操作技能,而是要全面培养自己的各种能力:敏锐的观察能力、准确的判断能力、冷静的思维能力、较强的自控能力等,这些都属于人的心理素质范围。

导游讲解"贵在灵活、妙在变化",而灵活变化的依据是导游人员通过观察得到的信息。导游人员在带团过程中,需要冷静思考各种各样的问题并且准确判断,采取有效措施,正确予以处理。导游人员应该是一个心理健康的人,是一个十分自尊的人,是一个无论在什么情况下都不会放纵自己、感情用事的人。在较短的时间内,人们多次、几十次去同一景点,一般都会产生厌烦情绪。一名合格的导游人员去一个曾经到过上百次、上千次的旅游景点,都应该像第一次游览那样兴奋,并因此感染游客一起游览、一起欣赏美景,加上导游人员的精彩讲解,游览活动就有可能成功。

第五节 导游人员的职业形象

导游人员的职业形象是指导游人员在导游服务中所呈现出来的与其从事职业相匹配的外部特征,即导游人员的仪容、仪表、仪态和礼节、礼貌。导游人员的素质是隐性的,而导游人员的职业形象却是外在的。一个合格的导游人员应是优良的素质和良好的职业人形象的完美结合。

030

导游业务

一、仪容、仪表

仪容,通常是指人的外观、外貌。其中的重点,则是指人的容貌。仪表是综合人的外表,它包括人的形体、容貌、健康状况、姿态、举止、服饰、风度等方面,是人举止风度的外在体现。在导游服务中,导游人员的仪容、仪表都会引起游客的关注,并将影响到游客对导游人员的整体评价。导游人员注重仪容、仪表,既是对游客的尊重,也是对自己的尊重,同时也是工作的要求。一般来说,导游人员的仪容、仪表应符合以下几个方面的要求。

1. 着装要求

服饰是一种文化,着装是一门艺术。在旅游过程中,导游人员得体的着装与装饰,可以有效地满足游客对导游自身的审美。对导游人员服饰美的基本要求是端庄、恬静、稳重、得体,并充分体现出服饰与环境、气氛的协调,服饰与职业、身份的协调,服饰与肤色、身材的协调,服饰与年龄段审美观的协调。在导游员岗位上形成的穿着传统为:男士衣服必有领子,女士衣服必有袖子;男导游不能穿圆领汗衫,女导游不能穿吊带上衣;衣着以穿单位工作服为宜,服装一定要简洁、大方,在导游讲解时,不戴饰物为佳;夏天男导游不应穿短裤,女导游不宜穿短裙;男女导游员导游时均不能穿拖鞋、背心;进入室内,男导游员应摘帽,男女导游员都应脱下大衣、风雨衣,室内更不能戴太阳镜。

2.容貌要求

容貌反映了一个人的精神面貌,对于导游人员来说,容貌端庄是从业的基本要求。导游人员适当注重自己的容貌修饰,能给游客留下较好的印象。男士仪容的基本要求:注意面部的整洁,养成勤洗脸、勤剃须的习惯;注意头发的清洗与发型;指甲常修常剪;除领带和手表外,身上无多余饰物;注意口腔牙齿清洁,必要时嚼口香糖清除口腔异味。女士仪容的基本要求:注意面部皮肤的修饰与保养,熟悉并掌握基本的面部美容化妆知识;注意头发的护理与保养并养成美发的习惯,以短发为宜;服装宜端庄,饰品不宜醒目;指甲常修常剪,不要涂过艳的指甲油。

二、仪态

仪态是指一个人举止的姿态与风度,是身体显现出来的样子,如站立、行走、屈身、就座、眼神、手势和面部表情等。优雅的举止、潇洒的风度,能给人留下较深的印象。导游人员良好的仪态有利于赢得游客的信任和尊重。良好的仪态主要体现在以下几个方面。

1.站姿

站姿是一个人站立的姿势。导游人员在站立时要注重站姿的优雅。俗话说:"站如松。"即是指规范的站姿应体现出人在站立时像松树一样的挺拔。站立要端正,眼睛平视,嘴微闭,面带微笑;双肩自然下垂或在体前交叉,右手放在左手上,以保持向游客提供服务的最佳状态;站立时要防止重心偏左或偏右;站立时双手不可叉在腰间,也不可抱在胸前;站立时身体不能东倒西歪;站累时,脚可以向后撤半步,但上体仍须保持正直,不可把脚向前或向后伸得过多或叉开很大。

切忌无精打采或东倒西歪;双手不可叉腰或抱在胸前;不能倚墙或以其他物品作为支撑点;两肩不可一高一低;双臂不摆,双腿不抖;手不能放裤袋,不能做小动作。

2.坐姿

坐姿是一个人坐在物体上的姿态。导游人员正确而优雅的坐姿是一种文明行为,它既能体现一个人的形态美,又能体现行为美。常言道:"坐如钟。"即是说坐姿要沉稳、坚实,规范的坐姿应如铜钟一般沉稳。

导游人员要坐相端正;入座时走到座位前再转身;女子落座双膝须并拢;面带笑容,双目平视,嘴唇微闭,微收下颌;双肩平正放松,两臂自然弯曲放在膝上;立腰、挺胸、上体自然挺直;双膝自然并拢,双腿正放或侧放;一般只坐椅子的三分之二;上体与腿可同时转向一侧,面向对方形成 S 形坐姿。

切忌坐椅时前俯后仰;不可摇腿、跷二郎腿;不可过于放松,瘫坐椅内。

3.走姿

走姿是指一个人走路时的姿态。"行如风"是人们对矫健走姿的赞美,系指走姿轻盈,像风吹过一样。导游人员的步态应当是轻松、有力,且有弹性。

导游人员走路时应抬头、挺胸、收腹;目光平视,双肩齐平;身体重心在前脚掌;行走路线靠右;速度适中;直线交叉步,上身不能晃动。

导游人员切忌摇头晃脑;重心要掌握好;不能走"内八"或"外八";不得扭腰;双手不能入裤袋或背着双手,不能脚蹭地面。

4.表情

表情是指一个人的面部姿态,是眉、眼、鼻、耳、口及面部肌肉运动所表达的情感,是人的思想情感的外部体现。有关资料分析,美国心理学家艾伯特·梅拉比安在一系列研究的基础上得出了一个公式:信息的总效果=7%言词+38%语调+55%面部表情。由此可见,面部表情在导游讲解中有着十分重要的作用和地位。导游人员在进行导游服务工作时,要学会成功地运用表情,通过表情给人以宽容忍让、热情、诚恳、耐心周到的感觉。

导游人员讲解时的面部整体表情有助于讲解内容的情感表达。如果讲解时导游人员"铁面无情"或麻木不仁,没有必要的感情流露,只能是一部"会说话的机器"。脸上有一定的表情,而缺乏足以表达内心丰富情感的变化,或面部表情过于做作,与所要表达的思想情感不一致、不协调,同样不能收到良好的效果。导游人员面部表情应该与口语所表达的情感同时产生、同时结束;导游员的面部表情要明朗化,即每一点细微的表情变化都能让游客觉察到;导游员的面部表情,要表里如一;用面部表情要把握一定的"度",要不温不火、适可而止。

导游人员讲解时的表情,不可用艺术表演的"表情"。"艺术性"太强的表情往往过于夸张,在导游讲解的情境中会显得不自然、不真实,有损于导游讲解的真实性。

5.手势

手势是一个人用语言中枢建立起来的一套用手掌和手指位置、形状的特定语言系统。良好优雅的手势语言可以帮助导游人员传递更多的信息。导游人员讲解时的手势,不仅能强调或解释讲解的内容,而且能生动地表达讲解语言所无法表达的内容,使讲解生动形象,为游客看得见悟得着。手势可以用来表达导游讲解的情感,使之形象化、具体化,即所谓"情意手势";用来指示具体的对象,即"指示手势";用来模拟状物,即"象形手势"。

导游人员在哪种情况下用哪种手势,都应视讲解的内容而定。在手势的运用上必须注意:一要简洁、易懂;二要协调合拍;三要富有变化;四要节制使用;五不要使用游客忌讳的手势。

三、礼貌、礼节

礼貌是指人与人之间和谐相处的意念和行为,是言谈举止对别人尊重与友好的体现,它体现了时代的风尚和人们的道德品质,体现了人们的文化层次和文明程度。礼节是人们在日常生活中,特别是在交际场合,互相问候、致意、祝愿、慰问以及给予必要的协助和照料时惯用的形式。讲究礼貌、礼节是社会文明的一种体现,也是社会对一个公民的要求。导游人员的工作是旅游服务业的窗口岗位,更应以身作则,讲究礼貌、礼节。结合导游人员服务工作实践,常用的导游行为礼节主要有以下几个方面。

1.见面礼节

见面礼节主要包括介绍、握手、拥抱、鞠躬、致意、合掌、互递名片等。

介绍和自我介绍是人际交往的开端。在交际场合结识朋友,可由第三者介绍,也可自我介绍。为他人介绍,要先了解双方是否有结识的愿望,不要贸然行事。无论自我介绍或为他人介绍,做法都要自然。自我介绍时,要讲清姓名、身份、单位。为他人介绍时还可说明与自己的关系,便于新结识的人相互了解与信任。介绍具体人时,要有礼貌地以手示意,而不要用手指指点。介绍也有先后之别,应把身份低、年纪轻的介绍给身份高、年纪大的,把男子介绍给妇女。介绍时,除妇女和年长者外,一般应起立;但在宴会桌上、会谈桌上可不必起立,被介绍者只要微笑点头有所表示即可。

握手是一种很常用的礼节,一般在相互见面、离别、祝贺、慰问等情况下使用,是一种沟通思想、交流感情、增进友谊的重要方式。与他人握手时,目光注视对方,微笑致意,不可心不在焉、左顾右盼,不可戴帽子和手套与人握手。在正常情况下,握手的时间不宜超过3秒,必须站立握手,以示对他人的尊重、礼貌。握手也讲究一定的顺序:一般讲究"尊者决定",即待女士、长辈、已婚者、职位高者伸出手来之后,男士、晚辈、未婚者、职位低者方可伸出手去呼应。若一个人要与许多人握手,那么有礼貌的顺序是:先长辈后晚辈,先主人后客人,先上级后下级,先女士后男士。

拥抱礼是流行于欧美的一种礼节,通常与接吻礼同时进行。拥抱礼行礼方法:两人相对而立,右臂向上,左臂向下;右手挟对方左后肩,左手挟对方右后腰。握各自方位,双方头部及上身均向左相互拥抱,然后再向右拥抱,最后再次向左拥抱,礼毕。

鞠躬意思是弯身行礼,是表示对他人敬重的一种礼节。"三鞠躬"称为最敬礼。在我国,鞠躬常用于下级对上级、学生对老师、晚辈对长辈,亦常用于服务人员向宾客致意,演员向观众掌声致谢。

公共场合远距离遇到相识的人,一般是举右手打招呼并点头致意。在西方男子戴礼帽时,还可施脱帽礼,即两人相遇可摘帽点头致意,离别时再戴上帽子。有时与相遇者侧身而过,从礼节上讲,也应回身说声"你好",手将帽子掀一下即可。与相识者在同一场合多次见面,只点头致意即可。对一面之交的朋友或不相识者在社交场合均可点头或微笑致意。

合掌礼流行于南亚和东南亚信奉佛教的国家。其行礼方法是:两个手掌在胸前对合,掌尖和鼻尖基本相对,手掌向外倾斜,头略低,面带微笑。

使用名片是现代人交际的重要手段,名片的使用也有礼节。递交名片时要保持微笑;名片要保持清洁,不要递出脏兮兮的名片;手的位置应与胸部齐高,要将名片朝向对方,双手恭敬地递上;收下名片后,应轻声地读一遍对方的姓名或职称,然后说谢谢;收到对方的名片后,当场便在名片上书写或折叠;在整理保存大量名片时,可以把对方的特征、兴趣爱好以及接收名片的地点、时间、所谈的话题等记在名片后面,这样下次见面即可投其所好,多谈一些他感兴趣的话题。

2. 交谈礼节

交谈是导游人员同游客交往的普遍形式,也是导游人员与游客进行沟通的重要环节。因此,导游人员应掌握社交聚谈时的礼貌礼节。导游人员在交谈时表情要自然大方,语音、语调柔和轻松。交谈时态度要真诚,避免给人以冷漠、傲慢、慌乱、随便的感觉。交谈的内容,可根据不同的对象有所侧重。交谈时,要遵循"五不问",即一不问年龄(尤其是女性),二不问婚姻,三不问履历,四不问工资收入,五不问家庭地址。交谈时不涉及个人隐私。交谈时距离不要太近,以相距半米为佳;手势不要太多,更不要唾沫横飞。双方谈话时,不要左顾右盼、心不在焉,不要注视别处或看手表,更不要轻易打断别人谈话。多人交谈时,要照顾大家,不要只同一两个人说话而冷落在场的其他人;也不要只顾自己说话,要尽量安排机会给其他人讲话。

3.赴宴礼节

宴请是一种常见的社交活动,由于宴请的场合比较正式,接受宴请的导游人员应遵循以下礼节和相关注意事宜。

(1)接到宴会邀请,能否出席应尽早答复对方,若不能赴宴,一定要讲明原因并向主人致歉。赴宴要准时,早到(提前5分钟以上)和迟到均被视为失礼。

(2)就座时应听从主人安排,不可随意乱坐;若旁边是女性或长者,应帮助他(她)先入座。

(3)用餐前,不要用餐巾擦餐具,以免使人认为餐具不洁;进餐时,先把餐巾铺在膝上,餐后叠好放在盘子右边,餐巾可用来擦嘴,但不能用来擦汗鼻涕。用餐的姿势要端正,不可用手托腮或将臂肘放在桌上。待主人招呼后,即可进餐。

(4)席间不应玩弄餐具,避免刀、叉、汤匙、筷子等碰击出声;取菜时不要盛得过多;若侍者前来加菜,待他走到自己左边时可取菜。

(5)在主人和宾客致辞、祝酒时,应暂停进餐,并认真倾听。

(6)进餐时,要闭嘴咀嚼,不要发出声音;口中有食物时不要讲话;不要伸舌舔嘴。

(7)席间,导游人员不要主动地布菜、劝酒。如果导游人员以翻译身份赴宴,不要一边翻译一边吃饭,更不能吸烟,也不能抛下主人自己到处敬酒。

(8)用餐时,一般不吸烟,除非主人请客人吸烟,敬烟时,先敬长者和女性。

(9)席间不慎碰翻酒水或掉落餐具时,不要手忙脚乱,也不要自己处理,要让侍者去收拾和调换餐具,并对邻座道声"对不起"。

(10)在宴席进行期间,不要当众解开纽扣或脱衣服。如果主人请客人宽衣,男士可脱下外衣挂在椅背上。

(11)席间宜谈些令人愉快、格调高雅的话题,不可闷头用餐,要尽量与同桌的人交谈,尤其是左右邻座。

(12)宴会结束,宴会菜单可作为纪念品带走,而各种招待品,如糖果、水果、香烟等不能拿走。

4.日常交往礼节

导游人员与游客的交往,最多的是日常的相处。通过日常交往,游客更能了解导游人员的性格和修养。导游人员注意日常交往礼节,会给客人留下美好、愉快的印象。

(1)导游服务活动中的礼节

①旅行社徽章或标牌应佩戴在上衣左胸的正上方。

②每次活动要提前到达岗位,不误出发时间。

③导游要左手举导游旗,保持正直,不扛在肩上,更不要反复摇晃或拖在地上。

④清点人数时,要用目光默数,不能指指点点,更不能数出声来。

⑤使用话筒时,应斜拿在嘴边,不要太靠近嘴,也不要遮住面部。

⑥导游讲解时,不要吸烟。在公共场所吸烟要遵守各地不同的有关规定,不要在有"禁止吸烟"、"请勿吸烟"标志的地方吸烟。

⑦带团行走时,不要搭肩;候车、等人时不要蹲歇;与人交谈时,双手不宜叉腰或放在衣袋内。

⑧不随地吐痰,不乱扔垃圾,不在客人面前打哈欠、修指甲、剔牙齿、挖耳朵、掏鼻孔;咳嗽、打喷嚏时,应用手帕捂住口鼻,偏向一旁,并说"对不起"。

⑨不要随便去客人房间,即使要去客人房间,一般应电话预约,进门前先按铃或敲门,不得擅自闯入。

⑩在游客房间内,不要触摸游客的行李物品和书籍等,不要随意借用游客的电话。

(2)与女性交往的礼节

"女士优先"是西方礼仪中的一个传统,由于它含有尊重妇女、照顾妇女的因素,逐渐为人们接受。男性导游人员应尊重这一礼仪,并注意以下几个方面。

①同行时,让女性走马路的内侧。

②上、下车时,要给女性开车门,协助其上、下车。

③进入、离开室内,要给女性开门,让女性先行,并照顾女性脱穿大衣;女子入座、离座时,要帮助拉开椅子。

④在公共场合,要给女性让路、让座;在上楼梯、电梯时,请女士先行。

⑤与女性共餐时,菜和敬酒先女后男,男子吸烟,应征得女士同意。

⑥女性有东西掉在地上时,男士应主动帮助拾起来。

第六节　导游人员的职责

一、导游人员的基本职责

根据当前我国旅游业发展的现状和各类导游人员的服务对象,导游人员的基本职责可概括如下:

(1)根据旅行社与游客签定的旅游合同或约定,按照接待计划安排和组织游客参观、游览;

(2)负责向游客讲解,介绍中国(地方)文化和旅游资源;

(3)配合和督促有关协作单位安排游客的交通、食宿等,保护游客的人身和财物安全;

(4)耐心解答游客的问询,协助处理旅途中遇到的问题;

(5)反映游客的意见和要求以及建议,协助安排游客会见、座谈等活动。

二、领队的职责

境外领队是由指经国家旅游行政主管部门批准可以经营出境旅游业务的旅行社的委派,全权代表该旅行社带领旅游团从事旅游活动的工作人员,他们是出境旅游团的领导者和代言人。境外领队的主要职责如下。

1.介绍情况、全程陪同

出发前向旅游团介绍旅游目的地国家或地区的概况及注意事项;陪同旅游团的全程参观游览活动;必要时提供语言服务。

2. 落实旅游合同

监督和配合旅游目的地国家或地区的全陪、地陪全面落实旅游合同规定的内容,安排好旅游计划,做好各段行程之间的衔接工作,协助各地导游落实旅游团的吃、住、行、游、购、娱等各项服务旅游活动。

3. 组织和团结工作

关心游客,做好旅游团的组织工作,维护旅游团内部的团结,调动游客的积极性,保证旅游活动顺利进行。

4. 联络工作

负责旅游团与旅游目的地国家或地区接待旅行社的联络与沟通,转达游客的意见、要求与建议乃至投诉,维护游客的正当权益,必要时出面斡旋或帮助解决,保证旅游者在境外旅游的服务质量。

三、全陪导游的职责

全陪导游人员是组团旅行社的代表,对所率领的旅游团(游客)的旅游活动负有全责,因而在整个旅游活动中起主导作用。其主要职责如下。

1. 实施旅游接待计划

按照旅游合同或约定的内容实施组团旅行社的接待计划,监督各个接待环节的执行情况和接待质量。

2. 联络工作

负责旅游过程中同组团旅行社和各地方接待旅行社的联络,做好旅行各站的衔接工作。

3. 组织协调工作

关心游客,照顾好游客的旅行;协调领队、地陪、司机等接待人员之间的合作关系;配合、督促各接待环节,为游客安排吃、住、行、游、购、娱等旅游服务。

4. 维护安全、处理问题

维护游客旅游过程中的人身和财务安全,处理或协助处理好旅途中的有关问题和突发事故;转达和处理游客的意见、要求和建议。

5. 宣传、调研

耐心解答游客的问询,介绍和传播中国文化和旅游资源;开展市场调研,协助开发、改进旅游产品的设计和促销。

四、地陪导游的职责

地陪是受接待旅行社委派,代表接待旅行社实施接待计划,为旅游团(者)提供当地旅游活动安排、讲解、翻译等服务的工作人员。其主要职责如下。

1. 安排在当地的旅游活动

地陪是旅游接待计划的具体执行者,应按照旅游接待计划的要求、全陪的建议和游客的具体情况制订旅游团在当地的旅游活动日程,设计具体游览线路,与全陪、领队密切配合,安排好游客在当地的吃、住、行、游、购、娱等方面的消费。

2.负责在当地导游讲解

地陪是游客在当地参观游览中导游讲解工作的主要承担者,应对讲解的内容和质量负主要责任。导游讲解过程中要结合游客的实际需要,因人而异地开展讲解服务,不断提高讲解的水平。

3.维护游客在当地旅游过程中的安全

由于游客置身不熟悉的外部环境中,地陪应维护游客在当地旅游期间的人身和财物安全,做好事故防范和安全提示工作。

4.处理在当地旅游过程中发生的问题

地陪应负责处理在安排组织游客在当地的旅游活动中,出现干扰旅游活动正常进行的旅游事故或突发事件,应针对不同情况,采取不同的措施,争取做到早发现、早解决,使游客放心满意。在处理解决问题过程中,要积极取得领队、全陪和游客的理解和支持。

五、景区(点)导游人员的职责

景区(点)导游人员负责一个具体旅游景区(点)内部导游讲解。其主要职责如下。

1.导游讲解

负责所在景区(点)的导游讲解,回答游客提出的相关问题。

2.安全提示

在参观游览过程中,指出相关安全隐患,提醒游客注意安全,并给以必要的协助。

3.宣传知识

结合具体景物向游客宣讲环境、生态和文物保护知识,提高游客游览素养。

复习思考

1.简述导游人员的类型划分标准及具体分类内容。
2.导游人员的基本条件是什么?
3.全程导游、地方导游和领队应具备哪些条件?
4.导游人员在旅游过程中应如何进行角色定位?
5.导游人员应具备哪些从业素质?
6.游客心目中的导游应是怎么样的职业形象?
7.导游人员的基本职责是什么?
8.领队、全陪、地陪、景区(点)导游人员的各自职责是什么?

案例分析

【案例1】

某高校学生张某在读书期间先后两次报名参加导游资格考试,均未合格。他急于从事导游工作,遂与某国际旅行社多次联系,希望能给予带团导游实习机会。大四时,十一黄金周旅游旺季,国内旅游团队比较多,该国际旅行社由于导游人员不足,遂聘用张某充任国内旅游全陪导游人员,在带团过程中被旅游行政管理部门查获,以其未经导游资格考试合格,擅自进行导游活动给予了罚款处罚。张某对处罚不服,认为自己并非擅自进行导游活动,而是受旅行社聘用从事导游工作的,旅游行政管理部门处罚不当,遂向上一级旅游行政管理部门申请复议。

(资料来源:根据 http://cache.baidu.com 整理)

根据上述内容,回答下列问题:

(1)张某的看法是否成立? 有何依据?

(2)旅行社能否聘用张某从事导游工作? 有何依据?

【案例2】

一次,恰逢旅游旺季,某旅行社英语导游短缺,于是从某外语学院请来一名口语不错的在校生充当临时导游,接待一个泰国团,该导游服务热情周到,在带团初期一切状况良好,但后来却发生了一件不愉快的事而招致客人投诉。原因是团内有一对年轻夫妇的小孩长得十分可爱,导游忍不住在男孩的头上摸了一下,这种在中国看来再平常不过的举动,且显示爱抚的动作却触犯了泰国人"重头轻脚"的禁忌,男孩的父母当即脸就沉下来,只是没有当场发作,但导游却不懂得察言观色,后来又忍不住摸了一下小孩的头,这下男孩的父母再也控制不住了,当场与导游吵了起来,导致最后的投诉。

(资料来源:根据 http://wenku.baidu.com 整理)

根据上述内容,回答下列问题:

(1)旅行社的做法是否符合规范?

(2)结合案例分析旅行社导游工作中应注意的问题。

【案例3】

几位年轻的游客一下火车就拿着行李驱车来到旅行社,他们强烈"抗议"导游员的所作所为,并且要求旅行社赔偿其经济损失和对导游员进行处分。事情经过是这样的:这几位年轻的游客参加旅行社组织的某地八日游活动,按照旅游合同规定,游客用餐自理,往返行程为"一飞一卧"(去是乘飞机,返是乘火车)。游客抵达目的地后,他们对当地导游员的讲解及安排游览活动等都有意见,时常当着大家的面,向地陪提意见。为此,地陪心里憋着一股气。以后,游客对地陪的意见越来越大,双方矛盾越来越尖锐。一天,由于这极为年轻的游客在吃午餐时喝了一点酒,过了集合时间。因此,地陪采取"报复"手段,不等他们吃完饭,就擅自让旅游车开走,致使他们只能报警,通过当地公安部门的帮助才算找到了旅游车……

(资料来源:全国导游服务网)

根据上述内容,回答下列问题:

结合导游的素质与职业要求,分析案例中导游的行为是否合适,游客应如何保护自己的权益。

导游业务

【案例 4】

"我是导游，先救游客"——年轻女导游的生死抉择

23 岁的文花枝是湖南湘潭新天地旅行社的导游。2005 年 8 月 28 日下午 2 时 35 分许，文花枝所带团队乘坐旅游大巴在陕西延安洛川境内与一辆拉煤的货车相撞。这是一次夺走 6 条生命，还造成 14 人重伤 8 人轻伤的重大交通事故。当可怕的瞬间过去，坐在前排的文花枝清醒过来时，发现和自己同坐前排的司机和西安本地导游已经罹难。她自己左腿胫骨断裂，骨头外露，腰部以下部位被卡在座位里不能动弹。

危难关头，文花枝顾不上疼痛，艰难地打出了求救电话，并扭过头来用尽力气大喊："大家一定要挺住，救援人员很快就要到了！大家不要慌，坚持住，我们一定要活着出去！"期间，她几度晕死，但一苏醒过来，她马上又用自己的乐观稳定游客的情绪，鼓励游客战胜灾祸。

营救人员迅速赶来，他们想将坐在前排的文花枝抢救出来，她却平静地说："我是导游，后面都是我的游客，请你们先救游客。"

游客谢冬华事后回忆说："正是小文的鼓励，让大家坚定了求生的欲望。但她是所有受伤者中最严重的一个啊。这么坚强的姑娘，实在少见！"

车祸中的幸存者、湘潭电化集团的万众一回忆说："由于汽车碰撞得十分严重，每次救援一个游客都需要很长的时间。在等待救援的时候，文花枝自己忍着痛苦不断给我们鼓气，要我们不要睡过去、要挺住。小文还说，我们一定要坚持，我们一定要活着回去。很奇怪一个弱女子怎么还有那么大的气力给大家喊话。如果不是小文不断鼓劲，自己一口气接不上来可能也就完了。"事实上，文花枝此时被卡在前排，数次昏迷。

长达两个多小时的艰难营救对于伤者无疑过于漫长。数次昏迷的文花枝只要一醒过来，就又给自己的游客打气。文花枝是最后一个被营救的伤员，当时已是下午 4 点多了。洛川县交警大队的王刘安是亲手将文花枝救出旅游车的，他后来对前来陕西处理事故的湘潭市旅游局领导感叹："作为交警我不得不对小文的这种勇气和举动由衷地敬佩。"

小文腿上的伤势严重，左腿 9 处骨折，右腿大腿骨折，髋骨 3 处骨折，右胸第 4、5、6、7 根肋骨骨折，伤口已经严重感染。文花枝被送到洛川县医院后随时有生命危险，院方决定 29 日凌晨让其转到医疗条件更好的解放军第四军医大学附属西京医院。29 日下午，为了避免伤势进一步恶化，西京医院专家小组决定立即为她做左大腿截肢手术，一位年轻的姑娘就这样失去了自己的一条腿。主治医生李军教授惋惜地说："太可惜了，若早点做清创处理，不耽误宝贵的抢救时间，她这条腿是能够保住的。"

现在她的右腿侧以及左腿内埋有两块钢板，8 枚钢钉，盆骨里还安置了用于加固的钢链。这是 2005 年 8 月 28 日那场灾难留下的痕迹，她把抢救的机会让给了他人，自己却因此失去了一条腿。

文花枝先进事迹推出后，引起社会各界的广泛关注与赞誉。中央电视台《人与社会》栏目以《美丽的花枝》为题对她的事迹做了专题报道。

文花枝当选 2006 年度全国十大杰出青年，获全国五一劳动奖章、全国三八红旗手、全国模范导游员、全国五一巾帼奖等多项荣誉称号。2008 年她参加了奥运圣火韶山的传递。2009 年 9 月 14 日，她被评为 100 位新中国成立以来感动中国人物之一。

"我是导游，先救游客！"文花枝在生死关头把生的希望让给游客，把死的威胁留给自

已。她以不惜生命、先人后己的行动，兑现了诚实守信、服务游客的诺言。

湖北一位名叫秦垂世的游客得知文花枝受伤后，感叹道："她是我遇到的最有素质的导游，热情周到的服务，文明的言谈举止，丰富的文化知识和较高的文学修养，给我留下了终生难忘的印象。我们笑在脸上，她笑在花丛中。希望她能战胜灾祸，勇敢地站起来！"

（资料来源：根据新华网、中国日报网资料整理）

结合本章内容评析文花枝的敬业精神。

第三章　团体旅游接待服务规范

 学习目标

　　通过本章的学习,要求了解旅游团队导游服务集体协作共事的方法和技巧;掌握地陪、全陪和领队的工作程序;学习如何按照旅游接待计划为团队旅游者提供规范化服务,包括日程安排、生活服务和导游讲解等;熟悉领队和景区(点)导游服务规程。

　　导游服务程序是指导游人员从接受旅行社下达的旅游接待任务起,到完成对旅游团的接待并做完善后工作为止的工作程序。团体旅游接待服务规范和散客旅游接待服务规范有所不同。本章将对团体旅游接待服务规范进行详细的介绍。

第一节　导游服务规范概述

　　导游服务要达到专业水准,并符合国家标准和部门标准,团队导游服务就必须规范化、标准化,也就是必须按照一定的规程进行服务。为了保证向旅游者提供规范化的导游服务,国家和旅游主管部门制定了全国导游服务规范——《导游服务质量》和《旅行社国内旅游服务质量要求》。

一、导游服务规范和导游服务规范化的含义

1.导游服务规范

　　导游服务规范是指由国家和(或)旅游行政主管部门所制定并发布的导游人员向游客提供服务的统一标准(以下简称《标准》)。它是国家对导游服务水准的标准化要求,是指导和督促导游人员向游客提供服务的依据。导游服务规范在内容上主要包括两大部分,即服务程序和服务质量。具体来说就是规范导游人员提供什么服务,向谁提供服务,何时提供服务,在何处提供服务,如何服务、为何服务和服务应达到什么要求。

　　1995年以前,我国一些大旅行社从各自企业发展的角度和管理的角度为导游人员的接待工作制定了一些规则和要求。如中国国际旅行社有导游工作规范、中国旅行社有全程陪同须知、中国青年旅行社有陪同工作细则等,致使我国导游服务水准存在着很大的差异。

1995 年,由国家旅游局提出,中国国际旅行社总社起草,经国家技术监督局批准的中华人民共和国国家标准《导游服务质量(GB/T1597 1—1995)》正式颁布。该标准借鉴了旅游行业导游服务几十年工作实践经验、国家和部分企业的有关规章制度与导游工作规范,并参照了国外的相关资料,对导游服务质量提出了要求,并规定了涉及导游服务过程中的若干问题的处理原则,其目的是为了保障和提高导游服务的质量,促进中国旅游业的发展。1997年国家旅游局又针对国内旅游服务中的问题,制定并发布了《旅行社国内旅游服务质量要求》的部门标准,从而使我国导游服务走上了规范化的道路。

2. 导游服务规范化

导游服务规范化是指导游服务要符合国家和旅游行政管理部门所颁发的《导游服务质量标准》(简称《标准》)和《旅行社国内旅游服务质量要求》。每个导游人员向游客所提供的服务都必须达到《标准》的要求。

《导游服务质量标准》和《旅行社国内旅游服务质量要求》是导游人员在导游服务中所必须达到的最基本的要求。导游人员完全可以发挥自己的主观能动性在此基础上将服务工作做得更好,将规范化服务与个性服务结合起来,向游客提供优质的服务。

二、导游服务规范化的必要性

由于服务产品的无形性以及生产与消费的同步性,因此规范化是确保服务性产品质量的前提和基础。导游服务的过程中往往具有较多的主观因素,导游服务规范化对树立国家形象、加强导游人员管理以及确保导游服务质量具有重要的意义。

1. 导游服务规范化有利于树立国家旅游形象

《导游服务质量标准》和《旅行社国内旅游服务质量要求》是在参考国际导游服务的基本做法和结合我国导游服务的实际情况下制定的,是具有权威性的、能代表国家导游服务水准和导游人员职业形象的规范性文件。按照这两个文件的要求提供导游服务不仅能使游客得到符合国际要求的导游服务,而且游客的合法权益也能得到较好地维护,从而有利于统一全国导游服务水准,树立国家形象,吸引更多的客源。

2. 导游服务规范化有利于加强对导游人员和导游服务的检查、监督和管理

导游带团活动的随意性较大。由于场景不同和体力情绪等的变化,同一个导游在不同的时间和场合,其导游服务往往水准不一,也就是说,一般难以提供同一质量的导游服务。导游人员在心情好时可能会多讲一些,心情欠佳时则会少讲一些。加之导游人员的思想道德素质、知识水平和业务技能上的差异,使导游服务水准也可能存在较大的差异。因此,对导游接待工作过程做规范化、标准化处理,在一定程度上能约束导游人员的行为,以减少导游工作的随意性。《导游服务质量标准》和《旅行社国内旅游服务质量要求》是衡量导游服务质量高低的一个重要指标,也是对导游人员进行培训、晋级、奖励或处罚的标准。

3. 导游服务规范化有利于促进导游人员不断提高自身素质和导游服务水平

《导游服务质量标准》和《旅行社国内旅游服务质量要求》用描述性的语言对导游接待过程中的内容、顺序和标准作出了一系列的规定。如在导游语言上,"应做到语言准确、生动、形象、富有表现力,同时注意使用礼貌用语"。在接待程序上,对刚接到的团,要先致欢迎词,再作沿途讲解,而欢迎词一般要遵循真挚、适度的原则等。导游服务规范对导游人员的行为具有指导性的作用,它指导导游人员什么时候该做什么,不该做什么;先做什么,后

做什么以及怎么去做,是导游人员提高业务水平的重要参考体系。这就为导游人员树立了一个标尺,符合这个标尺水准的才是合格的,否则就是不合格的。因此,导游服务规范有助于导游人员寻找自身的差距,不断提高自己的素质和导游服务水平。

三、导游服务集体

旅游团队是通过旅行社或旅游服务中介机构,采取支付综合包价或部分包价的方式,有组织地按照预订行程计划进行旅游消费活动的旅游者群体。导游服务通常是由导游服务集体实现的。导游服务集体通常是由全程陪同导游人员、地方陪同导游人员和旅游团的领队(即受海外旅行社委派,全权代表该旅行社带领旅游团从事旅游活动的工作人员)组成,有时还包括景点导游人员(讲解员)。团队导游服务集体是一个综合体系,导游服务集体中的任何一员、任何一个环节出了任何问题,都会影响导游服务质量,造成游客的不满,给后续工作带来麻烦。因此,导游服务要有系统的观念,讲分工协作,而"协作共事"是完成任务的关键。

1.导游服务集体协作共事的基础

旅游团队导游服务集体成员来自三方,他们分别代表不同旅行社的利益。全陪是旅游目的地组团旅行社的代表,地陪是旅游目的地地接社的代表,领队是旅游客源地组团社的代表,他们在工作中有各自的职责,有明确的分工,他们性格各异、作风不一、工作方式不同,对一些问题的观念往往相左。因此,他们之间常常会出现一些不愉快,有时关系搞得还很紧张,但是他们之间必须协作共事、相互补充,这对提高导游服务质量、圆满完成接待任务具有重要的意义。事实上,在陪同和接待旅游团队时,他们有合作共事的基础。主要体现在他们有共同的工作对象——同一团队的旅游者;有共同的工作任务——执行该团队的旅游接待计划,为其安排、落实各项旅游服务;有共同的努力目标——组织好该团队旅游者的旅游活动,为其提供满意的服务,从而提高旅游企业的声誉,招徕更多的游客。导游服务集体之间的合作关系实际上是旅游目的地的旅行社与旅游客源地旅行社之间的合作关系。它们之间建立良好关系的前提是平等互利、互守信用,向旅游团提供优质服务。

2.导游服务集体协作共事的方法

为了导游服务能够顺利进行,导游服务集体的成员只有明确分工、良好协作、互相体谅、求同存异、共同努力,才能取得良好的实际效果。下面七条是处理好导游服务集体之间合作关系的一般原则,具有普遍意义。

(1)主动争取各方配合

在向旅游团队提供导游服务时,要形成合力,反对短期行为和本位主义,及时沟通信息、交换想法,在求得意见一致的基础上协同行动。

(2)尊重各方的权限和利益

导游服务集体中三成员虽然代表着三方的利益,工作也有侧重点,但是三者之间关系是平等的。他们之间无高低贵贱之分,三者之间的配合是互补、互利的,应相互尊重各方的工作权限,切忌干预对方的活动,侵害他方的利益。

(3)建立友情关系

全陪、地陪和领队都必须正确运用公共关系中的工作关系(即理性关系)和情感关系(即人情关系)相统一的方法,建立起和谐、友好的人际关系。同时,要把握好三者之间友情关系的尺度和距离。

（4）主动交流信息和沟通思想

相互沟通是消除误解、促进相互理解的重要途径，是搞好协作、提高导游服务质量的重要保证之一。对此，导游服务集体成员应引起高度重视，三者之间应开诚布公，为了圆满完成旅游接待任务及时主动地交流信息和沟通思想。

（5）学习众家之长

导游服务集体成员分属于各自旅行社，由于共同的任务聚合到一起，因此在工作中应该彼此尊重、平等相待、相互学习、取长补短。

（6）勇于承担责任

在带团的过程中，如果出现问题或事故，全陪、地陪和领队都应该从做好旅游团队服务工作的大局出发，在分析原因的基础上，分清责任，各自勇于承担属于自己的责任，切忌相互指责和推诿，更不能一出事就采取诋毁他人的手段来逃避责任。

（7）保持适当距离

导游服务集体成员之间的关系应该是君子之交，要限制在法纪和社会承认的范围之内，功利关系距离适当，异性间距离正常；尊重彼此的隐私权，不要随意问工作上的禁区。

第二节　地陪导游服务规程

地陪是旅游计划在当地的具体执行者，在旅游团队接待服务中起着极其关键的作用。地陪服务是确保旅游团在当地参观游览活动的顺利进行，并充分了解和感受参观游览对象，充分享受旅游产品使用价值的重要保证。《导游服务质量标准》对地陪的工作提出了具体的要求，即"地陪应按时做好旅游团（者）在本站的迎送工作；严格按照接待计划，做好旅游团（者）参观游览过程中的导游讲解工作和计划内的食、宿、购物、文娱等活动的安排；妥善处理各方面的关系和出现的问题。地陪应严格按照服务规范提供各项服务"。

地陪导游工作程序是指地方陪同导游人员从接受旅行社下达的旅游团接待任务起，到旅游团离开本地并完成善后工作为止的工作程序。地陪导游员应该严格按照导游服务质量标准提供各项服务。

地陪导游服务工作的工作流程如图 3-1 所示。

一、准备工作

当地陪接到旅游团队接待计划之后，要按照计划要求认真而充分地做好各项准备工作。接团前的准备工作是提供良好服务的重要前提。地陪工作千头万绪，地陪应有认真、细致、周密的考虑，事前做好充分的准备。在这个阶段，地陪需要在以下几个方面做好准备工作。

1.熟悉接待计划

旅游团接待计划是组团社委托各地接待社组织落实旅游团活动的契约性安排，是导游人员了解该团基本情况和安排活动日程的主要依据。地陪应在旅游团抵达前做好计划准

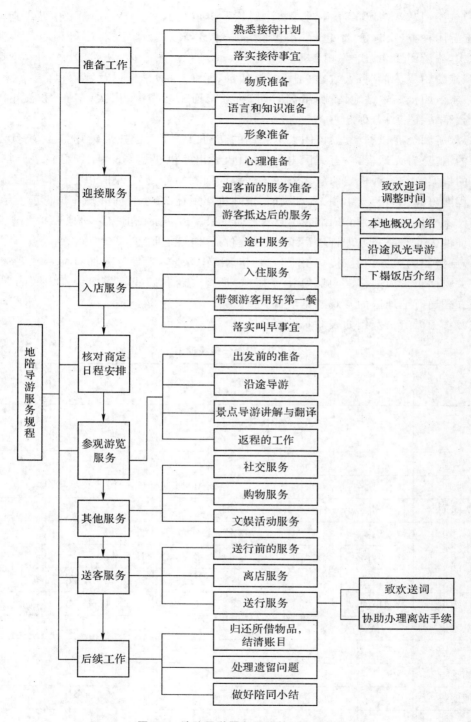

图 3-1 地陪导游服务工作的工作流程

备,认真阅读接待计划和有关资料,详细、准确地了解该旅游团的服务项目和要求,重要的事宜做好记录。

（1）旅游团基本情况：组团社名称（计划签发单位），联系人姓名、电话号码或其他通讯方式，旅游团种类（全包价、半包价、小包价），旅游团等级（豪华等、标准等、经济等）和费用结算方式，旅游团团名、代号、电脑序号等。

（2）旅游团成员情况：人数、性别、国籍、年龄、职业、宗教信仰以及领队和全陪姓名。

（3）旅游团抵离本站地情况：抵离时间、所乘交通工具类型、班次（车次）和使用的交通港（机场、车站、码头）名称。

（4）旅游团交通票据情况：该团去下一站的交通票据是否已按照计划订妥，有无变更及更改后的情况；有无返程票；有无国内段国际机票；出境机票是 OK 票（即已订妥日期、航班和机座的机票。持这种机票的旅客若在该联程或回程站停留 72 小时以上，国内机票须在联程或回程航班起飞前两天中午 12 点以前、国际机票须在 72 小时前办理座位再证实手续，否则原座位不予保留），还是 OPEN 票（为不定期机票。旅客乘机前需持机票和护照或身份证等有效证件去航空公司办理订座手续，订妥座位后才能乘机）；等等。

（5）旅游团的服务项目、接待要求：在住房、用车、游览、用餐等方面有何特殊要求；是否要求有关方面负责人迎接、会见、宴请等礼遇；是否有老弱病残等需要特别照顾的游客；有无需要办理通行证地区的参观游览项目。

旅游任务派遣书范例如表 3-1 所示。

表 3-1　旅游任务派遣书

旅游团名称			（盖章）		电话	
团号			游客类别	国际 国内	游客人数	
导游姓名		专兼职		导游证号		
目的地				团队性质		
任务时间	年　月　日至　年　月　日			天　夜		
乘坐交通 情况	抵达	交通工具：　航（车、船）次：　月　日　时				
	离开	交通工具：　航（车、船）次：　月　日　时				
	接送站	接：　车型　座数　司机　　送：车型　座数　司机				
住宿饭店	城市间			住宿天数		
游览景点						
进餐地点						
购物地点						
其他安排						
计调部负责人			（签名）	计调部电话		
完成任务情况 及有关说明						

2.落实接待事宜

《标准》要求:"地陪在旅游团抵达的前一天,应与各有关部门或人员落实、检查旅游团的交通、食宿、行李运输等事宜。"具体包括以下几方面。

(1)核对日程安排表

当地接社根据组团社旅游接待计划,安排该团在本地的参观游览活动日程,编制的日程表中应该详细注明日期、出发时间、游览项目、就餐地点、购物时间、晚间活动、自由活动时间以及会见等其他特殊项目。地陪应对旅游活动日程的各项内容与接待计划逐项核实。

(2)落实接待车辆

地陪需要同提供车辆服务的车队或汽车公司联系,问清和落实该团的用车以及车号、司机姓名、联系方法,并商定接头的时间和地点。

(3)落实住房及用餐

地陪需要同旅游团下榻的饭店的销售部或前厅部联系,核实该团用房数、等级、用房时间、是否包含早餐等,并告知饭店该团抵达该地的航班、车次及时间。导游人员应提前与有关餐厅联系,核实该团活动表上安排的每次用餐(包括计划内的宴请和风味餐)人数、餐饮标准和用餐要求等。

(4)落实行李接运

地陪要了解和落实接运该团行李的车辆和人员,并提前同其联系,告知该团抵达时间、地点和该团下榻的饭店,这样才能使行李员准时把行李运到。

(5)了解新景点的情况

对新的旅游景点或不熟悉的参观游览点,地陪应该事先了解其情况,如开放时间、门票结算方式、最佳游览路线、厕所位置、停车位置等,以便游览活动顺利进行。

3.物质准备

《标准》要求:"上团前,地陪应做好必要的物质准备,带好接待计划、导游证、胸卡、导游旗、接站牌、结算凭证等物品。"

地陪在接团前应该准备好带团期间所需的各种物品,除了带好《标准》要求的物品外,还需要带行李牌、导游图、名片、记事本、个人生活用品、通讯工具等,有时需要准备旅游车标志、扩音器等。

接团前,地陪还应根据旅游团人数和当地活动日程表上的安排,到地接社有关部门领取景点门票结算单和旅游团餐饮结算单等以及与旅游团有关的表格,如旅游者意见反馈表。领取的数量要与人数和需要量相一致。

4.语言和知识准备

根据接待计划上确定的参观游览项目,对翻译、导游的重点内容,做好外语和介绍资料的收集整理工作。

接待有专业要求的团队,地陪要做好相关知识、词汇的准备。

对当前的热门话题、国内外重大新闻、导游词、旅游者可能感兴趣的话题等方面有所了解。

5.形象准备

导游的自身形象不是个人行为,在宣传旅游目的地、传播中华文明方面起着重要的作用,也有助于在旅游者心中树立导游的良好印象。因此,导游在上团之前应该做好仪容、仪表方面的准备。总体的要求是服装整洁得体,符合导游人员的身份和工作需要;修饰要自然大方,避免过于世俗和前卫;要佩带醒目的、能证明身份的标志物。

6.心理准备

导游人员具有良好的心理品质,拥有良好的心理状态,也是导游接待工作中不可缺少的重要基础。地陪充分的心理准备能够帮助其克服许多工作中出现的困难。首先,导游人员要充满自信,导游人员的自信心来源于平时工作经验的积累和教训的总结,来自于上团前精心的准备。其次,对工作的艰苦性、复杂性要有充分的认识。在做准备工作时,地陪不仅要考虑到按照常规的工作程序要求为旅游者提供热情的服务,还要有充分的思想准备考虑对待特殊游客如何提供服务,如何面对、处理在接待过程中出现的问题或事故。最后,对客人的抱怨和投诉要有充分的准备。导游人员在繁重复杂的工作中,难免会出现失误而令游客不满,或客人因种种原因对导游人员出现抱怨、刁难甚至投诉等行为。对于这些情况,导游人员要有充分的心理准备,冷静、沉着地面对和处理,无怨无悔地为旅游者提供优质的服务。

二、迎接服务

《标准》要求:"在接站过程中,地陪服务应使旅游团(者)在接站地点得到及时、热情、友好的接待,了解在当地参观游览活动的概况。"

迎接服务是地陪服务程序中很重要的一个环节,这是地陪与游客的第一次直接接触。也就是说,迎接服务是地陪在游客面前的第一次亮相,要给游客留下热情、干练的第一印象。这一阶段的工作直接影响着以后接待工作的质量。

1.迎客前的服务准备

接团当天,地陪应该提前到达旅行社,全面检查准备工作的落实情况,如发现问题,及时弥补,做到万无一失。

(1)确认旅游团所乘的交通工具抵达的准确时间

地陪从旅行社出发之前,要向机场(车站、码头)问讯处问清飞机(火车、轮船)到达的准确时间(问讯时间一般在飞机预订抵达前2小时,火车、轮船在预订抵达前1小时)。

(2)与旅游车司机联络

根据旅游团抵达的准确时间,地陪立即与旅游车司机联系,与其商定出发的时间、地点,确保提前半小时抵达迎客的机场(车站、码头);赴接站途中,地陪应告知司机该团活动日程和具体时间安排;到达接站地点后,地陪应与司机商定车辆停放的位置。

(3)再次核实旅游团抵达的准确时间

地陪提前抵达机场(车站、码头)后,要再次核实旅游团所乘航班(火车、轮船)抵达的准确时间。

(4)与行李员联络

地陪应提前与为该旅游团提供行李服务的行李员联络,通知该行李员抵达机场(车站、码头)拉行李,并将行李送往游客下榻的饭店。

(5)迎候旅游团

旅游团所乘交通工具抵站后,地陪应在旅游团出站前,持本社导游旗或接站牌站立在出站口醒目的位置热情迎接旅游团。接站牌上应写清楚团名、团号、领队或全陪的姓名;接小型团队或无领队和全陪的旅游团时要写上游客的姓名。

2．游客抵达后的服务

旅游团出站后，地陪应主动上前委婉询问，主动认找旅游团。具体内容如下。

（1）认真核实

游客到达时，地陪应高举接站牌或根据游客的民族特征、人数和组团社社旗进行分辨，及时与领队、全陪接洽，核实该团的客源地、组团社。如该团无领队或全陪，应与该团团员逐一核实团员姓名及客源地等，无任何差错才能确定是自己应该接的旅游团。如因故出现人数增加或减少而与计划不符的情况，导游人员要及时通知旅行社有关部门。

（2）集中清点、移交行李

在机场（车站、码头），地陪应该协助游客将行李集中到一个地方，与全陪、领队和行李员一起清点行李，当确认无丢失或损坏后，移交给行李员，双方办好交接手续。如果出现行李未到或破损时，导游人员应该协助当事人到机场登记处或其他有关部门办理行李丢失或赔偿申报手续。

（3）集合登车，清点人数

地陪应提醒游客带齐手提物品后，在前引导客人到停车位置，站在车门一侧，面带笑容协助或搀扶客人上车就座。待客人坐稳后，地陪应检查一下游客放在行李架上的物品是否放稳，礼貌地清点人数，待游客到齐并坐稳后请司机开车。地陪在旅游车上开始工作前，要将通讯工具调至静音，无紧要的事情不要在旅游车上打电话。

3．途中服务

途中导游是指客人从接站地点到下榻饭店之间的沿途导游服务。这是地陪给全团留下良好第一印象的重要环节。这段行程服务主要包括致欢迎词、本地概况、沿途风光导游和介绍下榻饭店等相关内容。

（1）致欢迎词、调整时间

旅游车启动后，一般在游客放好物品、各自归位、静等片刻后，地陪应站在旅游车的前方，面向游客致欢迎词。致欢迎词时，地陪态度要热情，感情要真挚，语言要朴实有趣。欢迎词的内容应视旅游团的性质及其成员的文化水平、职业、年龄以及居住地区等情况而有所不同。具体内容一般包括向客人问候、介绍自己和司机、代表接待社表示欢迎、表明自己的服务宗旨、祝愿游客旅游愉快等。欢迎词要富有激情、有新意、有吸引力，能立即把游客吸引到导游身上来，给游客留下深刻的印象。

欢迎词示例：

尊敬的各位来宾：

大家一路辛苦了！首先我代表××旅行社欢迎各位来宾来到中国优秀旅游城市——保定。我是咱们这个团这次保定之行的导游员，我叫李燕，大家叫我"小李"就可以。为我们开车的师傅叫王刚，他已经有十几年的驾驶旅游车的经历，技术十分娴熟。我和王师傅非常愿意为大家提供满意的服务。在未来的五天里，各位来宾如果有需要我们办的事，请尽管提出来，我们将会竭尽所能为大家办好。我们衷心地希望各位朋友在保定玩得开心愉快！吃得满意！住得舒适！谢谢各位！

若是外国游客入境的第一站，地陪还应在致完欢迎词后介绍两国的时差，请其将表调整到北京时间。

调整时间示例：

导游：请大家看一下自己的表，现在是什么时间？

游客：现在是 10 时 30 分。

导游：我的表现在是 17 时 30 分。你们的表指的是巴黎时间，我的是北京时间，巴黎时间比北京时间晚 7 个小时。从现在起，在中国的这段时间内，我们所执行的是北京时间，叫早、出发、集合等一切活动都是北京时间，各位把表暂且调整一下，现在是 17 时 32 分。大家都调整好了吗？好，谢谢大家的合作！

（2）本地概况介绍

游客刚到旅游目的地，一般都希望对当地的大致情况有所了解，地陪应根据游客这一心理对当地情况作一个简单的介绍，内容包括地理位置、历史沿革、人口状况、行政区划、社会生活、文化传统、土特产品等。

（3）沿途风光导游

地陪应做好首次沿途导游，以满足游客的好奇心和求知欲。地陪在进行沿途导游时要简明扼要，取舍得当，见人说人，见物说物，要与游客观赏兴致同步，灵活机动，反应敏捷。

（4）下榻饭店介绍

地陪应在途中向游客介绍下榻饭店的基本情况，以便游客有所了解，有利于安定游客的心理。饭店介绍的主要内容包括饭店的名称、地理位置、距机场（车站、码头）的距离，星级、规模，主要设施、设备，服务项目等。

三、入店服务

《标准》要求："地陪服务应使旅游者抵达饭店后尽快办理好入住手续，进入房间，取到行李。及时了解饭店的基本情况和住店注意事项，熟悉当天或第二天的活动安排。"

由于游客长时间乘坐交通工具，比较劳累，到达饭店之后，游客希望尽快办完入店手续，尽早进客房休息。

1. 入住服务

饭店内服务属于地陪导游服务中生活服务的范畴，是旅游者外出旅游活动的生活基础和保障。

（1）协助办理入住手续

到达饭店以后，地陪要把旅游者引领到饭店大堂，集中等候。然后协助领队和全陪办理住店手续，请领队分发房卡。地陪要掌握领队、全陪的房间号，必要时也要重点掌握团队重要客人的房间号，如老弱病残者、德高望重者、儿童等。同时，对其他所有团员的房间号有所记录。地陪还要把自己的通讯方式和房间号（如地陪住店的话）告知领队、全陪和其他旅游者，以便需要时联系。

（2）介绍饭店的服务设施

地陪可以利用领队和全陪办理登记的时间，向全体旅游者具体介绍饭店内的服务设施和分布情况，主要介绍的有外币兑换处、中西餐厅、娱乐场所、商品部、公共洗手间、电梯和楼梯的位置，讲清饭店的特色服务项目和住店中的注意事项。

（3）照顾行李入房

旅游团行李抵达饭店以后，地陪应同接待社和饭店行李员核对行李件数，并督促和协助饭店行李员将行李按照房间分配的情况及时将行李送至客人的房间。

（4）协助处理游客入住后的临时性问题

旅游者进入房间以后，可能会发生一些临时性问题，如客房质量问题、行李投错问题、调换房间问题等，地陪要协助游客和饭店处理好这些问题。

2. 带领游客用好第一餐

地陪在工作中一定要十分重视每一项工作的第一次服务安排。游客用第一餐时，地陪要主动将领队介绍给餐厅经理或主管，告之游客的特殊要求。

3. 落实叫早事宜

当日活动结束后，地陪要与领队商定第二天的叫早时间。然后一方面通知给全体旅游者，另一方面要把房间号和叫早方式通知饭店总机或服务台。

四、核对、商定日程

《标准》要求："旅游团（者）参观游览开始之前，地陪应与领队、全陪核对、商定本地节目安排，并及时通知到每一位旅游者。"

核对商定日程是旅游团抵达后的重要程序，地陪要在接到旅游团后，尽早与领队、全陪进行这项工作。它标志着旅游团与地陪实质性合作的开始。旅游团在一地的参观游览内容一般都已经明确规定在旅游协议书上，而且在旅游团达到之前，旅行社已经安排好该团在当地的活动日程。即便如此，地陪也有必要进行核对、商定日程工作。核商日程一方面是为了在旅游接待计划的基础上进一步吸纳全陪和游客的意见和要求，更好地满足旅游者的需要；另一方面也是对领队权限的尊重和给予的礼遇。领队希望得到他国导游人员的尊重和协助，商定日程和宣布活动日程是领队的职权。对于一些重点旅游团，商定日程则更为重要。

在核对、商定日程时，对出现的不同情况，地陪要采取相应的措施。

当游客提出小的修改意见或增加新的游览项目时，地陪应及时向有关接待部门反映，对合理而又可能的项目尽力给予安排；需要增加的收费项目，地陪要事先向领队和游客说明，按照有关规定收费；对确实有困难无法满足的要求，地陪应向领队和游客说明原因并耐心解释。

当游客提出的要求与原日程不符且又涉及接待规格时，地陪一般委婉拒绝，并说明一方不便单方面不执行合同；如确实有特殊原因，并且是领队提出时，地陪必须请示接待社有关部门，按照其处理意见执行。

当领队（或全陪）手中的接待计划与地陪的接待计划有部分出入时，地陪应及时报告旅行社查明情况，分清责任；如果是接待社方面的责任，地陪应该实事求是地说明情况并赔礼道歉。

五、参观游览服务

《标准》要求："参观游览过程中的地陪服务，应努力使旅游团（者）参观游览全过程安全顺利。应使旅游者详细了解参观游览对象的特色、历史背景等及其他感兴趣的问题。"

参观游览服务是游客旅游活动的核心内容,也是导游服务的中心环节。地陪应该认真准备,精心策划,热情服务,生动讲解,使游客参观游览全过程安全、顺利,并且在详细了解参观景点的内容、特色和历史背景的基础上,得到美的享受。

1. 出发前的准备

旅游团出发前,地陪应做好当天参观游览活动的各项准备工作,其主要内容如下。

(1)做好出发前的各项准备

出发前地陪应准备好导游旗、导游证和必要的票据,提前20分钟到达集合地点,并督促旅游车司机做好出发前的各项准备。

(2)核实、清点实到人数

若发现有游客未到,地陪应向领队或其他游客询问原因,设法及时找到;若有游客愿意留在饭店或不随团活动,地陪要问明情况并妥善安排,必要时报告饭店有关部门。

(3)提醒注意事项

地陪要向游客预报当日的天气和游览景点的地形、行走路线长短等情况,必要时提醒游客带好衣服、雨具及换鞋等;提醒游客带好住房卡和详细记住下榻饭店的地址和通讯方式等,以备一旦出现意外走失能够安全返回饭店;提醒游客在登车时带好随身携带物品,以免忘记在饭店等公共区域内。

(4)准时登车出发

游客陆续到达后,地陪要宣布登车,并站在车门一侧,微笑着协助游客上车。上车后再次礼貌地清点人数,妥善安置好游客的携带物品。待所有游客坐稳后,才可以宣布出发。

2. 途中导游

参观游览途中,地陪要做好沿途风土人情、景物风光的导游服务和游览参观点的简单介绍,增加游客对本地情况的进一步了解。

(1)重申当日活动安排

开车后,地陪要向游客再次详述当日的活动安排,包括要参观的景点的名称,途中需要的时间,午晚餐的时间、地点以及购物、娱乐项目的计划安排等。还要视情况介绍当日国内外新闻。

(2)沿途风光介绍

在赴即将参观的景点途中,地陪应根据客人的审美需要和沿途景物的变化,为游客做沿途导游讲解,同时应向游客介绍当地的风土人情、自然景观,回答游客提出的问题。

(3)活跃气氛

如果旅途较长,地陪可与游客讨论感兴趣的国内外问题,还可以适当开展娱乐活动,以活跃车上气氛。

(4)介绍游览景点

抵达景点前,地陪应向游客介绍景点的相关情况,尤其是景点的历史价值和特色。讲解要简明扼要,目的是为了满足游客事先想了解有关知识的心理,激起其游览景点的欲望,也可以节省到目的地后的讲解时间。

3. 景点导游讲解与翻译

景点、参观点的导游讲解和翻译是导游讲解的主要环节,是传播当地文化和丰富游客知识的主要途径之一。地陪要在透彻掌握景点相关知识的基础上,结合客人的实际情况,运用亲切自然的语言进行深入浅出的讲解,使导游活动顺利开展。

（1）交代游览注意事项

抵达景点,下车前地陪要讲清并提醒参观游览所需的时间,结束后集合的时间和地点,提醒游客记住旅游车的型号、颜色、标志和车号。在景点示意图前,地陪应讲明游览线路,并对景点作概括性的介绍,如景点的历史背景或自然成因、景点的规模和主要特色、各景观的名称等,使游客对景点有一个轮廓性的印象。地陪还应向游客讲清参观游览过程中的注意事项,如不能拍照、禁止吸烟等。

（2）游览中的导游讲解

进入景点后,地陪应按照预先设计的游览路线对景点进行讲解。导游讲解的内容要因人而异,有主有次,繁简适度,快慢相宜。具体来说,讲解内容包括景点的历史背景、特色、地位和价值等。讲解语言应生动灵活,富有表现力。在参观游览的过程中,导游人员要时刻注意游客的安全,在从一个景点到另一个景点移动中要清点人数,以防游客走失。在游人较多的地方,要提醒游客提高警惕,防止小偷行窃。

（3）返程中的工作

在返程中,地陪应就当天参观、游览的内容帮助游客进行一番回顾,必要时可以补充讲解,回答游客的询问;若旅游车不从原路返回饭店,地陪应做好沿途风光讲解;回到饭店前,地陪要预报当晚或次日的活动日程、出发时间、集合时间等。游客下车时,地陪要提醒游客带好随身物品,地陪要先下车,在照顾游客下车后,与他们告别。若第二天需要叫早,地陪还需要在离店前进行安排。

六、其他服务

旅游者的旅游活动是丰富多彩的,除了进行主要的参观外,还会参加一系列的其他活动,如品尝风味餐、商店购物、观看文娱活动等。这些活动是参观游览活动的继续和补充,地陪应该尽力做好这方面的服务工作。

1. 社交活动

旅游团的主要社交活动包括宴请和风味品尝、会见和舞会。

（1）宴请和风味品尝

宴请和风味品尝活动包括宴会、冷餐会、酒会、茶会和风味餐。宴会是比较正式的宴请活动,一般规模小、规格高。多在晚上举行,有服装要求并安排座位。因此,导游带领旅游团参加宴会时,着装要整洁大方,按照主人安排就座;冷餐会和酒会是比较自由的宴请、社交活动,一般不设座位,客人可以自由到场和退场;茶会形式简单,以点心、茶水、水果招待客人。风味品尝是指品尝具有地方特色的风味食品,旅游团品尝风味餐有计划内和计划外两种。计划内风味餐在旅游行程计划中有明确规定,其费用已经包括在旅游者支付的包价之内,只需要导游人员按计划、标准执行即可。计划外的风味餐是由全部或部分旅游者计划外临时决定的,并现付费用的品尝方式,多数情况下会向地陪征求意见并邀请其参加。在这种情况下,导游人员应注意不要反客为主,用餐时要向客人介绍风味菜,并与旅游者进行广泛地交谈。

（2）会见

在游览过程中,游客的会见活动也常有发生,如会见同行、会见某方面负责人、会见亲友等。在这些会见活动中,地陪应提供相应的服务,若是外国游客,还可能提供翻译服务;若有翻译,导游人员则在一旁静听。在会见时,地陪要事先了解会见时是否互赠礼品,礼品中是否有纳税物品;若有,应提醒有关方面办理必要的手续。旅游者若要会见在华的亲友,导游人员要协助安排,但一般情况下无充当翻译的义务。

（3）舞会

在有些情况下,有关单位组织交际性舞会,邀请旅游者参加,地陪要陪同前往;旅游者自发组织参加娱乐性舞会,地陪可代为购票,是否参加自便,但无陪舞义务。

2. 购物服务

购物是游客旅游消费的一个重要组成部分,对旅游目的地具有重要的经济意义。同其他旅游消费项目相比,游客的购物消费弹性最大。因此,做好购物服务意义重大。

旅游者在购物时,地陪应严格执行接待单位制订的游览活动日程,带旅游团到旅游指定点商店购物,避免安排次数过多、强迫游客购物等问题出现。同时,地陪应向全团讲清停留的时间以及购物注意事项,介绍本地商品特色,有需要时可承担翻译工作。如果遇到小贩强拉强卖时,地陪有责任提醒游客不要上当受骗,不能放任不管。若游客购物后发现商品有质量问题或计价问题,要求地陪帮助退换,地陪应以目的地的声誉为重,积极协助解决,维护客的利益。若游客要求地陪代购商品并帮助托运,地陪一般委婉拒绝;若推脱不掉,应请示旅行社后按照规定办理。

3. 文娱活动服务

文娱活动是游客旅游需要的一部分,一方面可以向游客传播文化知识,另一方面可以丰富游客的旅行生活。

（1）计划内的文娱活动

对于计划内的文娱活动,地陪要陪同前往,并在途中就节目的内容和特点向游客作简单的介绍,与司机商定返程的时间和停车的位置;入场时,要引导游客入座,介绍剧场的设施和位置,回答游客的问题;观看节目时可以适当指点,不宜逐一解说;剧间休息和剧终散场时,要提醒游客注意安全,不要走散和遗忘物品。在大型的娱乐场所,地陪主动和领队、全陪配合,注意本团客人的动向和周围环境并提醒游客注意安全,不要分散活动。

（2）计划外的文娱活动

对于游客自费进行的文娱活动,地陪一般应予以协助,如帮助购票、租车等,提醒游客注意安全,但通常不陪同前往。若游客要求去不健康的场所,地陪应有礼貌地进行劝阻,指出不健康的娱乐场所在中国是禁止的,是违法行为。

七、送站服务

《标准》要求:"旅游团(者)结束本地参观游览活动后,地陪服务应使旅游者顺利、安全离站,遗留问题得到及时妥善的处理。"

送站服务是地陪工作的尾声,地陪应善始善终,对接待工作中曾发生的不愉快事情,应尽量做好弥补工作。送站服务一般包括以下几个方面的工作。

1. 送行前的服务

（1）核实离站交通票据

核实、确认交通票据的工作非常重要,地陪必须给予高度重视,做到准确无误。

　　旅游团离开本地的前一天,地陪应该核实该团离开的机(车、船)票,内容包括团名、代号、人数、去向、航班号(车次、船次);起飞、开车、离港时间(要做到四核实:计划时间、时刻表时间、票面时间、问询时间);在哪个机场(车站、港口)启程等事宜。如果该团乘坐的航班(车次、船次)和时间有变更,地陪应问清旅行社有关部门是否已经通知下一站接待社,以免造成下一站的漏接。

　　(2)商定出行李时间

　　地陪应与旅行社行李部联系,了解旅行社行李员与饭店行李员交接行李的时间,然后再与饭店行李部商定地陪、全陪、领队与饭店行李员等四方一起交接行李的时间。商定后通知游客,并讲清行李托运的有关注意事项以及禁止托运的物品等,提醒游客将托运的行李包好、锁好、捆牢,能承受一定的压力,不要将护照和贵重物品放在托运行李中。

　　(3)商定集合、出发时间

　　一般由地陪和司机商定出发时间,但为了安排得更合理,还应及时与领队、全陪商议,确定后及时通知全体旅游者。按照规定,旅游团乘坐火车、轮船离站要提前1小时抵达车站或码头,乘坐国内航班要提前90分钟到达机场,乘坐国际航班要提前2个小时到达机场。

　　(4)安排叫早和早餐时间

　　如果该旅游团出发时间较早,地陪应该与领队和全陪商定叫早和早餐的时间,并通知全体旅游者和饭店有关部门。如果该团商定的用餐时间早于餐厅正常的服务时间,地陪应通知饭店订餐处提前安排。

　　(5)协助游客处理与饭店的相关事宜

　　离站前一天,地陪应提醒和督促游客尽早结清与饭店的有关账目,如洗衣费、长途电话费、食品饮料费等;如果有游客损坏了饭店客房中的设备,地陪要协助游客妥善处理向饭店的赔偿问题;同时,地陪要及时通知饭店有关部门该旅游团离店的时间,请他们及时与旅游者结清有关账目。

　　2.离店服务

　　(1)集中交运行李

　　旅游团离开饭店前,地陪要按事先商定好的时间与饭店行李员办好行李交接手续。具体做法是:先将该团游客要托运的行李收齐、集中,然后地陪与领队、全陪共同清点行李的件数,检查行李是否已经上锁,是否已经扎牢固,是否有破损等,然后交付给行李员,并办好交接手续。

　　(2)办理退房手续

　　在该旅游团将离开所下榻的饭店时,地陪应询问游客是否结清了与饭店的账目,提醒游客带好物品。地陪到总服务台办理退房手续。

　　(3)集合登车

　　上车时,地陪应站在车门一侧,微笑着搀扶和协助游客登车;游客上车入座后,要清点人数,并再次提醒游客检查所带物品和旅行证件是否齐全,同时自我检查是否保留游客的证件。如无遗漏,请司机开车离开饭店。

　　3.送行服务

　　送行服务是地陪向游客提供的导游接待服务中的最后一个环节。地陪致欢送词如同致欢迎词给游客留下美好的第一印象一样,也应给游客留下最后难忘的深刻印象。致欢送词一要感情真挚，二要留有余地。地陪要善始善终，兢兢业业。如果以前在服务中曾发生过不愉快的事情，地陪应该在这个环节里尽量做一些弥补，努力为游客留下良好的最后印象。

（1）致欢送词

致欢送词是地陪又一次情感的集中表达，可以进一步加深与旅游者的感情。通过这最后的讲解，地陪要让旅游者对自己所游览的地区或城市产生一种依恋之情，加深游客不虚此行的感受。欢送词一般包括：回顾旅游活动，感谢旅游者的合作与支持；表达友谊与惜别之情；诚恳征求旅游者对接待工作的意见或建议；若在旅游活动中有不顺利或服务不尽如人意之处，再次向旅游者表示真诚的歉意；表达美好的祝愿。同时，地陪应该根据游客个体和旅游活动的不同，有针对性地调整欢送词的内容和所运用的语言。致欢送词的地点既可以在行车途中，也可以在机场（车站、码头）。若在行车途中，要考虑不要在欢送词致完后还留下较长的时间。

欢送词示例：

各位游客，我们古城保定之旅到这里就圆满结束了。在大家即将踏上归途之前，我也要感谢大家，正是大家的宽容和随和，才使我们的旅途充满了欢欣，也使我的工作变得非常轻松；我要感谢我们的领队先生和全陪小姐，正是由于他们的配合和协助，我们的行程才如此圆满和顺利；我要感谢我的同事司机王师傅，正是他的安全准时，我们的时间和游览项目才得以保障。让我们大家记住这段欢乐时光。古城的故事还有很多很多，我真诚地邀请各位朋友如果有机会的话能够再来保定，让我们再去找寻那些待续的故事，再去分享中华文化的精华吧！谢谢大家！祝大家一路平安！

致完欢送词后，地陪可以将《旅游服务质量评价意见卡》发给游客，请其填写。如需游客寄送应告之邮资已付；如需地陪带回，则待游客填完后收回。

《旅游服务质量评价意见卡》表格范例参见表3-2。

（2）协助办理离站手续

到达机场（车站、码头）后，地陪要协助游客下车，提醒他们带好随身物品，并检查车内有无游客遗漏的物品。地陪要迅速与接待社行李员联系，将取来的交通票据、行李托运单或行李卡一一点清后交给全陪或领队，请其清点核实；与全陪办好财务拨款手续并保管好单据。将游客送至站台或机场安检处，待火车起动或飞机起飞后，地陪方可离开；若航班出现因故推迟现象，地陪要关注变动的起飞时间，必要时协助机场安排游客的食宿事宜。

若所送游客乘坐的是国际航班（列车、轮船），地陪应同领队、全陪一起与接待社行李员交接行李，清点无误后协助将行李交给每位游客，由游客自行携带行李办理托运手续；然后，地陪要向领队和游客介绍办理出境手续的程序，并与全陪办理财务结算手续，妥善保管好单据；地陪要等团队进入隔离区后方可离开。

送走旅游团后，地陪应与司机核实用车公里数，在用车单据上签字，并保管好用车单据。

表 3-2　旅游服务质量评价意见卡

尊敬的游客：

您好！欢迎参加本旅行社组织的团队外出旅游，希望此次游程为您留下了难忘的印象。为了提高旅行社的服务质量，我们非常感谢您所提出的宝贵意见（请在每栏其中一项打"√"）。您的反馈，将是对我们工作最大的支持，谢谢您！

旅游团团号：　　　　　　　　　　　　　　　　　　　　　　　　　　　抵达日期：

评价	很满意	满意	一般	不满意
餐厅服务				
餐饮质量				
环境卫生				
宾馆服务				
设施设备				
环境卫生				
景点安排				
环境秩序				
环境卫生				
司机服务				
车况				
卫生				
购物安排				
商店服务				
商品质量				
服务				
讲解				
对本次旅游的总体评价				
旅游者姓名		单位		联系电话
全陪姓名				领队签名

八、后续工作

送走客人后，地陪应认真处理好旅游团的遗留问题，认真做好总结、善后工作。

1. 归还所借物品，结清账目

送走游客后，地陪要将所借物品归还接待社，并按照旅行社的财务规定及时填写有关接待和财务结算表格，连同保留的各种单据、接待计划、活动日程表等，按照规定上交有关人员，并到财务部门结清账目。

2.处理遗留问题

地陪下团后要认真处理好旅游团的遗留问题。按照有关规定办理好游客临行前委托代办的事情,必要时需要请示领导后再办理。

3.做好陪同小结

地陪将《旅游服务质量评价意见卡》上交接待社有关部门后,应认真做好陪同小结,实事求是地汇报接待情况。涉及旅游者的建议和意见,力求引用原话并注明旅游者的身份。旅游中若出现重大事故,要整理成文字材料向接待社和组团社汇报,材料的内容包括事故发生的时间、地点、情况、缘由、处理经过、游客的反应以及应该吸取的教训等。

第三节 全陪导游服务规程

《标准》指出:"全陪服务是保证旅游团(者)的各项活动按计划实施,旅行顺畅、安全的重要因素之一。"要求"全陪作为组团社的代表,应自始至终参与旅游团(者)移动中各环节的衔接,监督接待计划的实施,协调领队、地陪、司机等旅游接待人员的协作关系。全陪应严格按照服务规范提供各项服务"。全程陪同是导游服务工作集体重要的一方,全陪要在自己组织、协调工作范围内,按照服务规范程序认真做好每一项工作,积极配合地陪和领队的工作。全陪接待服务可以分为九大环节,各环节均有具体要求。其工作流程如图3-2所示。

一、准备工作

由于全陪的工作时间长,与旅游者和领队相处时间长,途经省市多,衔接工作重,因此,事先做好充分细致的服务准备是顺利完成接待任务的基础。全陪的主要准备工作包括以下内容。

1.熟悉接待计划

上团前,全陪要认真阅读接待计划及相关资料,熟悉旅游团基本情况,注意掌握该团重点游客情况和该团的特点。

(1)记住旅游团的名称、团号、国别、人数和领队姓名。

(2)了解旅游团成员的民族、职业、姓名、年龄、宗教信仰、生活习惯等;了解团内有影响的成员、特殊照顾对象和知名人士的情况。

(3)掌握旅游团的行程计划,旅游团抵离旅游线路上各站的时间及所乘的交通工具。

(4)熟悉全程中各站主要的参观游览项目,根据旅游团的特点和要求,准备好讲解和解答询问的内容。

(5)清楚全程各站安排的文娱节目、风味美食、额外游览项目以及是否收费等事宜。

除此之外,导游人员还应该摘记有关地方接待单位的电话和传真号码,以便于联系。

2.物质准备

接团前,全陪要做好必要的物质准备,携带必备的证件和有关资料,其中包括身份证、导游证、边防通行证(如深圳、珠海经济特区);该团接待计划、日程表、旅游宣传品、行李卡、各地接待社地址、电话、全陪日志、记事本、名片、讲解资料等接团资料;拨款结算单、支票、

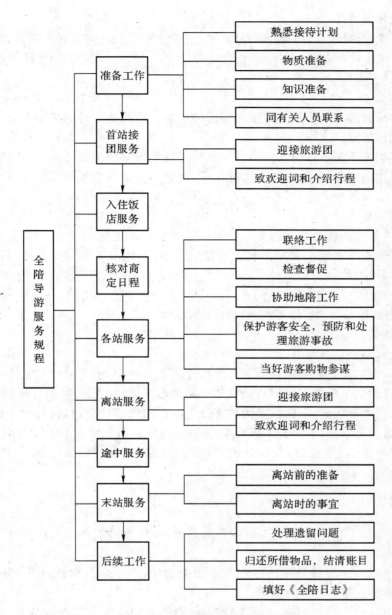

图 3-2　全陪导游服务工作的工作流程

全陪差旅费等。

3.知识准备

（1）根据旅游团的不同类型和实际需要准备相关知识，了解各旅游目的地的政治、经济、历史、文化、民俗风情和旅游点的大概情况，以应对游客的咨询；了解游客所在地的上述情况，以便进行比较，与游客进行更多的沟通。

（2）沿途各站的相关知识，如全陪对该团所经各站不太熟悉，一定要提前准备各站的基本知识，如主要景观、市容民情、风俗习惯等。

4.同有关人员联系

接团前一天,全陪应与第一站接待社联系,互通情况,以便安排好接团相关事宜。同时,在出发前还应与组团社有关人员联系,听取意见和指示,了解有无现收费用等特殊要求。

二、首站接团服务

《标准》要求:"首站接团服务要使旅游团(者)抵达后能立即得到热情友好的接待,旅游者有宾至如归的感觉。"

首站接团服务质量的如何直接影响着旅游者对全程旅游生活的信心,影响着导游人员在旅游者心目中的形象。因此,旅游团抵达后,全陪应主动争取地陪的配合,使游客有宾至如归的感觉。

1.迎接旅游团

接团前,全陪应向接待社了解第一站的接待工作的详细安排。

(1)接团当天,全陪应提前半小时到达接站地点,与地陪一起迎候旅游团;主动帮助地陪认找旅游团,以防接错。

(2)接到旅游团后,要向旅游团问好、向领队自我介绍和介绍地陪,并立即核实实到人数、行李件数、住房间数及餐饮特殊要求等方面的情况,如与计划有出入,应及时报告组团社。

(3)协助领队向地陪交接行李。

2.致欢迎词和介绍行程

在第一站,全陪要代表组团社和个人向旅游团致欢迎词,主要内容包括表示欢迎、自我介绍和介绍地陪、表示向游客提供热情服务的真诚愿望以及预祝大家旅行顺利等。

全陪在致完欢迎词后,应向旅游团游客介绍本次的旅游行程,包括行程中的城市、主要景点、下榻饭店和所乘坐的主要交通工具。同时,还应向游客说明行程中应该注意的事项和一些具体的要求,以求旅途顺利、愉快。介绍既要热情,又要言简意赅,以建立与游客的信任关系。全陪介绍完后请地陪致欢迎词。

三、入住饭店服务

抵达饭店之后,全陪应与地陪、领队各负其责,尽快帮助游客完成住宿登记手续,进入客房,取到行李。

(1)全陪应积极主动协助领队办理旅游团住店手续;请领队分配住房,并掌握住房名单,与领队互通各自房间号以便联系。

(2)热情引导游客进入客房,协助有关人员随时处理游客入住客房的有关问题。若地陪不住饭店,全陪要负起责任,照顾好旅游团;记下饭店总服务台电话。

(3)掌握与地陪紧急联系的办法。

四、核对商定日程

全陪应认真与领队、地陪商定日程。如遇到难以解决的问题,应及时反馈给组团社,使团队得到及时的答复。

五、各站服务

《标准》要求:"全陪各站服务,应使接待计划得以全面顺利实施,各站之间有机衔接,各项服务适时、到位,保护好旅游者人身及财产安全,突发事件得到及时有效处理。"

全陪对旅游线路上的各站服务,要做好联络、检查、督促和协助工作,使各站之间有机衔接,各项服务按时、按质、按量提供,使接待计划得以全面实施,同时做好保护游客的人身和财物安全的工作。

1.联络工作

全陪要做好各站间的联络工作,架起联络沟通的桥梁。全陪要做好领队与地陪、游客与地陪之间的联络、协调工作;做好旅游线路上各站间,特别是上、下站之间的联络工作。若实际行程与计划有出入时,全陪要及时通知下一站;抵达下一站后,全陪要主动把团队的有关信息,如前几站的活动情况、游客的个性、领队的特点通报给地陪,以便地陪采取更有效、主动的办法。

2.检查督促

全陪要向地陪了解旅游活动安排,若发现与前站有明显重复的,应建议做出调整;通过观察检查各地的旅游产品和服务质量,如发现有不符合计划要求和低于质量标准的情况要及时向地陪或地方接待社提出改进和弥补,并在全陪日志中注明。

3.协助地陪的工作

对游客提出的合理而可能办到的要求,全陪要积极协助地陪给予满足;对于旅游过程中发生的旅游事故,如游客丢失证件、钱物、交通事故等,全陪应积极协助地陪和接待社按照有关原则和规定处理。

4.保护游客安全,预防和处理旅游事故

在游览的过程中,全陪要注意观察周围的环境,留意旅游者的动向,协助地陪圆满完成导游讲解任务,避免旅游者走失或发生意外。同时全陪还应经常提醒游客注意人身和财产安全,保护好证件和贵重物品。如游客发生重病住院、失窃案件、丢失证件或贵重物品等事故时,全陪应请有关单位或部门查找,如确属丢失,应办好有关保险索赔手续。

5.当好游客购物参谋

游客在各站购物时,全陪要给予热情帮助。海外游客购买贵重物品,特别是文物时,要提醒游客保管好发票以备出关时检查;旅游者购买中成药、中药材时,要向旅游者讲清中国海关的有关规定。如发现个别游客有走私文物的可疑情况,应及时报告给有关部门。

六、离站服务

在旅游团离开各站之前,全陪应提醒地陪做好离站前的有关准备工作,与领队、地陪一起办妥离站的有关事宜,确保旅游团按计划顺利离站。

1.离站前的准备

全陪应提前提醒地陪落实离站的交通票据及离站的准确时间,如离站时间有变,全陪要立即通知下一站接待社或请本站接待社通知,以防空接或漏接的发生;向领队和游客讲清航空、铁路、水运有关托运和行李携带的规定,超重部分应照章交纳超重费;对乘坐飞机离站的旅游团,要提醒领队和地陪需交纳机场建设费和机场税等;帮助有困难的旅游者捆扎行李,请旅游者将行李锁上;协助领队、地陪清点旅游团行李,与行李员办理交接手续。

2.离站时的事宜

离站时,全陪要和地陪交接交通票据、行李卡或行李托运单,逐一点清、核准,并妥善保

存,以备下站时顺利出站;与地陪按规定办理财务手续,并妥善保管好财务单据;与地陪、司机告别,对他们的支持表示感谢。

七、途中服务

在旅行途中,无论是乘坐何种交通工具,全陪应协助安排好旅游团(者)的旅途生活,使他们感到满意、愉快。

(1)乘飞机(火车、轮船)时,全陪要积极争取民航(铁路、航运)部分工作人员的支持,共同做好保卫、生活服务工作。

(2)在运行中,全陪应提醒游客注意人身安全和财物安全。

(3)组织好娱乐活动,协助安排好饮食,照顾好旅游者的生活。若途中需要用餐,全陪应尽快与餐车(或餐厅)负责人联系,按该团餐饮标准为游客订餐;如果该团游客有餐饮方面的特殊要求或禁忌,应提前向负责人说明。

(4)保管好行李单和机、车、船等单据,抵达下站时将其交给地陪。

(5)乘火车或轮船,全陪应请领队为游客分配好包房与铺位。

(6)如遇到游客有晕机(车、船)的情况,全陪要给予关怀和照顾。

八、末站服务

《标准》要求:"末站(离境站)的服务是全陪服务中最后的接待环节,要使旅游团(者)顺利离开末站(离境站),并留下良好的印象。"

在末站,全陪应该做的工作包括:

(1)当旅游团离开末站之前,全陪与领队核实出境交通票据,协助领队在72小时前办理飞机座位确认手续,并提醒游客带好自己的物品与证件。

(2)与旅游团话别并征求旅游者对整个接待工作的意见和建议。

(3)致欢送词,对游客给予的合作表示感谢并欢迎再次光临。

九、后续工作

送走客人后,全陪应在最短的时间内认真处理好旅游团的遗留问题,认真做好总结、善后工作。

1. 处理遗留问题

旅游团离境后,全陪应认真处理好旅游团留下的问题,提供可能的延伸服务,如有重大情况要向旅行社进行专题汇报。

2. 归还所借物品,结清账目

全陪应按照财务规定,尽快报销差旅费,归还所借物品。

3. 填写《全陪日志》

全陪要认真填写《全陪日志》,内容包括旅游团的基本情况、旅游日程安排及乘坐交通工具的情况、各地接服务质量、游客对各项服务的满意度、发生的问题与处理经过、游客的意见和建议等。

《全陪日志》表格范例参见表3-3。

导游业务

表 3-3　全陪日志

单位/部门		团号	
全陪姓名		组团社	
领队姓名		国籍	
接待时间	年　月　日至　　年　月　日	人数	（含　岁儿童　名）
途经城市			

团内重要客人、特别情况及要求

领队或旅游者的意见、建议和对旅游接待工作的评价

该团发生问题和处理情况（意外事件、旅游者投诉、追加费用等）

全陪意见和建议

全陪对全过程服务的评价：		合格		不合格	
行程状况	顺利	较顺利	一般	不顺利	
客户评价	满意	较满意	一般	不满意	
服务质量	优秀	良好	一般	比较差	
全陪签字		部门经理签字		质管部门签字	
日期		日期		日期	

第四节　领队导游服务规程

在旅游过程中，领队既是旅游团的领导和代言人，又是服务人员和游客合法权益的维护者。领队在派出方旅行社和境外接待旅行社、旅游者和旅游目的地国家或地区导游人员之间起着桥梁的作用，维护旅游团成员的团结，协调旅游团同境外接待方旅行社导游人员之间的关系，监督接待方旅行社全面执行旅游合同规定的内容，保证旅游团在境外的旅游活动安全顺利地进行。

一、准备工作

当领队接到旅游团队接待计划之后，要按照计划认真而充分地做好各项准备工作。充分的服务准备是提供良好服务的基础，主要包括以下内容。

1. 熟悉旅游接待计划

（1）研究旅游团的情况

领队要了解出游国家或地区、入境口岸和旅游路线；掌握旅游目的地国家或地区接待

社的社名、联系人、联系电话和传真,熟悉接待社的全陪和首站地陪的情况。

同时,领队还要了解旅游团成员姓名、性别、职业、年龄以及旅游团中的重点游客、需要特殊照顾的对象和旅游团的特殊要求。

（2）核对各种票证

领队要认真查验计调人员移交的出境旅游资料,如旅游签证、团队名单表、出入境登记卡、海关申报单、旅游证件（即护照或来往港澳地区通行证）、接待计划书、联络通讯录等;检查游客护照、机票,全团预防注射情况和客人交费情况。如发现名单不符,应及时报告组团社。

2.物质准备

带队前,领队要做好必要的物质准备,主要包括领队证、机场税款和团队费用、社旗、行李标签、多份境外住房分配名单、电话号码、名片及本人需要携带的行李等。

3.知识准备

领队要了解和熟悉旅游目的地国家或地区的基本情况,如当地的历史、地理、气候、国情、有关法规、主要景点景观和风俗习惯以及接待设施、交通状况、通关手续、机场税等。

4.开好出国前的说明会

在办好护照、签证、机票等有关手续后,领队要召集本团游客开一次出国旅游说明会,内容包括:代表旅行社致欢迎词;旅游行程说明（包括出境、入境手续以及出游目的地的旅游行程）;介绍旅游目的地国家或地区的基本情况、风俗习惯及禁忌,提出要求,讲清注意事项;落实住房、交款、特殊要求等事项。

二、全程陪同服务

领队的全程陪同服务包括多方面的内容,具体如下。

1.办理中国出境手续

旅游团出境前,游客往往很好奇、兴奋,同时也很紧张和担心,领队要注意察言观色,理解游客这种心情,随时给予关心和体贴,使旅游团保持团结友好的气氛。

出境前再次核对游客的证件和签证,向其讲清出境注意事项,提醒游客要严格遵守我国和旅游目的地国家或地区的法律法规;然后领队带领全团办理边防检查、卫生检疫、海关申报（有携带应税物品出境者须办理）等出关手续。一般情况下,出关时领队应先过边检,而后协助名单表上的游客逐一过关;之后办理登机手续,提醒游客或代游客预先缴纳机场建设费,分配旅游团成员座位,协助游客托运行李。

2.办理国外入境手续

到达旅游目的地国家或地区后,领队应带领旅游团办理好卫生检疫证件和海关检查等入境手续。

3.境外旅游服务

游客踏上异国他乡的土地,一切都感到很新鲜,具有强烈的好奇心和求知欲,期望旅游活动丰富多彩,实现出游目标。领队作为客源国组团社和旅游团的代言人,在境外旅游的过程中应切实维护旅游者的合法权益,协助和监督地接社履行旅游接待计划。

（1）抵达旅游目的地后,领队应清点人数与行李,立即与地接社的导游接洽。

（2）协助境外导游人员安排团队入住饭店。

（3）与当地导游人员商定日程。商定日程时应注意:遇到当地导游人员修改日程时,应坚持"调整顺序可以，减少项目不行"的原则，必要时报告国内组团社；当地导游推荐自费项目时，要征求全体旅游团成员的意见。

（4）监督实施旅游接待计划。在旅游目的地国家或地区旅游期间，领队要认真监督接待社实施旅游接待计划，也要积极协助全陪、地陪组织安排好旅游计划和活动日程，共同搞好旅游接待工作。

（5）保护游客的合法权益。在游览中，领队要留意游客的动向，防止各种事故的发生。当接待社或某一接待部门不履行合同，游客的利益受到损害时，领队应与接待方交涉，保护游客的合法权益，必要时向组团社报告。

（6）维护旅游团内部的团结。领队要协调游客之间以及与当地导游之间的关系，妥善处理各种矛盾。当游客与接待方导游人员发生矛盾时，领队应出面调解，力求消除矛盾；当接待方全陪与地陪发生矛盾时，领队应本着友好协作的精神妥善处理；如果游客之间出现矛盾，领队要做好双方的工作，不能坐视不管。

（7）保管证件与机票。在旅途中，领队最好将游客的护照、签证集中保管，便于工作，努力避免游客在国外滞留不归。同时，领队要保管好全团机票和各国入境卡，提醒游客保管好海关申请单等。

（8）指导购物。当出现当地导游过多安排购物次数或延长购物时间时，领队要及时交涉；购物时，领队要提醒游客注意商品的质量和价格，谨防假货或以次充好。

领队带领游客在国外旅行的过程中，行程急促，流动面广，沿途应照顾好团队的登机、食宿、购物、游览等一系列的活动，并协调解决可能遇到的各种问题。

4. 办理国外离境手续

在即将结束旅游目的地的旅游活动时，领队应与全陪、地陪一起落实出境的票证，如机票、车票、船票等。办理国外离境手续与在中国办理出境时基本相同，通常都是先办登机手续，再过边防检查、海关等。临别前，领队代表旅行社和全体游客向接待方旅行社的导游员致谢、告别。过关前，领队应告诉游客航班号、登机门、登机时间，叮嘱游客一定要在约定的时间赶到登机门；过关时，告诉游客手中应持有护照、该国移民局所要求的出境卡和登机牌。如果持团体签证或落地签证的游客，领队应要求他们按照名单顺序排队，依次审核出关。

5. 办理归国入境手续

在游客结束境外旅游活动后，领队应协助游客办理归国入境手续。领队应告诉游客遵循中国边检及海关的规定，不得携带违禁品、管制品入境，也不得携带未经检疫的水果入境。领队应要求他们按照名单顺序排队，依次到边检处审查护照，领队将名单表交边检官审验盖章。另外，健康声明书通常不必每个人都填写，只要领队在统一名单上说明全体人员均健康即可（有规定检疫疾病的除外），但人数多的团队入境时尽量每人填写一份，以避免麻烦。

三、后续工作

带领旅游团回到出发地后，领队应认真处理好后续工作，主要包括以下内容。

1. 送别与征询意见

领队和游客告别，致欢送词，代表组团社和自己感谢其在整个旅游行程中对自己工作的支持和配合，并诚恳征求游客的意见和建议。按照行程安排好散团事宜。散团前，领队应充分利用时间让游客填写征求意见表，并将表格收回。

2.处理遗留问题

领队要处理好送别后的遗留问题,如游客委托事项、可能的投诉等。

3.归还所借物品,结清账目

领队应按照财务规定,尽快报销差旅费,归还所借物品。

4.认真填写《领队日志》

《领队日志》是领队率团出境旅游的总结报告,它对组团社了解游客需求、发现接待问题、了解接待国旅游发展水平和境外接待社合作情况,从而总结经验、改进服务水平具有重要的意义。

《领队日志》表格范例参见表3-4。

表 3-4 领队日志

领队姓名		团号		人数		目的地	
出境时间/口岸			入境时间/口岸				
境外接待单位	公司形象	导游工作情况	导游服务态度		行程安排		其他
日期	导游	游览景点	自费项目	酒店		餐饮	车辆
第一天							
第二天							
第三天							
第四天							
第五天							
第六天							
第七天							
第八天							
第九天							
第十天							

《领队日志》的主要内容一般包括:

(1)旅游过程概况:旅游团名称、出入境时间、游客人数、目的地国家(地区)和途径国家(地区)各站点、接待社名称及全陪、地陪导游人员姓名以及领队所做的主要工作。

(2)游客的概括:游客性别、年龄、职业、来自何地等,旅游中游客的表现、状况、意见、建议以及对旅游活动的反馈。

(3)接待方情况:接待方导游人员的知识水平、服务水平、服务态度、处理问题的能力与表现;接待方落实合同的情况,接待设施情况,接待中存在的主要问题等。

（4）与接待方导游员合作状况以及存在的主要问题。

（5）旅游过程中出现的问题或事故的原因、处理经过和结果以及游客的反映等。

（6）带团中的成功经验和体会、工作中的不足以及自己的意见和改进建议等。

第五节　景区（点）导游服务规程

景区（点）导游服务是导游服务的一个重要组成部分。景区（点）包括旅游区、自然保护区、博物馆、纪念馆、名人故居等。景区（点）导游服务工作与全陪、地陪的导游服务不同，其服务的地域小，仅限于本景区、景点，另外服务内容也单一，主要是为游客提供导游讲解。景区（点）导游服务规程主要包括准备工作、导游服务、送别服务三个主要环节。

一、准备工作

由于工作区域的特定性，景区（点）导游服务准备工作相对比较简单，主要包括熟悉情况和物质准备。

1.熟悉情况

景区（点）导游人员应了解要接待的旅游团（者）的基本情况，如人数、受教育程度、身份等，并根据游客的情况准备必要的专业知识和导游讲解方式；熟悉景区（点）的有关规定；掌握必要的环境和文物保护知识以及安全知识。

2.物质准备

景区（点）导游人员应准备好导游证、胸卡、导游讲解工具或器材、导游图或有关资料。

二、导游服务

景区（点）导游服务主要包括致欢迎词和导游讲解两个方面的内容。

1.致欢迎词

景区（点）导游人员首先对前来参观游览的游客致欢迎词，欢迎词内容一般包括欢迎光临、自我介绍、表示愿意为大家服务、欢迎多加指导等内容。

2.导游讲解

导游讲解是景区（点）导游人员的中心工作，也是衡量导游水平的重要指标。景区（点）导游人员首先对参观游览的景区（点）的概况向游客介绍，内容包括开设的背景、规模、布局以及有关规定和注意事项；然后带领游客参观游览，进行分段讲解。讲解内容要根据游客的类型、兴趣、爱好不同有所侧重。同时，结合文物或展品宣传环境、文物等保护知识，并随时回答游客的问题。

三、送别服务

在送别服务中，景区（点）导游人员最重要的内容是致欢送词。其内容包括对游客参观游览中的合作表示感谢，征询对导游讲解以及景区（点）建设与保护的意见和建议，欢迎游客再度光临等。另外，若备有景区（点）有关的资料或小纪念品，可赠送给游客。

复习思考

1. 什么是导游服务规范？对导游服务进行规范化意义是什么？
2. 导游服务集体协作共事的基础是什么？
3. 地陪接团前应该做好哪些准备工作？
4. 在地陪和领队商定日程过程中，发现双方的接待计划有出入时，地陪应该怎么做？
5. 如何致好欢迎词和欢送词？
6. 地陪和全陪在职责上有哪些相同点和不同点？
7. 全陪需要做好哪些联络工作？
8. 地陪如何做好旅游团的购物工作？
9. 全陪和领队两者的工作程序有何不同？
10. 导游人员如何做好总结？
11. 领队填写的《领队日志》主要包括哪些内容？
12. 景区(点)导游服务规程包括哪些内容？

知识链接

1. 欣赏、比较下列欢迎词

女士们、先生们，你们好！欢迎光临天坛。（自我介绍之后）非常高兴能有机会陪同各位一道欣赏领略这雄伟壮丽、庄严肃穆的古坛神韵。让我们共览这"人间天上"的风采，共度一段美好时光。

（资料来源：选自徐志长《天坛导游词》）

女士们、先生们，大家好！首先，我对各位的到来致以最诚挚的欢迎！各位在来长沙旅游之前，想必已经对湖南有所了解了吧？那么您认为中国现代史上最著名的人物是谁呢？毫无疑问是毛泽东同志！那么毛主席在长沙生活期间，最喜欢去的是什么地方呢？就是我们前面所要到的岳麓山爱晚亭了。好，现在咱们就一块到毛泽东主席"携来百侣曾游"的地方去看看。

（资料来源：选自赵湘军《爱晚亭》）

导游业务

女士们、先生们，瓷器是我们日常生活的必需品。那么多姿多彩的瓷器是如何制造出来的呢？到了瓷都景德镇，我们就不能不去探寻一番，所以，今天我就请各位去参观古窑瓷厂，这个瓷厂为什么用"古窑"二字命名呢？等会儿到了我再做解释。现在我利用路上的时间向各位介绍一点陶瓷知识。

（资料来源：选自余乐鸿《景德镇古窑瓷厂导游词》）

各位游客，你们好！欢迎大家到湄洲岛旅游。我们今天游览的景点是湄洲岛妈祖庙，导游的内容有：湄洲岛概况—湄洲岛妈祖庙朝觐活动盛况—祖庙山门—仪门—太子殿—寝殿—妈祖石像。预祝我们愉快地度过这美好的一天。

（资料来源：选自段海平《湄洲岛妈祖庙》）

2.欣赏、比较下列欢送词

各位朋友,我们的游船就要靠岸了,今天的漓江游即将结束,衷心地感谢您对我们游船工作的支持,如果我们的工作有什么不周到的地方,请您留下宝贵的意见。欢迎您及您的朋友下次再来游漓江。

(资料来源:选自李可强《漓江游》)

各位尊敬的游客,少林寺的游览到这里就要结束了。在这里非常感谢各位对我工作的配合,我有什么讲得不清楚的地方,请多多指教,天下没有不散的宴席,匆匆相聚,又匆匆分别,这就是佛家所说的缘分吧。我祝愿大家在以后的日子里,身体健康,万事如意,希望大家有机会再来河南,再来少林寺,谢谢!

(资料来源:选自陈健光《少林寺导游词》)

案例分析

【案例1】

2009年国庆期间,某旅行社导游人员李先生接待一个境外旅游团,按照该团的旅游计划,旅游团应入住一家三星级饭店。但是该旅游团抵达饭店后,领队却很生气,当众指责导游人员安排不当,并提出调换住四星级饭店的要求。李先生刚刚大学毕业,从事导游工作不久,缺乏经验,第一次碰到这样事情,觉得非常委屈。他认为安排住宿并非自己的事情,完全是旅行社安排好的,自己只是计划的执行者,领队没有理由对自己进行指责。于是,他理直气壮地跟领队说,饭店是旅行社按照接待计划安排好了的,你没有必要在这里无理取闹,这完全不关地陪的事,如果你坚持要换四星级饭店,你可打电话给旅行社经理,或自己掏腰包去住。领队听了导游员李先生的话非常生气,扬言要投诉导游员李先生,并给旅行社打电话要求另换导游。同时游客对导游人员李先生也有了看法。导游员李先生很委屈,不明白自己哪里错了。

(资料来源:根据潘宝明主编:《导游业务》,中国商业出版社2008年版案例改编)

根据上述内容,回答下列问题:

1.结合导游服务协作共事基础和方法,分析导游李先生哪里做得欠妥?

2.如果你是导游员李先生,面对这种情况你该如何做? 为什么?

【案例2】

在旅游旺季,某旅行社导游人员小张接到一个我国台湾旅游团的接待计划,日程是上午11:00乘火车抵达,当天进行市容市貌游览,然后入住饭店,在该地区停留三天。导游员小张在游客抵达的前一天先与旅游团下榻的饭店联络,落实住房,考虑到旅游团一到饭店即可进入房间,周某还事先向饭店索要了房号并领取了房间钥匙。上午10:00,地陪导游人员小张准时来到与司机李师傅约定的地点,准备去火车站接来自台湾的旅游团。可是直到10:20司机师傅才匆匆赶来,看到导游员焦急地等待,李师傅边上车边说:"别急,来得及,肯定在游客到站之前到达车站。"果然,他们提前10分钟到达火车站。之后,他们在车站等待游客,看着其他乘客纷纷出站,而自己要接的团队却始终没有出现,导游员小张便到火车站问讯处询问,被告之该车次游客已经全部出站。导游员小张便返回旅行社。到相关部门汇报接站情况,询问原因,工作人员答复却是:"对不起,该团上个星期就已经取消,最近太忙了,我忘记通知你了。"小张只好立即赶回饭店说明情况并退房。饭店方面虽然同意退房,但却提出赔偿要求。

根据上述内容,回答下列问题:

1. 根据地陪的工作程序,分析导游员小张在上述工作中的不足之处。

2. 请问这次空接事故责任在谁?导游人员有责任吗?由此你得到什么启示?

【案例3】

2009年5月的一天,天津的导游员钟小姐作为全陪,要陪一个德国旅游团去杭州旅游,航班是上午10点,在机场当地陪将机票和行李牌交给她后,钟小姐带领团队进入检票厅,办理登机手续。就在这个时候,一位客人突然告诉她,护照找不见了。原来客人已随手将护照放进了托运行李中。没有护照就无法办理登机手续,而此时离停办手续只有10分钟了,钟小姐急忙跑到检票口,将这一情况告诉在那儿继续等待的地陪。地陪急忙与值班室联系,进行协调,终于被破例允许她们带那位客人去查找行李,此时,行李已经运进了机舱,于是他们又赶到机舱,经过紧张的查找,总算找到了客人的行李,拿出了护照,钟小姐立即陪她办理了登机手续。临别前她对地陪和机场值班室表示了感谢,如果没有他们的破例协助,那位客人是无法登上飞机的。

根据上述内容,回答下列问题:

1. 根据地陪的工作程序,分析地陪导游员哪些工作没有做到位?

2. 如果你是全陪,遇到这种情况你会如何处理?

【案例4】

2009年夏季的一天,某旅行社导游员小钱带领一个旅游团在某市游览期间,带该团去一家旅游纪念品商店,在导游人员小钱和商场营业员的热情介绍下,游客赵小姐购买了一对价格比较昂贵的玉镯。当天晚上自由活动时,在朋友的建议下,赵小姐等人去逛该市的一家百货商店,请在商店里坐堂的地矿局质检师用仪器做了鉴定,结果却发现购买的玉镯等级与价格严重不符。回到饭店后,赵小姐当即找到导游员小钱,请她帮忙把玉镯退还给商店。但导游员小钱却对赵小姐说,玉镯是其自愿购买的,没有人强迫赵小姐购买,所以此事与导游员无关,并说她很忙,没有时间陪赵小姐去商店退货,请游客自己解决。第二天,赵小姐和朋友又到买玉镯的商店进行交涉,要求退货,该商店营业员态度极差,冷冷地指着墙角的一条不起眼的告示对赵小姐说:"小姐您看,我们告示上说得清清楚楚,本商店的商品,一经售出恕不退货。"不管赵小姐和其朋友怎么说,商店就是坚决不予退货。赵小姐非常生气,立即到旅游局质检所进行投诉,要求讨回公道。旅游局质检所受到投诉后,经过调查核实做出了相关处理。

(资料来源:根据潘宝明主编:《导游业务》,中国商业出版社2002年版案例改编)

根据上述内容,回答下列问题:

1. 根据导游人员服务规范,分析导游员小钱的服务行为是否恰当?

2. 如果你是导游员,遇到这种情况你会如何处理?

导游业务

第四章 散客旅游接待服务规范

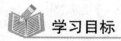 学习目标

　　通过本章的学习,熟悉散客旅游的类型和特点;掌握散客旅游的接待要求、服务程序及质量要求;熟悉散客旅游接待与团体旅游接待服务的不同之处,以提高导游人员接待散客的服务水平与能力。

　　随着旅游业的不断发展,越来越多的旅游者选择了散客旅游,散客旅游已经成为当今旅游的主要活动方式。同时,散客旅游的发展,对导游人员提出了更高、更新的要求。本章将对散客旅游接待服务规范进行详细介绍。

第一节　散客旅游概述

　　自 20 世纪 70 年代以来,散客旅游迅速发展,目前已经成为国际旅游业的主要形式,无论国外还是国内旅游,散客旅游人数都要占全部旅游人数的 70% 以上。

　　一、散客旅游的概念

　　散客旅游又称为自助或半自助旅游,在国际上称为自主旅游(independent tour)。它是由游客自行安排旅游行程,零星现付各项旅游费用的旅游形式。

　　散客旅游迅速发展的主要原因包括:第一,游客自主意识和旅游经验的增强,使人们更愿意自主出游或结伴出游。第二,游客中,中青年人数在增加,他们中相当多的人性格活泼,富有冒险精神,带着明显的个人爱好寻求旅游对象,而不愿受团队旅游的束缚和限制。第三,现代交通和通信技术的发展为散客旅游提供了便利的条件,特别是在北美和欧洲地区,由于边境的开放,人们驾驶自己的汽车或租车到邻近国家旅游十分盛行。另外,现代通讯的发展,使人们无需通过旅行社就可在互联网上安排自己的旅行,一些航空公司实行了电脑订票和无票旅行,更方便了散客旅游。第四,国际经济联系的加强,使商务活动日趋频繁。商务游客的增加,也是散客旅游迅速发展的一个重要原因。第五,世界各国和我国各地区为发展散客旅游都在努力调整其接待机制,增加和改善散客旅游接待设施。许多国家

都设立了旅游咨询电话、电脑导游显示屏等,这也是促使散客旅游迅速发展的一个原因。

二、散客旅游与散客旅游团的特点

1. 散客旅游的特点

与团队旅游相比,散客旅游有其自身的特点,主要体现在以下几个方面。

(1)散客旅游自主性强,自由度大,行程安排比较灵活,没有或者较少受团队约束。

(2)付款方式灵活。散客旅游多采用零星现付的方式付费,也就是说散客旅游者购买什么旅游产品,购买多少,都按照零售价格当场支付,而团队旅游则多采用包价的形式支付,团队旅游者的全部或部分基本旅游费用由旅游者在出游前一次性支付。

(3)单项旅游产品价格较高。散客旅游服务按照零售价格支付费用,费用标准相对昂贵,而团队旅游在某些项目上可以享受折扣优惠,相对比较便宜。

(4)散客旅游总体说来,人数较少。散客旅游人数较少,9人以下的包价旅游团也称为散客团,而团体包价旅游人数须在10人以上。

(5)散客旅游消费呈两极分化态势,一些散客消费水平很高,如商务游客、会议游客;一些散客消费水平则很低,如背包游客。

2. 散客旅游团的特点

与接待团体旅游团相比,旅行社接待散客旅游团的特点主要体现在以下几个方面:

(1)散客旅游团由于人数少(9人以下包价旅游)或多在某地区内旅游(如选择性旅游),因而旅行社不配全陪,团内也无领队。

(2)散客旅游团在费用上由于实行的是散客待遇,其交通、住房等无优惠折扣,因而费用较高。

(3)散客旅游团由于没有全陪和领队,游客的随意性较大,因而导游服务的难度较大,较为复杂、较为琐碎。尤其是选择性旅游团,游客之间往往互不认识,有时参团的既有中国游客,又有外国游客,而外国游客中又有不同语言之别,有时他们还分住不同的饭店;在服务中导游人员既要讲中文,又要讲外文,还要驱车到不同的饭店接送,这种情况必然会加大导游人员的工作量和工作难度。

三、散客旅游与团队旅游的区别

散客旅游与团队旅游的区别主要包括以下几个方面。

1. 旅游方式不同

在旅游方式上,旅游团队的食、住、行、游、购、娱一般都是由旅行社或旅游服务中介机构提前安排,而散客旅游则不同,散客的旅游计划和旅游行程是由旅游者自行安排,当然,这并不排除他们与旅行社产生各种联系。

2. 人数多少不同

从人数上说,旅游团队一般是由10人以上组成的团队,而散客旅游的人数以少为特点,一般为一个人或几个人。

3. 服务内容不同

在服务内容上,旅游团队是有组织按预订的行程、计划进行旅游,而散客旅游的随意性很强,变化多,服务项目不固定,自由度较大。

4.付款方式和价格不同

从付款方式和价格上看,旅游团队是通过旅行社或旅游服务中介机构,采取支付综合包价的形式,即全部或部分旅游服务费用由旅游者在出游前一次性支付,而散客旅游的支付方式有时是零星现付,即购买什么,购买多少,按零售价当场现付。由于团队旅游人数多,购买量大,在价格上有一定的优惠,而散客旅游则是零星购买,相对而言,数量较少,因此散客旅游的服务项目价格比团队旅游服务项目的价格相对高一些。

四、散客旅游服务的类型

散客旅游服务是旅行社按照散客的要求提供的各项导游服务,主要包括单项委托服务、旅游咨询服务、选择性旅游服务等。

1.单项委托服务

单项委托服务是指旅行社为散客提供的各种按单项计价的可供选择的服务。旅行社为散客提供的单项委托服务主要包括:抵离接送;行李提取和托运;代订饭店;代租汽车;代订、代购、代确认交通票据;代办入境、出境、过境临时居住证和旅游签证;代办国内旅游委托;提供导游服务;代向海关办理申报检验手续等。

单项委托服务分为受理散客来本地旅游的委托、办理散客赴外地旅游的委托和受理散客在本地的各种单项服务委托。旅行社向散客提供的单项委托服务是通过在各大饭店、机场、车站、码头等设立的门市柜台和散客部进行的。

(1)受理散客来本地旅游的委托

旅行社散客部在接到外地旅行社为其散客来本地旅游需要提供的单项委托服务通知时,应按照规定进行以下工作:

①记录有关内容。旅行社散客部要记录散客的姓名、国籍、人数、性别;散客抵达本地的日期、所乘航班、车(船)次;接站导游语种;要求提供的服务项目和付款方式等。若是要求预订在本地出境的交通票据,还须记录散客护照上的英文或拉丁文姓名、护照或身份证号码、出生年月、所乘机(车、船)的舱位或铺位,以及外地委托社的名称、通话人姓名与通话时间。

②填写任务通知书。任务通知书一式两份,一份留存备查,一份连同原件送经办人办理,若散客要求提供导游服务接待,应及时通知导游人员。

③委托旅行社。如果旅行社无法提供散客所委托的服务项目,应在24小时内通知外地委托旅行社。

(2)代办散客赴外地旅游的委托

旅行社为散客代办外地的旅游委托需要在其离开本地前三天受理,若代办当天或第二天赴外地委托,需加收加急长途通讯费。

代办赴外地旅游委托时,如委托人在国外,旅行社散客部人员告之到该国与其有业务关系的外国旅行社,通过该旅行社办理;如果委托人在我国境内,可告之直接到旅行社在饭店设立的门市柜台办理。

门市柜台在接受散客赴外地的旅游委托时,必须耐心询问客人的要求,并认真检查客人的身份证件。根据客人到达的地点、使用的交通工具以及其他服务要求,逐项计价,现场收取委托服务费用,然后向客人开具收据。

如果客人委托他人代办委托手续,受托人必须在办理委托时,出示委托人的委托信函及本人的身份证件,然后依照上述程序进行操作。

(3)受理散客在本地旅游委托

受理散客在本地旅游委托的运作,与代办散客赴外地旅游委托相同。

2.旅游咨询服务

旅游咨询服务是旅行社散客部人员向客人提供的各种与旅游有关的信息和建议的服务。这些信息内容广泛,如旅游交通、饭店住宿、餐馆设施、旅游景点、旅行社各种产品等。旅游建议是旅行社散客部人员根据客人的初步想法向其提供若干种旅游方案,供游客参考。

(1)电话咨询服务

电话咨询服务是旅行社散客部人员通过电话回答客人关于旅行社散客旅游及其他旅游服务方面的问题,并向其推荐本旅行社有关旅游产品。在进行电话咨询服务中,散客部导游人员应该注意以下几个方面:

①尊重客人。散客部人员在接到客人打来旅游咨询电话时,要认真倾听客人提出的问题,并耐心地给予恰当的解答。回答时语音语调要热情友好,有礼貌,以表达对客人的尊重。

②主动推荐旅游产品。散客部人员在向客人提供电话咨询服务时要反应迅速,积极主动地进行推荐。在圆满回答客人提出的各种问题的同时,积极主动地向客人推荐各种旅游产品。

(2)信函咨询服务

信函咨询服务是旅行社散客部人员以书信形式答复客人提出的有关散客旅游和旅行社旅游产品的各种问题,并提出各种旅游建议的服务方式。信函咨询服务的书面答复应该做到语言明确、简练规范、字迹清楚。

(3)人员咨询服务

人员咨询服务是指旅行社散客部所设立的门市柜台人员接待前来进行旅游咨询的客人,回答客人提出的有关散客旅游方面的问题,并向其介绍、建议和推荐本旅行社散客部旅游产品的服务。在向客人面对面地提供旅游咨询服务时,门市柜台接待人员应该做到以下几个方面:

①热情接待。客人来咨询时,接待人员应热情友好,面带微笑,礼貌待客,主动进行介绍。在咨询过程中,要仔细认真地倾听客人的询问,并将问题和要求有条不紊地记录下来,然后耐心地进行解答。

②主动宣传。门市柜台接待人员在回答客人提出的问题的同时,应向客人提供各种可行的建议供客人选择。另外,还应向客人提供本旅行社散客部旅游产品的宣传资料,让客人带回去阅读,以加深客人对本旅行社及旅游产品的印象,为旅行社争取更多的客源。

③促其成交。由于客人在门市柜台的现场,接待人员在向客人提出建议的同时,应尽力促使买卖成交。如客人提出特殊的要求,在可能的情况下,应立即与有关业务人员联系并落实。

3.选择性旅游服务

选择性旅游是通过招徕,将赴同一旅行路线或地区或相同景点的不同地方的旅游者组织起来,分别按单项价格计算的旅游形式。

选择性旅游服务的具体形式多种多样,主要包括小包价旅游中的可选择部分;散客的市内游览;晚间文娱活动、风味品尝;到近郊或邻近城市旅游景点的短期游览活动,如"半日游"、"一日游"、"几日游"以及"购物游"等。

旅行社开拓选择性旅游产品,应抓好销售和接待两个主要环节,下面仅介绍选择性旅游服务的接待工作。

接待购买选择性旅游产品的游客是旅行社散客旅游服务的另一个重要方面。由于选择性旅游具有品种多、范围广、订购时间短等特点,因此接待选择性旅游的游客要比接待团体包价旅游更为复杂、琐碎。为此,旅行社应重点做好以下两方面的工作。

(1)及时采购

由于选择性旅游产品的预订期短,而涉及的服务却很广,因此旅行社应及时、迅速地做好有关旅游服务的采购工作,即建立和完善包括宾馆、餐厅、旅游景区(点)、文化娱乐单位、交通运输部门、商店等企事业单位的服务采购工作,以确保游客预订项目得以实现。此外,旅行社还应经常了解这些企事业单位的服务价格、优惠条件、预订政策、退订手续等情况,以便在保障旅游者的服务供应前提下,尽量降低产品成本,扩大采购选择余地,增加旅行社的经济效益。

(2)搞好接待

选择性旅游团队的成员是由来自不同地方的散客临时组成的,旅游时间短,所以一般不设领队和全陪,旅游者相互之间不相识。因此,与团体包价旅游接待相比,选择性旅游团队的接待工作难度更大。为了接待好选择性旅游团队,旅行社应该为其配备经验比较丰富、独立工作能力更强的导游人员。在接待的过程中,导游人员在组织好各项旅游活动的同时,要随时观察旅游者的动向,认真倾听他们的意见和要求,在不违反对旅游者提供有关服务的承诺和增加旅行社经济负担的前提下,对旅游活动的内容可作适当的调整。

第二节　散客旅游的服务规程

散客导游服务与团体导游服务,在服务程序和服务要求上有许多共同之处,导游人员都应该按照《导游服务质量》国家标准和《旅行社国内旅游服务质量要求》部门标准向旅游者提供标准化的服务。但是,由于散客旅游本身的一些特点,散客导游服务在程序和要求上又有不同于团体导游服务规范之处。因此,导游人员在接到为散客提供服务的旅游接待计划之后,应认真研究,按照散客旅游的服务规程为其提供相应的服务。

一、接站服务

导游人员首先要做好接站服务工作。其主要工作内容体现在以下几个方面。

1.服务准备

虽然散客人数少,但是散客接待具有琐碎性,因此要求导游人员更应认真做好迎接的各项准备工作,这是接待好游客的前提。

（1）认真阅读旅游接待计划

导游人员接到任务通知后，需要对旅游接待计划进行认真阅读，明确迎接的日期、航班（车次、船次）抵达的时间；旅游者的姓名及人数和下榻的饭店；有无航班（车次、船次）及人数的变更；提供哪些服务项目；是否与其他旅游者合乘一辆车至下榻的饭店等。

（2）做好出发前的准备

导游人员准备好所迎接客人的名单或小包价旅游团的欢迎标志、地图、随身携带的导游证、胸卡、旗子、接站牌；检查所需要票证，如餐单、游览券、用车结算单等。

（3）联系交通工具

导游人员要亲自核实游客抵达本地的日期、所乘的航班（车次、船次）的时间，然后同计调部确认接客司机姓名，并同其联系，约定出发时间、地点，使用的车型和车号。

2.接站时服务

接站时，导游人员要使旅游者或小包价旅游团受到热情友好的接待，使其有宾至如归之感。

（1）提前到达接站地点等候

导游人员若迎接的是乘飞机而来的游客或小包价旅游团，应提前20分钟到达机场，在国际或国内进港隔离区门外等候；若接待的是乘火车而来的游客或小包价旅游团，导游人员应提前30分钟进车站台等候。

（2）迎接游客

当航班（或列车）抵达时，导游人员应与司机站在不同的出口（或列车软卧或软坐车厢外）易于被游客发现的位置举牌等候，以便游客前来联系，导游人员也可根据游客的特征上前询问。确认迎接到应接的旅游者后，应主动问候，并介绍所代表的旅行社和自己的姓名，对其表示欢迎。询问游客在机场或车站还需办理的事情，并给予必要的协助。询问游客行李的件数，并进行清点，帮助游客提取行李和引导游客上车。如果是小包价旅游团，则将行李清点后交行李员运送。

由于散客人数少，而出站乘客人又多，导游人员稍不留神就可能出现漏接。如果没有接到应接的游客，导游人员应该做到以下几点：第一，询问机场或车站工作人员，确认在隔离区内的本次航班或列车旅客已经全部出港或列车上乘客已全部下车；第二，与司机配合，在尽可能的范围内寻找至少20分钟；第三，与所接游客下榻饭店联系，查询其是否已经自行抵达饭店；第四，若经过上述努力仍未找到应接的游客，应打电话与计调人员联系，报告接站情况，进一步核实其抵达的日期和所乘航班或车次有无变化；第五，当确认迎接无望时，须经计调部门同意方可离开机场或车站；第六，地陪回到市区后，应前往该游客下榻的饭店，确认其是否已经入住饭店。如果游客已经入住饭店，必须主动与游客联系，并表示歉意，并与客人确认其服务项目，按照接待计划继续为其提供相应服务。

（3）沿途导游服务

在从机场（车站）至下榻饭店的途中，导游人员对散客旅游团应像团队包价旅游团一样进行沿途导游讲解，介绍所在城市概况、下榻饭店的地理位置和设施，以及沿途景物和有关注意事项等。如果接待的是个体散客，沿途导游可以对话形式进行。

3.入住饭店服务

入住服务应使散客旅游者进入饭店以后，尽快完成住宿登记手续，进入房间。

（1）帮助办理住店手续

散客旅游者抵达饭店以后，导游人员要帮助旅游者办理入住手续，向旅游者介绍饭店的主要服务项目以及住店注意事项。按照旅游接待计划向旅游者说明饭店将要为其提供的服务项目，并告之旅游者离店时需要现付的费用和项目。导游人员应记下旅游者的房间号码。散客旅游团行李抵达饭店后，导游人员要负责核对行李，并督促饭店行李员将行李运送到旅游者的房间。

（2）确认日程安排

散客办完入住手续后，导游人员要与旅游者确认日程安排。当游客确认后，将填好的安排表、游览券及赴下一站的飞机票或火车票交给旅游者并请其签字确认。若游客参加了选择性旅游，如"一日游"、"多日游"的游览活动，导游人员应将游览券和有关票据交给旅游者，详细告之各种票据的使用方法、集合时间、集合地点以及旅游者离店的时间与送站安排等。如果在确认日程时，游客提出某些变动，导游人员不能擅自做主，而应请示旅行社决定。

（3）确认机票

若旅游者将乘飞机赶赴下一站，而旅游者又不需要旅行社为其提供机票时，导游人员应叮嘱旅游者提前预订和确认机座；若旅游者需要协助确认机座时，导游人员可告之其确认机票的电话号码；若旅游者将机票交给导游人员帮助确认，而接待计划上又未注明需协助确认时，导游人员可向旅游者收取确认费，并开具证明。

（4）推销旅游服务项目

导游人员在迎接散客或散客旅游团的过程中，应询问游客在本地停留期间还需要旅行社为其代办何种事项，并介绍旅行社的业务范围，表示愿意竭诚为其提供所需的服务。

二、导游服务

由于散客旅游者往往具有较丰富的旅游经验，注重参观游览内容的文化内涵，因而对导游服务要求较高，加上散客的随意性较强，导游人员在提供导游服务时要有高度的工作责任感。尤其是散客小包价旅游团，团员来自不同的国家或地区，彼此语言不同，民族习惯各异，兴趣爱好各不相同，参观游览中相互无约束力，缺乏集体观念，集合很困难。因此，导游人员更应尽心尽力，多做提醒和协调工作，多提合理建议，努力使旅游者参观游览安全、顺畅。

1．出发前的准备

在出发前，导游人员要做好相关准备工作。携带好游览券、导游旗、宣传材料、游览图册、导游证、胸卡、名片、接待计划等必需品，并与司机联系好集合的时间、地点，督促司机做好相应的准备工作。

导游人员应该提前15分钟抵达集合的地点，引导游客上车。如果是选择性旅游团或散客小包价旅游团，客人分住在不同的饭店，导游人员协同司机按时按次到有关饭店接运游客。待游客接齐后，再驱车前往游览目的地，根据接待计划的安排，导游人员必须按照规定的路线和景点率团进行游览。

2．沿途导游服务

散客的沿途导游服务与团体旅游大同小异。如果导游人员接待的是临时组合起来的散客小包价旅游团,初次与旅游者见面时,导游人员应代表旅行社、司机向旅游者致以热烈的欢迎,表示真诚为大家服务,希望大家给予合作,多提宝贵意见和建议,并祝愿大家游览愉快。

3.现场导游讲解

散客或散客旅游团抵达旅游景点后,首先提醒旅游者旅游车停车的地点、车型和车号;提醒游客在游览中需要注意的事项,然后导游人员应根据游客的特点,运用恰当的导游讲解的方法对景点的历史背景、特色等进行讲解。导游语言要生动,有声有色,引导旅游者观赏。

如果旅游者是个体旅游者,导游人员可采取对话形式进行讲解。游览前,导游人员应向其提供游览路线的合理建议,由旅游者自行选择;如果接待的是散客小包价旅游团,导游人员应陪同旅游团,边游览边讲解,随时回答游客的提问,并注意观察旅游者的动向和周围的情况,以防旅游者走失或发生意外事故。

旅游接待计划规定的景点游览结束后,导游人员要将旅游者送回各自下榻的饭店。

4.其他服务

由于散客旅游者自由活动的时间比较多,导游人员应当好他们的参谋,可以介绍或协助安排晚间娱乐活动,把可观赏的文艺演出、体育比赛、宾馆饭店的活动告诉他们,请其自由选择,但需要注意的是应引导旅游者去健康的娱乐场所。

三、送站服务

旅游者结束在本地的参观游览活动后,导游人员应使其顺利、安全地离站。

1.服务准备

送站前,导游人员应该做好以下准备工作。

(1)详细阅读送站计划

导游人员接到送站任务后,应详细阅读送站计划,弄清所送游客的姓名和人数、离开本地的日期、所乘的航班或车次以及旅游者下榻的饭店;有无航班或车次与人数的变更;是否与其他旅游者或散客小包价旅游团合乘一辆车去机场或车站。

(2)做好送站准备

导游人员必须在送站前24小时与旅游者或散客小包价旅游团确认送站时间和地点。若旅游者不在房间,应留言并告之再次联络时间,然后再联系、确认。导游人员要与旅行社散客部计调人员确认与司机会合的时间、地点与车型、车号。最后,导游人员应掌握好时间,如旅游者乘国内航班离站,应确保客人提前90分钟到达机场;如果散客乘坐国际航班,必须使客人提前2小时到达机场;如果散客乘坐火车离站,应使散客提前40分钟到达车站。

(3)到饭店接运旅游者

按照与游客约定的时间,导游人员必须提前20分钟到达散客下榻的饭店,协助游客办理离店手续,交还客房钥匙,付清账款,清点行李,提醒游客带齐随身物品,然后照顾游客上车离店。

如果导游人员到达散客下榻的饭店后未找到要送站的旅游者,导游人员应到饭店前台了解旅游者是否已经离店,并与司机共同寻找;若超过约定的时间20分钟仍未找到,应向散客部计调部门报告,请计调人员协助查询,并随时保持联系;当确认实在无法找到旅游者后,经计调人员或有关负责人同意后,方可停止寻找,离开饭店。

若导游人员要送站的旅游者与住在其他饭店的旅游者合乘一辆车去机场或车站,要严格按照约定的时间顺序抵达各饭店。

若合车运送旅游者途中遇到严重交通堵塞或其他特殊情况,需调整原约定的时间顺序和行车路线时,导游人员应及时打电话向散客部计调部门报告,请计调人员将时间上的变化通知下面的饭店的旅游者,或请其采取其他措施。

2.到站服务

在送散客到达机场或车站的途中,导游人员应向散客征询在本地停留期间或旅游中的感受与建议,并代表旅行社向旅游者表示感谢。

旅游者到达机场或车站后,导游人员应提醒和帮助游客带好行李和随身物品,协助旅游者办理机场税。一般情况下,机场建设费由游客自付,但是如果计划上规定代为旅游者缴纳机场税时,导游人员则应该按照计划办理,回旅行社后再凭票报销。

导游人员在同旅游者告别前,应向机场人员确认航班是否准时起飞,若航班准时起飞,导游人员应将旅游者送至隔离区入口处同其告别,并热情地欢迎他们再次光临。导游人员要等飞机起飞后方可离开机场;若航班延迟起飞,应主动为旅游者提供力所能及的帮助。

送散客旅游者去车站、码头时,导游人员在协助旅游者安顿好行李后,须将车票交给旅游者,然后同游客道别,欢迎其下次再来。

送走散客旅游者后,导游人员应及时结清所有账目,归还所借物品,并及时将有关情况反馈给旅行社散客部计调部门。

复习思考

1.近些年来,为什么散客旅游发展迅速?

2.散客旅游的特点是什么?

3.散客旅游和团队旅游有哪些区别?

4.散客旅游服务的类型有哪些?

5.散客旅游团的特点是什么?

6.接待散客时,导游人员如果没有接到游客该如何处理?

7.接待散客前,导游人员必须做好哪些工作?

8.简述散客旅游服务的服务程序。

案例分析

【案例1】

2008年的一天,某旅行社导游员王杰接到其所在旅行社散客部的通知,接待某市旅行社委托的英国5位游客的小包价散客团,该团在当地停留两天,包价的项目有接送服务、住宿服务及参观游览服务。导游员王杰根据该团的接待计划同本旅行社计调人员联系,为该团安排了一辆小汽车,并安排了住宿,陪同其在当地游览了两天,然后从计调人员处取到机票送至机场。该团对导游员王杰的接待非常满意,并在回国后写了封感谢信寄到王杰所在的旅行社。半年后,该旅行社同 A 市旅行社结算时却发现在接待该团时蒙受了经济损失。

(资料来源:根据陶汉军,黄松山编著:《导游业务》,旅游教育出版社 2003 年版案例改编)

根据上述内容,回答下列问题:

1. 结合案例分析,该社为什么会蒙受损失?

2. 导游员王杰在接待该团中存在什么问题?

3. 如果你是导游员小王,该如何做?

【案例 2】

国庆长假期间,某旅行社导游员小吴负责接待一个小包价散客团,该团由 8 人组成,由于团内成员 6 人讲英语,2 人讲中文,因此,在参观游览的过程中,导游员考虑到游客中讲英语的占多数,于是他总是先用英语讲解,再用中文讲解,开始时 8 个人紧跟着他,认真听他讲解。到后来,在讲完一个部分,想改用中文讲时,他发现那 2 位听中文的游客不见了,四处寻找也没找见。他只能带另 6 名游客游览完毕。事后,导游员接到 2 位讲中文游客的投诉,投诉导游员对待游客不公平,要求赔偿精神损失。导游员小吴感到很郁闷。

(资料来源:根据熊剑平主编:《导游业务》,武汉大学出版社 2004 年版案例改编)

根据上述内容,回答下列问题:

1. 结合案例分析游客投诉导游员的原因。

2. 结合案例分析接待散客旅游团应该注意的问题。

3. 接待散客旅游团时,如何避免投诉?

第五章　导游服务技能与方法

 **学习目标**

通过本章的学习,要求学生了解导游语言的定义与表达形式;理解导游语言的特点和主要功能;熟悉常用的导游讲解技巧;掌握导游语言运用的基本要求和原则。

导游服务工作是一门艺术,其艺术性体现在导游服务技能与方法的多样性、灵活性和创造性,这些都是由导游服务工作的特殊性、对象的复杂性、设计内容的广泛性所决定的。导游服务的过程就是导游人员运用丰富多彩的社会生活,借用壮丽多姿的自然美景和富有内涵的人文环境为题材,针对层次不同、审美情趣与需求各异的旅游者进行各类综合知识的疏导、整理、提炼、再加工、创造的完整过程。

导游服务的技能涵盖的范围较广,如导游语言技能、人际交往技能、组织协调技能、带团技能、宣传技能、导游讲解技能、保卫游客安全技能、运用导游器材技能等。总之,凡是在导游过程中能为游客提供服务,使游客的旅游活动得以安全、顺利进行的一切技能,导游人员都应该学习和掌握。而且,每个导游人员必须学习众家所长,并结合自身的特点,不断地在实践中摸索、改进,从而逐渐形成和完善自身的导游服务风格与特点。

第一节　导游语言技能

语言,作为人类最重要的思维与交流的工具,具有较强的民族特征。人们借助语言保存和传递人类文明的成果。语言作为一种社会现象,是进行思维、传递信息和保存人类认识成果的载体。

在日常生活中,我们每天都使用语言进行交流和沟通。一般来说,各个种族和民族都有自己的语言。汉语、英语、法语、俄语、西班牙语、阿拉伯语……是世界上的主要语言,也是联合国的工作语言。其中,汉语是世界上使用人口最多的语言,而英语则是世界上使用最广泛的语言。

导游是一种社会性职业,与其他社会职业一样,在长期的社会实践中形成了具有其鲜明职业特点的语言——导游语言。

一、导游语言的概念和特点

1. 导游语言的概念

一般来说，导游语言（tour guide language）分为广义和狭义两种。

狭义的导游语言是指导游人员用于同游客进行交流、传播知识、介绍景点、实现沟通的一种生动、形象的口头语言；广义的导游语言是指导游人员在导游服务过程中必须熟悉掌握和运用的，能够传递某种信息或表达某种思想情感并能引起互动的一种符号或媒介物，既包括口头语言，又包括书面语言、体态语言和副语言。

导游人员通过使用恰当的导游语言来实现导游的服务工作。导游人员在进行导游讲解的过程中，通过运用富有表现力的、生动形象的语言，使各种景观美感从静态变为动态、从死板变为活泼，使沉睡了千百年的文物古迹在描述中重获蓬勃的生命力，使厚韵传承的传统工艺品栩栩如生，从而使游客感到经历的旅游过程妙趣横生，并且留下经久难忘的深刻印象。

导游工作要求导游人员必须具备扎实的语言功底、准确的语言理解与传播技巧、良好的语言表达与沟通能力，这些对提高导游服务质量起到至关重要的作用。所以，每一位导游人员都应当练好导游语言这项基本功，并使自己的语言水平在实践中不断得到升华和提高。

2. 导游语言的特点

导游语言的内容包括传播知识、沟通思想、交流感情，它具有以下几个特点。

（1）导游语言的准确性

导游语言的准确性是指导游人员的语言必须以客观实际为依据，即在讲解时应使用规范化的语言，准确地反映客观实际。导游语言的准确性体现在：

①内容准确无误，有据可查。导游人员对所讲解的旅游景点的背景资料，必须表述准确。如历史沿革、相关数据、地质构造等，要做到有根据、有出处，不能编造或杜撰。即使涉及典故传说、民间传奇也要有据可查，不能道听途说、信口开河。

②遣词造句准确，词语搭配恰当。遣词造句准确，词语搭配恰当是语言运用的关键。一个句子或一个意思要表达确切、清楚，关键在用词与词语的组合及搭配上，要在选择恰当词汇的基础上，按照语法规律和语言习惯进行有机组合与搭配。比如，下面这段介绍山海关的导游词。

> 山海关，高大巍峨，人们叫它"天下第一关"。它南边靠着海，北边挨着山，南北 8 千米，海、关、山，膀挨膀，肩靠肩。它的关城有两翼，一为南翼城、一为北翼城；还有东罗城、西罗城、宁海楼、威远城。城上有牧营、临闾、奎光、澄海等城楼，另有很多箭楼。古人说它"好像金凤展翅，恰似虎踞龙盘"。①

这段导游词简短、精悍，用词准确、到位，在符合一般的语法规律及语言习惯的基础上，能够帮助旅游者准确地理解和掌握山海关的基本情况。

---

① 资料来源：根据"中国·山海关旅游信息网"资料整理。

（2）导游语言的艺术性

导游人员在讲解过程中善用生动、富有艺术性的导游语言，可以更好地表现景点的特色和意义所在，也可以更容易去打动旅游者，引起他们的共鸣，从中得到美的享受。比如，下面这段介绍白洋淀美景的导游词。

白洋淀的143个淀泊被三千多条沟壕所连接，河淀沟壕纵横相连，芦荡荷塘星罗棋布，水域辽阔，气候宜人，风景绝美，四季竞秀，水光天色，妙趣天成。春光降临，芦芽竞出，满淀碧翠；每至盛夏，"蒲绿荷红"，"岸柳如烟"；时逢金秋，芦花飞絮，稻谷飘香；隆冬时节，坚冰似玉，坦荡无垠。一年四季，景随时移，气象万千，一派北国水乡风光。白洋淀水产资源丰富，鱼类达17科54种，鸟类有19科26种，盛产鱼虾蟹贝，莲菱藕芡，特产有青虾、绒蟹、皮蛋、鸭蛋、鸭肝、熏鱼等，所以素有"华北明珠"、"北地西湖"之称，有"鱼米之乡"、"日进斗金"之说。①

这段导游词运用了大量的成语，在多个地方使用了排比的修辞手法，并按照春、夏、秋、冬这四季的象征色彩对白洋淀的美感进行了介绍，给人心旷神怡、神往不已的感觉。

（3）导游语言的明确性

导游语言的明确性是指导游人员在讲解时要条理分明、脉络清晰、符合逻辑，把所讲的内容一层一层地交代清楚。比如，下面这段介绍承德避暑山庄的导游词。

避暑山庄又名承德离宫或热河行宫，位于河北省承德市中心北部，是清代皇帝夏天避暑和处理政务的场所。避暑山庄位于承德市中心区以北，武烈河西岸一带狭长的谷地上，距离北京230公里。它始建于1703年，历经清朝三代皇帝：康熙、雍正、乾隆，耗时约90年建成。与北京紫禁城相比，避暑山庄以朴素淡雅的山村野趣为格调，取自然山水之本色，吸收江南塞北之风光，成为中国现存占地最大的古代帝王宫苑，为后人留下了珍贵的古代园林建筑杰作。②

这段导游词条理清晰，准确运用了多个数字、计量单位和地理名词来说明承德避暑山庄的区位、地貌特征、旅游特点等内容，用词十分准确、到位。

（4）导游语言的幽默性

幽默风趣的语言如果使用得当，可以活跃气氛、提高游兴，增强导游人员和游客之间的感情交流，使旅游者回味无穷，有时还可以摆脱尴尬。幽默既是一种技巧，又是一种艺术，更是一种智慧，它在很大程度上是对修辞方法的综合运用，但又不同于一般意义上的修辞，而是以造成幽默意境为目的的一种语言运用方法。比如，下面这段幽默的欢迎词。

各位朋友：大家好！有一首歌曲叫《常回家看看》，有一种渴望叫常出去转转，说白了就是旅游。在城里待久了，天天听噪音，吸尾气，忙家务，搞工作，每日里柴米油盐，吃喝拉撒，真可以说操碎了心，磨破了嘴，身板差点没累毁呀！（众人笑）所以我们应该经常出去旅旅游，转一转比较大的城市，去趟铁岭都值呀，到青山绿水中陶冶情操，到历史名城去开阔眼界，

---

① 资料来源：摘录自"长城网"。

② 资料来源：摘录自"中国旅游门票网"。

人生最重要的是什么,不是金钱,不是权力,我个人认为是健康快乐!大家同意吗?(众人会意)①

这段欢迎词简单易懂,所涉及的内容非常接近人们的日常生活,在拉近与游客之间距离的同时,其幽默诙谐的语言很容易就获得了游客的理解和认同,并在导游活动刚刚开始之前就给游客留下了良好的第一印象,可想而知接下来的导游活动也会十分精彩并令人期待。

(5)导游语言的道德性

导游人员讲话要语言文雅,谦虚敬人,礼貌待人。不能讲粗话、脏话、不文明的词语,令旅游者听而生厌,这就是导游语言的道德性。

讲解用语要注意讲究幽雅文明,切忌粗言俗语,切忌使用游客忌讳的词语。有的导游人员由于平时文明修养不够,在讲解时不知不觉"冒"出一些不文明的用语,如:"那个老家伙","胖得像肥猪似的","老母猪打架——光使嘴"等。如果改用文明词语就优雅得体得多。如可以对应地改为:"那位老先生","胖得像弥勒佛似的"," 啄木鸟找吃——全凭一张嘴"。

总而言之,在导游人员带团的过程中,导游语言是非常重要的。导游人员作为一种特殊的讲演者,导游语言要有整体的和谐感,使用的语言要严谨而不呆滞、活泼而不轻率、幽默而不油滑、亲切而不低俗、明白而不粗浅。同时,导游语言还要有分体的适应性,即针对不同的景观,运用不同的修辞词汇,采用不同的基调。如自然山水导游语言的轻快,园林建筑的斯文,文物古迹的凝重,革命史迹的庄重,主题公园的高亢等。要因景因文,各有所宜。另外,导游语言还要有个体的独特性,这主要是指导游个体的讲解风格,即语言风格应与导游人员个体气质、修养相吻合,或平和舒展,或朴实简洁,或严谨详实,或怀仁真意深,或激情昂扬。

二、导游语言的艺术形式

导游语言的艺术形式是导游者所具有的精神特点和语言艺术的综合反映。导游语言的艺术形式作为一种外在表现形态,就像一个人的风度修养一样,是从导游语言的整体所显现出来的特点,是由导游者主观方面的特点与导游内容的客观特征进行有机结合而造成的一种整体性现象,所以可以这样理解:导游语言艺术形式既是导游艺术的一个重要组成部分,又是形成这艺术的许多其他组成部分借以表现出来的工具和手段。

不同的导游人员大都有自己有别于他人的一种语言风格,每个导游人员惯用的词语、句式、语言技巧等都不是完全一样的。如果进行比较就会发现,其中的部分导游人员的语言风格更鲜明、个性更突出、语言技艺的运用也更集中,这是由于他们在长期的导游工作中进行着不断地探索和积累,使自己的导游语言烙印上了一定的个性,形成了属于自我的一种语言艺术风格。一个成熟的导游人员在运用导游语言时,总会表现出他对自然和人文景观的自我认知、感受和情感。因此,即使讲解同样的导游内容,不同的导游语言也会呈现出各自不同的风格。比如,同样讲解"长城",有的善于拟人地、动情地进行描述而使人感动;

导游业务

---

① 资料来源:改编自王连义主编:《幽默导游词》,中国旅游出版社 2003 年版。

有的善于冷静地、直白地叙述而令人惊叹。造成这种导游语言风格迥异的主要原因在于：不同的导游人员在性别、爱好、个性与审美趣味等方面存在着一定的差异，对于景物的理解从视角、层面、深度等方面呈现较大的不同。当然，导游内容和对象的不同也是影响导游语言艺术形式的重要因素之一。

导游语言艺术形式有一个形成到变化的完整过程。同时，导游语言艺术具有多样性的特点。优秀的导游人员其语言才能往往具有多方面的适应性，在主体风格的相对稳定之中，同样可表现出多种技巧的变化。

导游语言的艺术形式可以划分为以下三种类型。

1. 语言明快，热情奔放

这一类语言的特点是明快、直接、流畅，洋溢着一种具有敬业味道的奔放热情。这类导游人员对游客有如火的热情，对所讲的景区也表现出真挚的热爱，让游客感受到的就是一种具有较高水准的职业化解说。要形成这种语言艺术形式并不简单，如何把握好情感和语言的分寸十分重要，语言既要明快，又要注意含蓄；情感既要奔放，又要注意收敛，否则就显得肤浅、轻飘以及让游客感到与导游之间关系的疏远。

2. 幽默诙谐，妙趣横生

这一类语言的特点是以浓厚的趣味思想来认识和解释事物，语言中渗透着机智、诙谐，充满活力、富有情趣，蕴藏着一种乐观向上的精神力量，使人听了格外开心且耐人寻味。但是，与这类艺术形式相对应的缺点是容易给人油腔滑调的错觉，在该严肃庄重的时候偏偏说俏皮话，这样就使人感到不认真、不亲切，所得的印象也势必浮浮沉沉、支离破碎。

3. 平实质朴，稳健沉静

这一类语言的特点是言谈举止稳健沉静，情感含蓄不外露，遣词造句平实、质朴，不多用修饰手法，只是直白地叙述事实、讲解景物、解析事理，显得厚重大方，有与人闲谈般的亲切感。但与这类艺术形式相对应的缺点是容易导致解说枯燥呆板，如果说的事实不具体，又不能用一些修饰性词语启发游客的想象，只用生硬的、草率的几句话进行粗略的讲述，就容易使人感受到索然乏味。

对于以上说明的三种导游语言艺术形式，我们不能说哪种好哪种不好，因为它们的关系是相容的，不是对立的，三者可以因人而异、因地制宜，相互发挥不同的功效。这就要求导游人员的语言艺术风格力争达到"正而能变、大而能化、化而不失本调、不失本调而兼众调"的境界。因此，只有灵活把握这种对立统一，我们导游人员的语言艺术形式才能丰富多彩，才能满足不同游客的多种需求。

三、导游语言的作用

导游的讲解能力是导游人员最重要的基本功之一。通过导游讲解，可以使游客感到旅游活动的知识性、趣味性和新奇性，从而对旅游目的地留下美好的深刻印象。出色的导游讲解能力需要导游人员具备扎实的语言功底，包括语言的掌握、表达和运用技巧，正确、优美、生动的语言表达能力对提高导游服务质量至关重要。

1. 传播知识

有人说导游"上知天文，下知地理"，游客通过导游讲解能获得旅游目的地信息，从而满足其求知需要。

2.沟通思想

导游人员掌握的语言知识越丰富,驾驭语言的能力越强,运用得越好,信息传递的障碍就越小,游客就越容易领悟,导游讲解和沟通的效果就越好。

3.交流感情

现代语言学家认为,语言是传递信息的一种符号。导游语言便是导游人员用以与游客交流感情、做好导游服务工作的重要手段和工具。

四、导游语言的"八有"原则

1.言之有物

"言之有物"是指导游讲解的内容要充实、有说服力,导游人员的语言应是客观事物的正确反映,具有鲜明的思想性,给人以启迪,切不可讲空话、套话,玩弄美丽辞藻。

例如,游览承德隆化县董存瑞烈士陵园时,陵园椭圆形的纪念广场中央矗立着高耸入云的董存瑞烈士纪念碑。碑体正面镶嵌的汉白玉碑心石上,镌刻着朱德元帅的亲笔题词"舍身为国,永垂不朽"八个金色大字,纪念碑正面顶端是一颗光芒四射的五角金星。导游在介绍时可以这样说:"董存瑞之所以能成为中华民族名垂青史的战斗英雄,是和他所受的党的培养和教育分不开的,他的成功是有其必然性的。这颗闪闪的五角星象征着英雄的革命精神与山河共存,永远照耀后人。"

2.言之有理

"言之有理"是指导游人员讲话要诚实,不尚虚文,要讲道理、近人情,入情入理,以理服人。

例如,登天桂山观日出,导游人员应充分讲解"避二分,争二至"的道理,意即避开春分和秋分的前后日子,尽可能地抓住夏至或冬至前后的时机。人们在高山之巅的视野最远可达 140 千米,但山顶到最近的地平面也有 230 千米,这就有赖于太阳光线在大气层中的充分反射,且有赖于入射的角度恰当,还要靠大气层的上疏下密,即在观赏日出的前夜,应是一个整夜晴朗无风的日子。全年能达到上述要求的时机不太多,导游应科学地讲清这些道理,使怀着极大热情的游客做好各种可能的思想准备。

3.言之有据

"言之有据"是指导游人员的讲解必须有科学的依据或真实的数据作保证,实事求是、令人信服,不可胡编乱造、张冠李戴,也就是导游人员讲话要负责任,切忌弄虚作假。

例如,在介绍平山温泉的时候,有的导游人员解释温泉的温度随着入地深度的加深越来越低,岂不知这是错误的说法,这样的讲解是以讹传讹,最终必将成为旅游者的笑柄。其实,平山的温泉水温常年保持在 30℃ 左右,从地下抽水,深度越大,水温越高,最高水温可达 68℃,这与一般地下水的入地水位越深,温度越低的说法刚好相反。

4.言之有情

"言之有情"是指言为心声,情为心态。以理服人,以物示人,以情感人是提高导游讲解效果的基本方法和手段。导游人员要语言友好,富有人情味,让旅游者听着感到亲切、温暖。导游人员在与游客进行交流时,要做他们的朋友,形成心与心的交流,情与情的互动。如果能加入感情元素,话语马上就会变得更动听起来,无论讲解的样子、语气语调都会很富有感染力。

"言之有情"不但要能恰到好处地把握说话的语气语调,还必须懂得轻重缓急,同一句话,重音不同,停顿的地方不同,意思也会发生变化。导游人员要擅长通过重音表达来加强语言效果和感染力,而不是平铺直叙地说话。同时,需伴有丰富的面部表情,恰当的表情也能有效地加强语言的感染力。例如,在讲解潘家峪惨案纪念馆时,导游人员可以通过语气的变化、停顿与抑扬顿挫的声调来渲染气氛。

1941年1月25日(语气缓慢、低沉)侵华日军驻唐山部队司令调集冀东十几个县3000多名日军和2000多名伪军(读数字时加强重音),在驻丰润日本顾问佐佐木二郎指挥下,对潘家峪村民进行了野蛮的大肆屠杀(表情悲切、愤懑),并烧毁全村房屋,全村1537人中有1230人被残暴杀害,1300间房屋被烧毁,牲畜财物被抢掠一空(语音急促,声调悲愤高昂,加重数字的读音),制造了震惊中外的潘家峪惨案(适当的停顿)……①

5. 言之有趣

"言之有趣"是指导游人员说话要诙谐、幽默,令人愉悦,这样有助于活跃气氛,提高游兴。

例如,在河北沧州游吴桥的时候,游客漫步吴桥杂技大世界城中,仿佛置身于一百年前的天桥,在那种原汁原味的艺术氛围之中,尽可一览当年神秘、古老、朴实、惊险的江湖百相情景:各种气功绝活、说书唱戏、算卦抽签、传统地摊杂技,包罗万象、无奇不有。因此,吴桥被世人誉为"世界杂技艺术的摇篮",当地的民众修习杂技者甚多,导游人员可以用这样一句话来概括介绍这一现象:"上至九十九,下至刚会走,吴桥要杂技,人人有一手。"这样的讲解充满一定的趣味性。

6. 言之有礼

"言之有礼"是指导游人员讲话要态度诚恳、亲切,语言文雅,谦虚敬人,多用敬语、谦语和雅语,这样能体现出一个导游从业人员应该具备的文化素养以及尊重他人的良好品德,令旅游者听后感到亲切自然。

礼貌的语言是服务性行业职业道德的重要内容之一,要求时时处处保持。不仅在讲解中,也包括在一般的交谈和会话中,无论与游客还是与司机或是与当地相关部门的协作者,言语礼貌不可失,这也是游客对导游服务质量和个人修养评价的重要衡量标准之一。

例如,在与游客的日常对话中,称呼对方为"您"、"先生"、"女士"等;用"贵姓"代替"你姓什么",用"不新鲜"、"有异味"代替"发霉"、"发臭"等。

语言文明有礼看似简单,但要真正做到并非易事。这就需要导游人员平时多加学习,加强修养,使我们中华民族"礼仪之邦"的优良传统,能得到进一步地发扬光大。

7. 言之有喻

"言之有喻"是指导游人员在讲解中适当使用比喻的修辞手法,比熟喻生,用旅游者熟悉的事物来介绍、比喻参观的事物,使旅游者对自己生疏的事物很快地理解并产生亲切感。

例如,在介绍少数民族的姑娘特别喜欢唱歌,而且也善于唱歌时,可以说她们的歌声就像"百灵鸟的声音"一样清脆动听。又如,在廊坊向英国人推荐"东方大学城"时,你只要说"类似你们英国的牛津大学城"就可以了,因为"牛津大学城"是英国最著名的大学城,他们

---

① 资料来源:根据"河北旅游网"资料整理。

一听不仅有亲切感,而且还能很快理解"东方大学城"的性质和特点。

但是"言之有喻","喻"得要恰当、明白、易懂,必须是大家熟悉的事物,否则越"喻"越糊涂就不好了。有些导游人员在介绍一些洞中钟乳石的造型时,称这个像"孙悟空",那个像"猪八戒"、"老寿星"……这些所喻的形象,对不了解中国文化的欧美客人是"丈二和尚摸不着头脑"。如果我们说像"米老鼠"、"唐老鸭"、"圣诞老人"……他们不仅明白,而且亲切、易接受。

8. 言之有神

"言之有神"是指导游人员在讲解时要精神饱满,声音传神,要多用形象化的语言,引人入胜。一名好的导游人员除了本身具有良好的文化素养、气质和风度外,语言传神是必不可少的。"言者有神"、"言必传神",将使导游人员的讲解具有神奇独特的魅力。一般说来,"言之有神"要有两个方面的具体内容。

(1)导游人员的讲解应具有科学性、知识性、趣味性和艺术性等,其讲解内容要经过综合性地提炼并形成一种艺术,让游客得到一种艺术享受。例如,在唐山乐亭县的李大钊故居为游客讲述李大钊的生平时,导游顺带朗诵上几句李大钊的名言,如"最珍贵的是今天,最容易失去的也是今天","我们应该顺应自然,立在真实上,求得人生的光明,不可陷入勉强、虚伪的境界,把真正人生都归幻灭"……慷慨激昂,能迅速激发游客们的想象和对革命先烈的敬仰之情。

(2)导游人员要善于掌握客人的神情变化,宛如评弹艺人在表演一样,哪部分内容是听众喜欢听的、感兴趣的,哪部分内容又是他们不喜欢的,听众眼神是否走岔路,是否有人在打哈欠……这些情况都要随时掌握,并及时调整所讲内容。

导游人员有声有色的精彩讲解是建立在游客兴趣基础上的,即使是导游人员认为最富有神奇和特色的讲解,若在一群毫无兴趣的游客面前,也将会变成废话一堆。由此可见,言之有神也存在针对性的问题。

以上八要素中,言之有理,体现了导游语言的哲理性;言之有物、言之有据,是导游语言的科学性和知识性;言之有神、言之有趣、言之有喻,是导游语言的艺术性和趣味性;言之有礼、言之有情,则是导游人员的道德修养在导游讲解中的具体体现。

五、运用导游语言的基本要求

导游语言是口头表达艺术,它不但要求导游按照规范化的祖国语言来解说导游词,而且要求尽可能做到语言的艺术化,以充分体现导游语言的美感。其具体要求如下。

1. 语言畅达,措词恰当

流畅通达的口语讲解,使旅游者能够听清、听懂并领会导游词的内容及用意。因此必须语气衔接自然,词语搭配得当,遣词造句准确,如行云流水,令人清爽舒服。有些导游词要一气呵成,达到不假思索脱口而出的程度。切勿用空洞的套话、华而不实的描绘、不伦不类的比喻,这样容易使游客厌烦。因此,精确地选用词语,进而连贯地表达意思,是导游语言美的一个重要方面,也是导游语言组织能力的一种体现。使用导游语言时,还应注意语言表现对象与语言环境的统一,使语言表达更适应环境气氛的需要,更具有表现力。

2. 鲜明生动,富有表情

导游语言要求词语选用丰富多彩,句式组合灵活多样,并恰如其分地运用比拟、夸张、借代、比喻、映衬、象征等多种修辞手法,将千姿百态的景观讲得栩栩如生。因此,导游语言必须富有文学艺术色彩,具有感染力和震撼人心的力量。

3.诙谐幽默,风趣活泼

旅游需要轻松愉快、活泼有趣的氛围。这往往需要导游的讲解富有诙谐、幽默的风度。要使语言具有幽默感,就要善于捕捉话题,巧妙地运用夸张的词语、有趣的比喻、善意的讽刺或令人发噱的双关语、仿用语等。

例如,佛寺的天王殿里一般都有汉化弥勒对门供奉,讲解时可以这样说:"为什么弥勒菩萨挺出肚子笑口大开,原来他是欢迎大家来此一游,祝福大家凡事想得开,凡人都相容。"

诙谐幽默的语言确能使人发笑,但使人发笑的语言并不都是诙谐幽默的。导游语言应当是健康活泼的,不能让那些庸俗低级、龌龊禁忌的笑话和语句污染了导游语言。

4.语气文雅,合乎礼仪

提倡礼貌用语,说话讲究文明,这是各行各业,尤其是服务性行业职业道德的重要内容之一。导游语言应当合乎礼仪,如果语言不美,说话粗鲁,会直接影响旅游者的情绪,甚至引起误解、争吵、斗殴。文雅、谦逊的语言也表现了一个人的气质和修养,彬彬有礼的导游语言会使旅游者产生一种信任感和亲切感,有利于相互沟通和增进友谊。

使用礼貌语言要注意不同的对象和场合,善于把握词语的感情色彩。一般称呼语要用得恰当,招呼语要符合礼节,尊敬语要注意对象,有事多用询问、商量和请求的语气;批评时要尽可能地使用委婉语气;与有生理缺陷或残疾的游客说话时更应忌讳;谈工作要多用祈使、商酌语气;需要旅游者配合帮助时,切不可忘记使用恳求、道谢等词语。

第二节　导游讲解技能

导游讲解,实地发挥尤其重要。导游方法的运用原则以及常用的导游方法的技巧学得再好,关键要看实地能否正常发挥,因此,导游人员导游水平的体现主要在于他的实地讲解,这就需要从多方面加以提高。

一、导游讲解的概念

俗话说"三分游,七分讲"。游客出行的核心目的是放松身心、增长阅历见闻。旅途中,优秀的导游应该对游客起到传播知识、促进交流、营造旅游愉悦氛围的作用。

导游的讲解能力是导游人员最重要的基本功之一,正确、优美、生动的语言表达能力对提高导游服务质量至关重要。导游讲解是指导游人员使用导游语言的全过程,即语言表达能力和对景点景区知识的语言组织及讲述能力,包括语言的掌握、表达和运用技巧。其中语言表达能力具体来说,包括语音、语调、语速、语言的准确性、生动性、逻辑性、严谨性以及表情运用等。

二、导游讲解应遵循的原则

1．计划性原则

这里的计划性主要是指旅游接待工作的一系列计划,包括组团接待计划、旅游线路安排、旅游团讲解计划等。有了良好的计划安排,可以更好地开展活动,避免工作中忙中出错、积压任务等情况。

原则运用建议:导游人员在接团前应根据接待计划、旅游团的线路安排及游客的组成等因素,做好接待的讲解计划。计划内容应包括景物的特色、重点,观赏的途径、要点,时间的安排以及顺序等。

2．针对性原则

导游每次带团时所面对的客人都不一样,客人感兴趣的侧重点与内容也都千差万别,所以导游以千篇一律的导游词面对不同的客人是行不通的。

原则运用建议:第一,导游人员要根据不同游客的具体情况,在接待方式、服务形式、导游内容、语言运用、讲解方式方法上都有所不同;第二,导游人员进行导游讲解时,导游词内容的广度、深度及结构应该有较大的差异。通俗地说,就是要看人说话,导游人员讲的应该是游客想知道、有能力接受并感兴趣的内容。不同游客对导游服务及导游讲解的要求,导游人员应该区别对待。

3．灵活性原则

所谓灵活性,就是导游人员的讲解要因人、因时、因地而异。

原则运用建议:第一,导游讲解的内容应可深可浅、可长可短、可断可续,一切需视具体的情况而定,切忌墨守成规、一文通天下;第二,导游讲解贵在灵活、妙在变化的原因是由于游客的审美情趣各不相同,各旅游景点的美学特征也千差万别,大自然又变化万千、阴晴不定,游览时的气氛、游客的情绪也在随时变化;第三,即使游览同一景点,导游人员应根据季节的变化,时间、对象的不同,采用切合实际的讲解方式。

4．以客观事实为依托原则

客观事实是指独立于人的意识之外,又能为人的意识所反应的客观存在,它包括自然界的万事万物和人类社会的各种事物,其中有的是有形的,如名山大川、文物古迹;有的则是无形的,如社会制度、旅游目的地居民对游客的态度等,这些都是客观存在的。

原则运用建议:导游进行讲解时,无论采用何种方法或技巧,都必须以客观存在为依据,即导游讲解必须建立在自然界或人类社会某种客观现实的基础之上。

三、导游讲解的常用方法

导游讲解方法是导游讲解艺术的具体体现。我国导游人员在长期的导游实践中积累和总结了很多导游讲解方法,现将最常用的方法分述如下。

1．描绘法

描绘法是指运用具体形象、富有文采的语言对眼前的景观进行描绘,使其细微的特点显现于游客眼前。在实际游览过程中,有些景物没有导游人员的讲解和指点,很难发现其美之所在,更难唤起游客美的感受,而经导游人员的描绘后,感受就不同了。比如,下面这段关于赵州桥公园的导游词。

现在我们所处的地方是以赵州桥为中央而建的赵州桥公园。这是公园的大门正门口，门楣上这块"瞻奇仰异"横匾是清朝顺治年间赵州知事孔兴训所书，此匾题字已被《中华名匾》一书所收录。等大家参观完以后，是否也会产生同感，认同赵州桥确是一处伟大而奇特的景观呢？再看眼前的这块影壁正面上，选刻着我国当代已故闻名桥梁专家茅以升先生的《中国石拱桥》的文章。茅老的这篇文章最早发表在1962年3月4日的《人民日报》上，原文较长，以下节录的这一段主要总结了赵州桥的情况。茅老在文章中说"我国的石拱桥几乎到处都有。这些桥大小不一，形式多样，有许多是惊人的杰作。其中最著名的当推河北省赵县的赵州桥。"[①]

2.分段讲解法

对比较小、次要的景点，导游人员可采用平铺直叙法进行导游讲解，但对规模大的重要景点就不能面面俱到、平铺直叙地介绍，而应采用分段讲解法。分段讲解法是指将一处大的景点分为前后衔接的若干部分来分段讲解。

分段讲解法在运用时应注意：首先，在前往景点的途中或在景点入口处的示意图前，导游人员用概述法介绍景点，主要包括历史沿革、占地面积、欣赏价值等。同时，还需要介绍主要景观的名称，使游客对即将游览的景点有一个初步的印象，达到"见树先见林"的效果，使游客有"一睹为快"的要求。其次，到现场顺次参观，导游人员在讲解正在游览的景区时，应注意不要过多地涉及下一景区的景物，但是在快要结束这一景区游览的时候，适当地讲一讲下一个景区，目的是为了引起游客对下一景区的兴趣，并使导游讲解一环扣一环，环环扣人心弦。比如，下面这段关于承德避暑山庄的导游词。

请各位绕过回廊，展现在我们面前的就是面阔五楹的四知书屋。楹，堂屋前部的柱子。面阔五楹就是面宽五间的意思。什么是"四知"呢？即乾隆皇帝所说的：做官要廉洁，不可贪赃枉法，办事再机密也瞒不过去，因为有"天知、地知、你知、我知"。乾隆皇帝所题的"四知"一语出于《易经》。因《易经》中说"君子知微、知彰、知柔、知刚，万夫之望"，乾隆皇帝对此话十分赞赏，因为恰好表达了他刚柔相济、恩威并施的统治策略……下面，请各位向北行，下一处景点是烟波致爽殿。这里是宫殿区的后半部分，叫"后寝"，是帝后和嫔妃们居住的地方。北殿为烟波致爽殿。康熙皇帝说这里"四围秀岭，十里平湖，致有爽气"，所以才题了这个殿名。[②]

3.突出重点法

突出重点法就是导游人员在导游讲解中避免面面俱到，而是突出某一方面的讲解方法。如果导游人员讲解模糊，没有突出重点，游览结束后，肯定不会给游客留下深刻的印象。导游人员在讲解时应有的放矢，做到轻重搭配、详略得当、重点突出。具体来说，应该针对景点和游客两个方面突出重点。

突出重点法在运用时应注意以下内容。

（1）针对景点

①突出代表性。游览大的景点，导游人员必须做好周密的计划，确定重点景观。这些

---

① 资料来源：摘录自"中国旅游门票网"。
② 资料来源：摘录自"中国旅游新闻网"。

景观既要有自己的特征，又能概括全貌。到现场游览时，导游人员主要讲解这些具有代表性的景观。

②突出与众不同之处。同为佛教寺院，其历史、宗派、规模、结构、建筑艺术、供奉的佛像各不相同，导游人员在讲解时应突出介绍其与众不同之处，以有效地吸引游客的注意力，避免产生雷同的感觉。

③突出"……之最"。面对某一景点，导游人员可根据实际情况介绍这是世界（中国、某省、某市、某地）最大（最长、最古老、最高、最小）的……例如，介绍廊坊的"东方大学城"是中国最大的大学城，有时第二、第三也值得一提，如长江是世界第三大河……但一定要注意划定"之最"的范围，千万不能弄巧成拙。有时范围划定不同，比较的结果也不一样。如中国在 2020 年是世界第一大旅游接待国，也是世界第四大旅游客源国。比如，下面这段介绍正定大佛寺的导游词。

河北正定隆兴寺（大佛寺），位于河北正定县城东门里街。隆兴寺是中国现存时代较早、布局较为完整的大型寺院，隆兴寺创建年代久远，寺内碑碣林立，最珍贵的一件当推龙藏寺碑，隋开皇六年（586 年）万余人修建龙藏寺后所立，上承南北朝书法艺术的遗风，下开盛唐诸家书法之先河，在中国书法艺术史上占有重要地位，清末著名学者康有为称赞曰："此六朝集成之碑，非独为隋碑第一也。"①

（2）针对游客

导游人员在研究旅游团的资料时，要注意游客的职业和文化层次，以便在游览时重点讲解旅游团内大多数成员感兴趣的内容，投其所好的讲解方法往往能产生良好的效果。

比如，参观一座博物馆时，导游人员的讲解重点或放在青铜器上，或突出陶瓷，或侧重碑林，一切视博物馆的特色和游客的兴趣而定。

4．简述法

简述法就是导游人员用准确、简洁、概括的语言，把景观介绍给游客，使他们在具体欣赏品位景观之前对景观有一个初步印象。比如，这段介绍清东陵的导游词。

清朝是中国最后一个封建王朝，从公元 1664 年入关到 1911 年灭亡，共统治中国 268 年，其间经历了 10 个皇帝，除末代皇帝溥仪外，其他 9 位皇帝分别在河北省遵化市和易县境内修建了规模宏大、体系完整的帝后妃陵墓群，即清东陵和清西陵。另外，在辽宁省沈阳市还建有清太祖努尔哈赤的福陵、清太宗皇太极的昭陵以及在新宾县建有清代远祖的永陵。所以，清代陵寝共有 5 处，即永陵、福陵、昭陵、清东陵、清西陵，这几处陵寝都营造得各有特色、独具千秋，但规模最宏大、体系最完整的就要数遵化市境内的清东陵了。②

5．触景生情法

触景生情法就是见物生情、借题发挥的一种导游讲解方法。触景生情法有两层含义，第一层含义是：导游人员不能就事论事地介绍景物，而是要借题发挥，利用所见景物使游客产生联想；第二层含义是：导游讲解的内容要与所见景物和谐统一，使其情景交融。例如，当旅游团参观狼牙山五勇士陈列馆时，导游人员可适当描述五位战士英勇跳崖的壮烈

---

① 资料来源：摘录自"长城网"。
② 资料来源：摘录自"北京旅游网"。

场面：

……这时山下就只剩下了我们五位勇士了,他们为了使敌人摸不清主力部队撤走的方向,就故意暴露自己,把敌人引向相反的方向,通往三面绝壁的小莲花峰上。到了下午三点,子弹用光了,他们就用石头砸。山峰上石头是有限的,黄昏时,石头也用光了,就只剩下了班长马宝玉手中唯一的一颗手榴弹,同志们都深深明白,这颗手榴弹是留给自己的,就都不由自主地靠紧了班长,说:"班长拉吧!"但是看着还在疯狂进攻的敌人,班长果断地把最后一颗手榴弹也甩向了敌群。他们把枪摔坏,丢下深谷,决定宁可跳崖也不投降,班长马宝玉来到山崖前,高喊口号,第一个纵身跳下了万丈深渊,以一个共产党员的行动表现了他对党的忠诚,接着副班长葛振林、战士胡德林、胡福才、宋学义也高喊口号,纷纷跳下大峡谷,此时气壮山河的口号激荡在群山峡谷间,让山川呜咽,让百鸟哀鸣。当爬上山顶的日伪军,看到了和他们血战一天的却只有五位八路军战士,他们完全被中华壮士的精神所折服了,竟整齐地站成一排,面向五勇士跳崖处深深地行了军礼。这就是五勇士不屈不挠的抗日精神![1]

触景生情法在运用时应注意:触景生情法贵在发挥,导游人员要自然、正确、切题地发挥。

6.虚实结合法

虚实结合法就是导游人员在导游讲解中将典故、传说与景物介绍有机结合,即编织故事情节的导游手法。其重点在于导游讲解要故事化,从而产生艺术感染力,使气氛变得轻松愉快。

在运用时应注意:这里的"实"是指景物的实体、实物、史实、艺术价值等。"虚"指的是与景点有关的民间传说、神话故事、趣闻轶事等。"虚"与"实"必须有机结合,以"实"为主,以"虚"为辅,并以"虚"加深"实"的存在。

在中国,几乎每一个景点都有一个美丽的传说,如保定白洋淀就有"嫦娥奔月,宝镜跌落成白洋淀"的传说。有关这个传说的导游词是这样的:"白洋淀位于河北省中部,总面积有 366 平方千米,是华北平原最大的淡水湖泊。传说很久以前,一个中秋之夜,天上的嫦娥偷吃了仙药,朦胧中飘然离开月宫,就在她即将落入凡间的时候,突然惊醒,随身的宝镜跌落下来,摔成了大大小小的 143 块,变成了大小不等的 143 个淀泊。您若不信,就请在中秋之夜到白洋淀来,您一定能看到美丽的嫦娥对着白洋淀梳妆打扮。当然这只是一个美丽的传说。其实白洋淀大约形成于一万年以前,是古雍奴泽遗址。白洋淀目前有大小 143 个淀泊,且各有其名称,或根据它的物产命名,如荷花淀、菱角淀;或根据它的形状命名,如葫芦淀、羊角淀;或根据它的历史传说而得名,如捞王淀、烧车淀等。其中白洋淀的面积最大,因此而命名。"[2]

在导游讲解中,虚实结合法运用得好可以增添游客的游兴。但在虚实结合法的使用过程中,切忌胡编乱造,无中生有。典故、传说等的运用必须以客观存在的事物为依托,以增强游客的可信程度。

---

① 资料来源:摘录自"长城网"。

② 资料来源:根据"河北旅游网"资料整理。

7.问答法

在导游讲解中,导游人员应根据不同的情况,有意识地创造一些情境,提出一些问题,以引起游客的注意;有意识地创造一些情境,激起其欲知某事怎样的强烈愿望,使游客由被动地听变成主动地问,使被讲解之景物在脑海中留下清晰而深刻的印象,同时也可使讲解过程生动活泼,融洽导游人员和游客的关系。

问答法主要有以下四种形式。

(1)自问自答法

自问自答法是导游人员常用的一种导游方法,是由导游自己提出问题并作适当停顿,让游客猜想,但并不期待他们回答,这样只是为了吸引游客的注意力,促使游客思考,激起游客的兴趣,然后导游才做简洁明了地回答或生动形象地介绍,给游客留下深刻印象。

此法"自问"实际和"我问"相似,而"自答"不是自说自话。"自问自答法"在掌握节奏和速度上要比"我问客答法"来得快些,因为导游在指导思想上不打算让游客来回答,如果有游客要回答或者想回答,那导游也就顺水推舟,顺其自然了。例如,导游在讲解花纹图案时,说:"象和万年青寓意着什么?"紧接着说:"万象更新。"

自问自答法的关键在于动作、表情和眼神上,也许自问自答法和我问客答法的最大区别就在于此。游客望着导游人员的表情,心中自然会有一杆秤,哪些该回答,哪些不该回答,导游驾驭两种方法,全凭自己灵活掌握。只有这样,导游的讲解艺术才能发挥到淋漓尽致、浑然一体的境界。

运用建议:这种方法通常运用于很难的、客人回答不出来的问题。类似一种疑问式的停顿。导游使用这种方法是为了吸引游客的注意,接下来要讲解的内容是比较重要或关键的。

(2)我问客答法

我问客答法即由导游提出问题,导游人员引导游客回答或讨论的方法。

导游在讲解过程中,为了启发游客开动脑筋,防止单调乏味,适当组织游客积极参与讲解之中是大有益处的。例如,在中国的园林旅游景点中,我们时常会看见各种砖雕、木雕以及各种花纹图案,导游除了讲解这些所见物的年代、历史和典故外,还可以向游客提问它们的寓意。比如,蝙蝠、桃子和灵芝三种图案合在一起为何寓意?导游这么一问,游客定会兴趣大增、七嘴八舌……

导游人员采用我问客答法时,所提问题必须是在游客似懂非懂的程度上,或者是难度不大,但要动脑筋才能回答。导游提出问题后,一般要停顿数秒钟,见游客实在回答不出,立即给予答案,否则时间过长会陷入尴尬的场面。比如上面那个例子,导游将蝙蝠、桃子和灵芝在中国古代的身价和象征细说一番后,说:"三者合而为一,寓意为福寿如意。"此后,周围定会响起一阵掌声。

另外,花纹图案中有莲花和鲤鱼象征着"连年有余",牡丹和水仙花象征着"富贵平安",松和鹤象征着"延年益寿"。还有一种图案颇有意义,即树上挂着一颗官印,旁边蹲着一只猴子,其寓意为"封侯挂印"……类似这些寓意的还很多,导游人员均可采用我问客答法。

运用建议:第一,我问客答法要求导游人员善于提问题,所提的问题游客不会毫无所知,但会有不同的答案。第二,通常要回答的内容不会很难,只要导游稍加提示,客人就可以回答出来的问题。第三,导游要诱导客人回答,但不要强迫回答,以免尴尬。第四,游客的回答不论对错,导游都不应打断,要给予鼓励,最后由导游进行讲解。

(3)客问我答法

客问我答法即游客提出问题,导游人员依据一定的事实基础和原则思想进行合适表达的方法。在整个旅游过程中,游客的问题涉及面很广,其难度也有深浅,同时也具有随时性。导游人员首先应该是不厌其烦,对实在回答不出的问题也应谦虚,想尽办法做到既不失面子,也使游客得到心理上的满足。

在整个旅游活动过程中,导游人员使用客问我答法要顺其自然,尤其是干导游这行时间不长的人员,不要有意或提倡让客人提问。当然,对经验丰富、知识渊博的老导游则另当别论了。因为导游界有句行话,叫做"导游不怕说,就怕问"。如果导游有意让游客提问,而导游又回答不出,他(她)就处在尴尬和不利的处境了。再说,游客的提问五花八门,导游人员也不一定都能回答出来,俗话说"万宝全书缺只角",导游最好不要自找麻烦。

运用建议:第一,导游人员要欢迎游客提问,这样可以减少导游人员的"独角戏",增强游客与导游交流的机会;第二,当游客提出某一问题时,表示他们对某一景物产生了兴趣,导游人员对游客提出的问题,即使是幼稚的、可笑的,也不能笑话,更不能显出不耐烦,而是要善于有选择地将提问和讲解有机地结合起来;第三,导游人员要掌握主动权,不要让游客的提问干扰了导游人员的讲解,打乱了导游人员的安排,不能游客问什么就答什么,一般只回答一些与景点相关的问题。在引导游客提问时要巧妙地设定问题的范围。

(4)客问客答法

客问客答法,即游客提问,由导游人员引导其他游客回答问题的方法。该法是问答四法中难度最大的方法,导游人员如果使用得当,不仅能调动游客的积极性,还能活跃旅游团队内的气氛,加强导游人员与游客以及游客与游客之间的关系。

客问客答法一般在导游人员使用以上"三法"中产生的。当游客向导游人员提出问题后,导游不马上给予解答,而是故意让游客来回答。这时应当注意的是:导游人员要有意让那些"活跃分子"以及稍有名气的"群头"来回答,这么做的好处是这些人如果回答正确,心中自然高兴;如果回答不对,当导游人员讲出正确答案时,那些人也会哈哈一笑了之,要知道只有在这时得到的知识,脑海中才能久久难忘。同时,导游人员在运用客问客答法的时间、地点和团队气氛要把握好,反之会适得其反。一般在旅游团队中游客玩得高兴时,或者对某些问题颇感兴趣时效果会更好,而当游客处于疲倦和无聊之中时,对回答问题之类活动是不感兴趣的。

运用建议:第一,有时当游客提出某一问题的时候,导游人员不立即作出回答,而是把这个问题又转给其他的游客,让其他的游客来回答,这样能调动游客的积极性。第二,导游人员要扮演好"导演"的角色。由于旅游团队的层次各有不同,因此,导游人员在掌握客问客答法时要注意问题的内容和性质,对于知识性、趣味性和健康性等问题尽可讨论,甚至可以争论。但对于类似攻击、污蔑、低级、庸俗等不文明问题的出现,导游人员要据理驳斥,做到有理有节。同时,还要积极疏导,使问题解决在萌芽之中。

8.制造悬念法

导游人员在导游讲解时常提出某些令人感兴趣的话题,但又故意引而不发,激起游客急于想知道答案的欲望,使其产生悬念的方法称为制造悬念法,即"欲知后事如何,且听下回分解"。比如,下面这段介绍孟姜女庙(贞女祠)前殿时的导游词。

大家看，殿前有副非常奇妙的对联。相传为明朝著名才子徐渭所作。这副对联十分巧妙地利用汉字的一字多音、一字多意的谐音特点，"朝"通"潮"，"长"通"涨"，从而形成了十八种读法，各位团友，有人知道都是如何读的吗？呵呵，大家可以一边接着参观一边思考一下这个问题……（一段时间后）好了，想来大家应该能想到一种最常用的读法，就是：海水潮，朝朝潮，朝潮朝落；浮云涨，常常涨，常涨常消。大家可以借鉴此法，回去仔细揣摩，我想定会另辟蹊径，有所创新。这副对联不但读法奇妙，而且寓意深刻。他的表面是通过海水潮涨潮落，浮云常涨常消，来揭示世界上万事万物都是可变的，都会有升升灭灭，实际它是反衬世界上还有不变的东西，那就是孟姜女的忠贞不变，孟姜女的精神永存，所以她才万古流芳。由此可见，撰联人真是用心良苦啊！①

　　运用建议：第一，导游人员先提出问题，但不告知下文或暂时不回答，让游客去思考、琢磨、判断，最后才讲出结果。第二，可借助其他方法来体现悬念，如问答法、引而不发法、引人入胜法、分段讲解法等都可以产生这种效果。第三，制造悬念法不可运用过多，用多了效果反而不好。

　　9. 类比法

　　类比法就是以熟喻生，达到类比旁通的导游手法。导游人员用游客熟悉的事物与眼前的景物相比较，定会使游客感到亲切和便于理解，达到事半功倍的导游效果。

　　运用类比法可有下面四种具体方法。

　　（1）同类相似类比

　　同类相似类比是指将相似的两物进行比较。导游人员在实际的讲解过程中，针对不同国家的游客，可将张家口的滑雪胜地"崇礼"比作瑞士的"采尔马特（Zermatt）"、承德的"塞罕坝森林公园"比作美国的"大雾山森林公园"；讲到梁山伯与祝英台或《白蛇传》中的许仙和白娘子的故事时，可将其比作中国的罗密欧与朱丽叶。

　　（2）同类相异类比

　　同类相异类比是指将两种景物比出规模、质量、风格、水平、价值等方面的不同之处。有的导游人员在讲解中，在价值上将唐山遵化的清东陵地宫宝藏同古埃及第十八朝法老图但卡蒙陵墓的宝藏相比；在宫殿建筑和皇家园林风格和艺术上，将承德的避暑山庄和巴黎附近的凡尔赛宫花园相比。

　　对同样的两种景物，如果要比较的是相同之处，则可以选择同类相似类比；如果要比较的是不同之处，则可选择同类相异类比。这两种方法可以同时使用，互相并不矛盾。

　　（3）时代之比

　　导游人员在导游讲解时，可进行时代之比。由于各国计年方式不同，在介绍历史年代时应注意游客的理解程度，要用游客能理解的表述方式。

　　例如，在讲解正定隆兴寺的建成年代时，可有三种方法。第一种介绍说隆兴寺建成于清康熙四十八年，外国游客听了效果不会好，因为一般不会有几个外国游客知道这究竟是哪一年。第二种介绍说隆兴寺建成于1709年，讲解的效果比第一种好一些，这样说起码给了一个通用的时间概念，但仍给人历史久远的印象。第三种介绍说在哥伦布发现新大陆后

导游业务

　　① 资料来源：摘录自"旅游胜地网"。

217年,安徒生诞生前96年,这种讲解效果最佳。以上三种方法中,第三种介绍不仅便于外国游客记住故宫的修建年代,留下深刻印象,还会使外国游客产生中国人了不起、中华文明历史悠久的感觉,因此是最为适合的讲解法。

（4）换算

换算就是将抽象的数字换算成具体的事物,这样方便游客理解。

例如,导游在介绍沧州铁狮子的时候如果直接说铁狮的总重量为29.3吨,这个数字比较抽象,不太好理解,可以这样来做一个换算:"29.3吨相当于近400个成年人加起来的体重。"这样,游客对这种换算之后的描述就有了较为具体和直观的理解,并会发出由衷的感叹。

但是要注意,使用类比法时应切忌作不相宜的比较,否则会招游客耻笑。

10. 归纳法

归纳法,即用凝练的词句概括所游览景点的独特之处,给游客留下突出印象的导游手法。游客边听导游人员讲解边观赏景物,既看到了"林",又欣赏了"树",一般都会有一番议论,导游这时可以做适当总结,使游客留下深刻、易记的印象。

运用归纳法时要注意语言的简练,尽量用较少的字数来点出景物精华的所在。例如,河北省的导游人员曾以"京畿河北,皇家休闲"为主题来描述河北旅游的特色,并以"五色旅游"作为河北旅游特色产品的点睛之笔。"五色旅游"主要包括"金"（承德避暑山庄及外八庙、清东陵、清西陵等皇家胜迹）、"蓝"（北戴河、乐亭等海滨海岛）、"绿"（坝上森林草原、太行山燕山等自然生态）、"银"（张家口、承德等地冰雪旅游）、"红"（西柏坡革命圣地等红色旅游）的五大特色产品。

除了上述这十种常用的讲解方法之外,导游讲解的方法还有很多,如知识渗透法、科学成因介绍法、创新立意法等,各种方法并不是独立的,而是相互渗透和联系的,既可以独立使用,又可以多种一起使用。导游人员在学习众家之长的同时,应结合自己的特点融汇贯通,在实践中形成自己的导游风格,这样才能获得不同凡响的导游效果。

第三节　导游带团技能

导游人员的带团技能是导游人员根据旅游团的整体需要和不同游客的个别需要,熟练运用能提高旅游产品使用价值的方式、方法和技巧的能力。由于导游服务的范围很广,导游服务的技能亦包括多个方面,如人际交往技能、组织协调技能、带团技能、宣传技能、运用语言技能、导游讲解技能、保卫游客安全技能、运用导游器材技能、速算技能等,它贯穿于旅游活动的全过程,其高低直接影响到导游服务的效果。

一、导游带团的特点

1. 工作的流动性

导游人员的工作环境不是静止的。导游人员的工作流动性大、活动范围广,可周游全国,甚至全世界;导游人员工作时,接触人多、面广,可认识各式各样的人并与之交往;在带旅游团(者)的旅游过程中,可广交朋友,可经风雨见世面,可开阔眼界、增长知识。

2. 接触的短暂性

导游人员为不同旅游团队的游客以及众多的散客服务,接待并为游客服务的时间相对较短,和游客的接触也不深,即使遇上个别爱挑剔的游客也只是相处几天而已。

3. 服务的主动性

导游人员的职责决定了他是旅游团的聚焦点,是带团过程中的明星人物。导游人员与游客对旅游地所掌握的信息具有不对称性,因而导游人员负有组织游客、联系、传播的职能。

二、导游带团的原则

1. 客人至上原则

导游人员应有责任感与使命感,工作中要明辨是非曲直,遇事能遵守职业道德并为游客着想。

2. 履行合同原则

导游人员带团要以旅游合同为基础,是否履行旅游合同的内容是评估导游人员是否履行职责的基本尺度。这一标志涉及两个方面,一是企业内部制定的相关成本、责任等方面的约束;二是合同规定的相关服务内容与等级要求。导游人员要设身处地地为旅行社着想,也要为游客着想。

3. 等距离交往原则

尊重人是人际关系中的一项基本原则。不管游客是来自境外还是境内,是来自东方国家还是西方国家,也不管游客的肤色、宗教、信仰、消费水平如何,导游人员都应一视同仁地尊重他们。导游人员不应对一些游客表现出偏爱,导游人员的片面行为会造成旅游团队的内部关系紧张,因为每一位游客都为旅游付出了同样多的钱,他们要求得到同等的待遇是合情合理的,导游人员应该尽力把事情办得人人满意,皆大欢喜,除非特殊情况,导游人员应该采取的态度是对每位游客都要友好、礼貌和殷勤。

三、导游带团的技能

导游带团的技能体现了导游人员针对性地为游客提供服务所必需的各种方式、方法和技巧的综合运用。一般来说,包括以下几种类型。

1. 把握全局法

所谓把握全局法,是指导游人员有计划、有步骤、妥善而又完整地把握旅游活动的全过程,并运用灵活机动、确实有效的做法,去完成旅游接待任务的一种导游方法。把握全局是导游人员最重要的工作方法之一,也是导游人员工作的灵魂和核心,更是导游人员必须具备的职业素质。

导游人员要带好一个旅游团确实不容易,这是因为旅游团本身就是由各种旅游者所组成的,这些游客中间有富商、绅士、政府官员、新闻记者、平民百姓等。由于旅游者在年龄、职业、爱好、性格和性别等方面存在着很大的差异,再加上"百姓百姓,一百条心"这样一个特殊而又无法改变的现实,无形中就形成了错综复杂的服务对象。同时,旅游者在不同的地点、时间和环境又会产生不同的需求。导游人员接触的面既广又杂,在这种特定的环境中,如果导游人员没有清醒的头脑、灵活机动的处事方法以及丰富的知识和经验,是难以接待和满足各种类型的游客的。因此,要把握好整个旅游团的全局就必须注意以下几个方面。

(1)充分认识游客在体质上存在的差异,兼顾"点"与"面"

对一个旅游团来说,团员体质上的差异十分明显,对于导游人员来说在参观游览时就要重视和注意这个问题。在带团过程中,导游人员四周是紧跟着你的游客,在远处可能还有少数跟不上大队伍的游客,这时导游人员一方面要满足游客求新、求美、求知的需求,另一方面又要照顾好年老体弱的游客。比如,导游人员带领游客去景点游玩、去饭店用餐时,都应在行走速度上掌握节奏,要知道一般体质好的游客大多数是跟在导游人员身后的,而那些体质较弱或年老体衰者总是落在队伍的最后面。因此,导游人员在处理行走节奏上,其办法是尽量使整个旅游团始终保持在一定的距离范围内活动,整体移动使得导游人员既能管住"面",又能抓住"点"。

(2)既管大又抓小,有机结合

所谓"管大抓小",是指导游人员如何正确处理多数游客与少数游客利益关系的问题,同时又是如何把两者关系尽量圆满解决的问题。

作为一名导游人员来说,总是希望游客在他的带领下"步调一致",但往往事与愿违。这是因为在一个旅游团中所组成的人员各有所需,游客之间虽然彼此认识,或者同属一个企业工作,但他们之间毕竟存在经历、层次和修养等不同的特点。由于这些原因,加上游客们普遍存在一种意识——我们是出钱旅游的,作为导游人员应该满足游客的需要。因此,在旅游过程中,时常会出现多数游客与少数游客发生利益矛盾的冲突。导游人员应该努力使自己所带领的团队在完成任务的前提下,尽量满足他们合理而又可能的要求,而不应该有意或无意地去伤害少数游客的自尊心。导游人员对待游客发生利益矛盾冲突的问题,最为恰当的办法莫过于事先把工作做得尽善尽美。

比如,一个旅游团中,大部分游客想去某景点观光游览,一小部分游客认为该旅游项目没多大意义而想去购物。这时,导游人员就将购物的游客安排在旅游景点附近的购物商场,并且确定全体集合时间,先将购物的游客送到购物商场(必须要指派领队或一名游客负责安全问题),然后带领另一部分游客进行景点观光游览,再按照规定时间上车,将全体游客集中起来进行下一个旅游项目。导游人员千万不要临时"抱佛脚",来一招所谓"举手表决"方式,这样的结局不是多数与少数的问题,可能出现四分五裂以及意见得不到统一的尴尬局面,那时导游人员就完全处在被动的地步。至于游客提出的过分和不合理的要求,那就另当别论了。

关于晚间的旅游节目,在一般情况下游客自然会听从导游人员安排,如果当晚没有规定节目安排,那就不存在多数与少数的问题,游客可以根据自己的实际情况各取所需,导游人员此时的工作重点要放在安全教育上。

(3)处理好领队与"群头"的关系

一名导游带团顺利与否,这和导游与该旅游团的领队关系处理得好坏大有关系。一般地说,游客把领队视作保护神和可信赖者,因此导游人员首先要积极争取领队的支持和配合。同时,在对领队表现出尊重和支持的基础上,建立起良好的、正常的感情。一方面尽可能地满足对方的需求,合情合理地做到主随客便的原则,另一方面可以通过领队了解游客的心理和愿望，并且速记每位游客的姓名，尽早地说出他们的姓和名，可以拉近彼此的距离。

另外，作为导游人员也许都会有这样的体会，就是每一个旅游团中都会自然产生一个或几个"头"，这些"群头"大都有好胜心强、好表现、爱出风头的行为。这些人在旅游团队中一般有威望、影响大，旅游团中的游客也都支持他们的所作所为。如果导游人员在某些问题上的意见和游客不一致，并且在众人面前指责他们，那么这些游客就会煽动群头向导游发动反击和进攻，另一部分游客明知群头做法不妥但为了顾全群头的面子，也纷纷加入进攻队伍。因此，必须要妥善处理好与群头的关系。相应的解决办法有两条：一是利用群头的特点来组织好导游工作，充分发挥群头的"责任心"；二是导游人员主动找群头个别地做工作、与他商量，以满足群头的自尊心和荣誉感。

导游人员和领队、群头关系处理得好，即使在以后的旅游过程中出现一些遗憾和不足，由他们出面说几句话，遗憾和不足就会得到弥补，游客不愉快的情绪也会很快过去。

（4）灵活机动地搭配活动内容

导游人员是旅游活动的组织领导者，在整个游览活动过程中，不仅要当好讲解员，而且要关心游客的各方面需要。导游人员能得到游客的赞扬，这和他孜孜以求的工作精神是分不开的，当然这里面还存在许多因素，但其中灵活机动地合理安排游览活动也是重要原因之一。一般来讲，从以下几个方面来合理安排旅游活动较为合适。

1）游览活动中的一般规律

导游界有句行话：有张有弛，先张后弛。这句话生动地反映了导游在带团过程中掌握游览活动节奏的规律。导游人员对景点的考虑应首先遵循"行速游缓"的原则，这符合游客的心理。游客往往一上车就急于想到达目的地，途中的时间大都认为是多余的。导游人员带团到达景点后，对景点的选择也同样采取"先一般后精彩、渐入佳境"的方法，高潮要放在最后。这好比观看电影一样，精彩的结果给人以满足舒服的感觉。

比如，导游人员带领游客参观保定时，先游玩古莲花池、直隶总督署等景点，然后再安排白洋淀、野三坡、冉庄地道战遗址三个景点。在游览景点时，导游人员应顺应最佳路线行走，避免走重复路和回头路。总之，导游人员要看时间和需要等情况而定，不要一概而论。

另外，导游人员也要兼顾"先远后近"和"先高后低"的原则。所谓"先远后近"，是指在游览活动中，先到离游客住宿点最远的一个景点游玩，然后逐渐地向游客住宿点接近，这样做的目的是给游客有一个安全感，等到一天游览结束，旅游团也离住宿点近了。所谓"先高后低"，是指导游人员先可以安排登山项目，这是因为游客在游玩第一个景点时，其精神状态及体力最为充沛。反之，一天游玩结束前再安排登山活动，可能会有相当一部分游客因体力关系，只能望山却步了。

2）内容搭配的艺术处理

导游人员是组织游览活动的核心人物。导游在活动内容的搭配上是否妥当，活动节奏是否合理，这些都会影响着游客的情绪和心理活动。导游人员把握好游览活动中的内容搭配，实质上是掌握导游工作的主动权。

一般来说，游客参加旅游活动时的兴趣既是浓厚的，又是广泛而好奇的，这为导游工作提供了良好的前提。在安排活动内容的时候，首要考虑的问题是如何将这种兴趣和好奇进一步得到发展和满足，使游客高兴而来、满意而归。为此，要注意当天游览景点的安排避免雷同。要知道游客来到异乡,他们需要的不仅仅是为了"到此一游",而是陶冶情操以及更高的精神追求。这样理解理所当然是正确的,但是从更深的层次去分析研究游客的实际需求,以上所述的方面还远远不够。我们知道人的需求是多方面、多层次的,同时,游客在旅游过程中,需求的内容也在不断变化。现代的导游人员所提供的服务,不仅局限在游览范围,更体现在满足游客多方面、多层次的需求上,应适应游客不断变化的内容需要,从而使游客有犹如在家般自在、方便的感觉。

按照现代旅游者心理的一般特征来看,他们共同的心理要求是探奇、求知和有美好的期望等。所以,要注意导游人员在安排当天的游览内容时应尽量避免重复。例如,上午安排参观寺庙,下午就可安排游览园林或参观工厂;上午安排游览溶洞,下午最好安排游湖等。参观与游览兼顾是避免内容重复的好方法。

(5)游览要与购物、娱乐相结合

游览是游客的首要"任务"。从现代旅游活动的内容上讲,它包括食、住、行、游、购、娱六大环节。从某种意义上讲,导游人员水平的高低就体现在这六个环节调节运用水平的高低。调节运用得法,游客都能得到很大满足和享受。反之,遗憾、喧哗、愤怒等会不断出现,游客由高兴而来,变为败兴而归。

旅游中的"游"是龙头,其余五个环节是龙身龙尾,缺一不可。游览要与购物、娱乐等相结合才会协调,才会满足游客的最大需要。据我国和世界各大旅游资源国的统计,一个旅游者的花费约有50%用于购买物品。因此,有许多旅游接待国家把旅游商品作为最主要的旅游资源来加以开发利用和销售。许多人都有这样的体会,每次外出旅游或开会学习,总想买一些当地的土特产品带回家,即使这个地方去过多次,但也不想两手空空而归,真有不买些当地土特产等于没有外出之感,这已成为许多人的一种习惯。导游人员要把游览、购物和娱乐结合好,这样既能满足游客的需要,也是旅游活动必不可少的项目,特别是对待购物问题,导游人员既要热情介绍,又要防止过多、过滥的现象发生,避免游客产生不必要的误解和反感。

此外,必须提醒的是,晴雨天的变化也是导游人员需要时常留意的。常言说:"天有不测风云。"尽管导游人员工作很认真和细致,比如预告第二天的天气情况,告诉客人防止因天气变化而引起的伤风感冒。可是,天气无常,往往晴雨天气颠倒出现。导游人员做好天气预报固然重要,但要做到心中有"谱"就可掌握主动权,随时调整旅游项目。一般情况下,晴天时旅游景点以室外活动为主,而雨天则把旅游项目放在室内活动为宜,这样做的目的除了游客免遭雨淋之外,还体现出变不利为有利的优势以及导游人员对游客的爱护和关心。

(6)重视注意事项的交代

不少导游人员认为,交代注意事项只要选择一个机会总体讲一讲就可以了。其实,只要冷静地想一想,导游人员在整个旅游活动中交代注意事项的频率很高。比如上车、下车、途中提醒驾驶员、爬山、危险地带、防窃等,介绍注意事项的实质其实就是交代安全问题,没有安全就没有旅游。因此,导游人员交代注意事项不是一下子就能解决的问题,而是体现在时时、处处。

具体体现在以下两点:首先,从导游工作角度考虑,比如游客在景点逗留多长时间,怎样解决在异地的诸多不便,如何尊重当地的民俗礼仪,游客必须清楚所遵循的原则和规定,特别是国内旅游团要告诉游客在购买土特产品时,应妥善处理与当地商家的关系等。导游人员轻视或忽略注意事项的交代工作,所造成的后果在导游界是有目共睹的,应该引起广大导游人员足够的重视。其次,导游人员在带团过程中哪些已经交代过,哪些还没有交代,思路必须清楚,但方法可灵活机动地运用。

(7)灵活掌握,排除干扰

往往有这种情况,导游人员在景点或旅游车内向游客讲解时,游客不愿听讲,有的还聊天、开玩笑甚至做其他事情。这些干扰因素既妨碍了其他游客的听讲,同时也使得导游人员内心很不愉快,此时导游人员必须控制住自己的情绪,并且迅速查找游客产生干扰的原因,及时调整讲解内容、方式方法以及讲解时间,努力引起游客的听讲兴趣。

这些干扰因素大概可分为主观和客观两大类,具体又分为:

①导游所讲的内容缺乏针对性,过高或过低地估计游客的接受层次;

②导游讲得太多、太啰嗦,客人感到厌倦;

③导游讲解水平一般,既无新意,又无特色,而且语音、语调、语气没有变化;

④导游翻译的词汇不确切,游客听不懂;

⑤导游对游览项目安排过于紧张,没有给游客交流的时间;

⑥游客过于疲劳,没有精神听导游讲解。

找出这些干扰因素,导游就可以灵活机动地采取相应措施,以使旅游活动顺利地进行下去。同时,根据游客的需求和兴趣,既要做到主随客便,又要通过针对性的讲解引起游客注意,激发兴趣、诱发联想、感染情绪和满足欲望。

2.最佳控制法

经验丰富和老资格的导游人员常有这种体会,即讲解时间越控制,讲解内容越短小精悍和风趣幽默,游客的兴趣就越大;反之,游客就会产生厌倦和疲劳感。如果讲解内容压缩不了,那讲解中间一定要穿插些生动活泼的提问和对答等导游技巧,其目的是转移游客厌倦情绪和疲劳感的产生,这些宝贵的经验是值得我们学习和参考的。当然,最佳控制法并不是要求所有一切讲解或介绍都必须控制在 15 分钟以内,最佳控制法要突出一个"佳"字,使讲解内容和游客兴趣有机地结合起来,创造出一种和谐与轻松愉快的气氛,使旅游活动能顺利健康地发展下去。具体要求如下:

(1)控制要得法、精炼

经验告诉我们,游客注意力往往集中在对新事物的开头,而不是在末尾。导游人员对某一景点的讲解最佳时间控制在 15 分钟之内,如果天气异常冷热,那讲解时间还要缩短。经验丰富的导游时常有这样一个感觉,在对新的景点讲解或介绍时,时间过长,游客的兴趣会大打折扣,就是在听讲的游客的注意力也会下降。

由此可见,导游人员的讲解内容一般要以短小精悍为宜,时间过长和内容干瘪的介绍只能让游客产生疲劳和厌倦情绪。那时,导游人员辛勤的劳动就只能付诸东流了。当然,正如以上所说,制约导游人员的因素有许多,但他(她)如能善于控制各种因素,并给游客短小精悍、内容又十分丰富的讲解,导游人员将会取得成功。为此,导游人员面对游客进行讲解时,应尽可能地简短精炼,力求控制。

(2)控制应因人而异

导游人员的带团过程均需按旅行社制订的"行程表"进行,宜长或宜短要由导游人员控制。如果是"休闲式",时间上允许放宽,那导游人员必须全面、生动地讲解,但对其景点讲解更需短小精悍,在有限的时间内把精华部分充分地表达出来。

另外,在整个旅游过程中,导游人员时常会碰到旅游景点游人非常拥挤的局面。这种情况一旦出现,导游不但自己很累,而且游客也容易产生焦虑情绪和分散注意力,有个别游客还有可能走散。此刻,就需要导游人员在尽可能短的时间内把内容介绍完,避免出现以上情况。

（3）控制需要随机应变

在导游人员正按照自己的思路津津有味、滔滔不绝地讲解,而游客对别的事情的兴趣大大超过听导游讲解内容的兴趣时,导游也应随机应变,改变原有的思路,干净利落地转到游客所感兴趣的问题上去。

3.对症下药法

"对症下药法"是指导游人员在整个带团过程中,针对旅游团中发生的不利于旅游活动顺利开展的人和事,采取灵活多变而又十分有效的技巧与方法,使整个活动较为顺利健康地发展下去的一种导游技巧。

（1）面对不同类型的游客要区别对待

西方心理学家马斯洛(1908—1970年)最早把人类行为的动力从理论上和实践上系统地加以整理,并且得出了人的精神发展过程中所占支配地位的先后顺序,把需要分成五个层次的结论,即生理的需要、安全的需要、社交的需要、尊重的需要和自我实现的需要。此后,又有人把人类分成外倾型和内倾型两大心理特点。属外倾型的人比较开朗、为人爽气、不计小事、喜欢与别人打交道;而内倾型的人则处事谨慎、不易流露自己的感情、不喜欢结识新朋友。

旅游的主要对象是人,旅游过程中所发生的一切事情都是主观和客观这两种因素造成的。为此,导游人员要充分注意主、客观之间的关系,尤其要注意游客的主观因素。随着我国旅游这一新兴事业的兴旺发达,导游人员要利用学到的心理学知识接待好各种不同类型的游客,对症下药地做好工作。在一般旅游团中,游客的类型大致可分成急性子型、慢性子型、老好人型、难侍候型、嘲弄型、傲慢型、散漫型、猜疑型、啰嗦型和腼腆寡言型等。

急性子型的游客特征为:待人处事爽快、说话声音响亮、遇事不顺利时就会发脾气和摆脸色。针对这类游客,导游人员应以"直"对"直",态度应真诚,有时则以"柔"克"刚"、温和沉着、顾全大局。

慢性子型的游客俗称"温开水",心理活动倾向于内部,待人接物比较谨慎,缺乏决断力,无论何事发生,总是显得慢条斯理、悠然自在,其性格正好与急性子型相反。导游人员接待此类游客首先要记住他(她)的姓名,使其感受到自己受到别人尊重。同时,要经常地关心他们,听其意见和要求,能够使他们在"自我分析和自我批评"中得到自我价值的体现。

旅游团队中的老好人型为数不多,一般是上了年纪的中、老年人。老好人型的最大的特点是为人热情、乐于助人、说话和气、态度诚恳。导游人员接待此类游客时要尊重、有礼貌,有时可发挥这些人的积极性,为团队和其他旅游者做些好事,使他们在心理上得到更大满足。

旅游团队中最使导游人员头痛的要属难侍候型的游客了。难侍候型的最大特点是爱挑旅游过程中的一切"毛病",动不动就板起面孔,指责他人,且不顾场合、不顾情面,并且用词尖刻伤人。导游人员在接待此类游客时态度上要不卑不亢,工作上要认真细致,既不要针锋相对,也不要陷入毫无意义的争论,更不要因感情用事给游客难堪。相反,应以更大的热情和毅力服务好这些游客,使其内心充分感受到导游人员的宽宏大度、有才有德。

嘲弄型的游客也是让人头痛的,此类游客一般都自以为是,不但不愿意听导游讲解,时常还乱开玩笑,有时故意当众揭导游人员的"短",出导游人员的"洋相",让人啼笑皆非、哭笑不得。在通常情况下,这些游客也是因人而异的,面对能力强、水平高的导游人员的大多会收敛一些。

傲慢型的游客大多数具有一些傲慢的"资本"。因此,他们经常会流露出一种莫名其妙的优越感,最大的特点是瞧不起人。在整个旅游活动的过程中,此类游客虽然没多大副作用产生,但对导游人员的心理压力却不可低估,所以导游人员要时常注意这种"莫名其妙"的感情爆发进而导致不愉快的事情发生。一旦这种事情发生,导游人员最好的办法是让其充分流露感情后,以诚恳谦虚的态度加以耐心说服,绝对要避免正面冲突,回答的方法和处理问题的手段要幽默,不要直截了当。只有这样,才能既照顾客人的面子,又能顾全大局,保证旅游活动的顺利进行。

散漫型的游客一般可分为三种情况:一是自由散漫,通常表现为不遵守时间,有的还严重影响到其他客人的游览安排。二是有些游客并非散漫,而是认为外出旅游需要放松,换个环境来改善工作给自己带来的紧张情绪和压力,所以在行动上表现出松弛和自由。三是一部分游客既不是自由散漫、不遵守时间,也不是放松紧张情绪,只不过是想知道旅游节目单上没有的内容和景点,此类游客怀着极大的兴趣,关心着对他们而言新鲜的事物。因此,无论是在行走过程中,还是参观游览景点,他们不是掉队,就是找不到人影。这三种人属于三种不同性质的情况,在旅游过程中均属散漫型。导游人员总的指导思想应是有礼貌地耐心说服,但在技巧的使用上要区别对待并采用"三牢"政策,即分别对应为盯牢、看牢和带牢。

对待第一种游客,导游人员要自始至终地牢牢盯牢,因为自由散漫已成为天性,防止这些游客走散,同时告诉他们下一个景点的地方和路线,以免出现不愉快的事情。要知道,胆小和老实的游客在一般情况下是不会走散的,他们始终紧紧地跟着导游人员。对于第二种游客只需稍加注意就行,只不过在景点转移始末要提醒他们。对待第三种游客,需把他们带在自己的身边或有意亲近,时常讲解一些他们感兴趣的事情,在适当的时候提供一些机会和时间来满足此类游客的好奇心和心理上的平衡。值得一提的是,散漫型的游客在整个团队中是少数,对他们的照顾和"特殊政策"要适度,以免引起其他游客不必要的误解。

针对猜疑型的游客,导游人员要谨慎接待,态度和行动上要落落大方。由于此类人的性格所致,遇事生疑是他们最大的特点。为此,导游人员最好避免使用模棱两可的语言,不仅要表现出事事有信心、处处有把握的姿态,而且说话要有根据,是黑是白干脆清楚。

啰嗦型的游客虽不多,但导游人员偶尔也会碰上一两个。说实话,接待此类游客,导游人员也够头疼的,一是他们说话唠叨,不得要领;二是自说自话,不动脑筋,时常会影响导游和游客们的情绪。当然,作为导游人员要尊重他们,避免纠缠于小节。同时,在不伤害客人感情的前提下,加以耐心说服。

腼腆寡言型的游客在一般大、中型的旅游团均有他们的影子,可以说是导游人员的常客。此类游客性格内向,怕难为情,说话声音小,其最大特征为不擅言辞。导游人员接待方法应是态度诚恳亲切,切忌用粗鲁的语言,除主动打招呼和搭话外,还得注意不要太随便,尽量使用幽默的语言,让自己的表演声情并茂、怡情益智,同时,也让他们对旅游活动有个美好的回忆。

(2)掌握"合理而又可能"原则

对症下药的字面含义为:针对"病情"开方用药,就是说处理事情要针对问题所在进行恰当处理,这里的"病情"常指"问题"。

旅游团从参观游览开始到结束,问题经常出现在导游人员面前,最糟的是旅游团队还没到达或出发,问题即已产生。这就需要导游人员善于捕捉问题的实质和病症的根源,对症下药。但是,旅游者一般都有求全心理,都想"以最小的代价获得最大的收益",有些旅游者甚至想不花钱得到其他服务和享受,这种心理常常与客观实际相矛盾,事与愿违也便成为最后的结论。当然,对症下药并不是手握灵丹妙药,什么病均可治,诸如像天灾人祸和不可抗事件的发生,导游人员即使有天大的本事也难治理,更何况导游人员有时根本找不到治病的"药"。但是,这并不是说导游人员毫无办法,面对这些突发事件和问题的发生,导游人员首先自己要冷静,其次分析这些病症和问题的合理性,力争满足合理而又可能的方面,解释不可能办到的原因,并且取得游客的谅解。只要导游人员想游客之所想,急游客之所急,实事求是、合情合理地处理问题,旅游者也是讲道理的,他们肯定会配合和协助导游人员做好工作。

4. 拟人比喻法

所谓拟人比喻法,是指导游人员把不属于人的事与物比做人,通过比较恰当的比喻,赋予这些事与物与人的思想、感情和行为,使形象鲜明生动、通俗易懂,产生风趣幽默感。比如,导游人员在向外宾介绍"狗腿子"一词时,说:"据说在很久以前,有个大财主的腿给人打断了。这时,一名家奴为了讨主人的喜欢,于是要求郎中把自己的腿锯下来给大财主装上,郎中问:'那你的腿怎么办?'家奴说:'您给我接上一条狗的腿。'郎中又问:'那狗的腿怎么办?'那家奴笑眯眯地凑到郎中耳旁说:'给狗装上一条泥巴捏的腿。'……从此以后,狗在撒尿时,总把那条泥捏的腿翘得很高,生怕让尿冲掉似的,狗腿子如今是那些忠实于主子的奴才的代名词。"[①]

(1)拟人比喻,风趣幽默

运用该法能创造出旅游团队里的活跃和谐气氛,引出游客们丰富的想象力,从中得到启发和知识。比如,导游人员常把寺庙中的菩萨,比作有血有肉有感情的人,说是他们仿佛从遥远的天宫一个个地回到了人世间,并且接受人间的香火。又常把寺庙中的钟鼓声、念经声、木鱼声等比作惊心动魄的交响乐,使佛教徒和善男信女佩服得五体投地,又使外来参观游览者赞叹不已等。导游人员以菩萨拟人,使游客产生新奇感和幽默感,同时,也大大增强了旅游团的游兴,形成良好的带团效果。

(2)拟人比喻,托物比人

导游人员运用拟人比喻可以较为婉转地对团队旅游过程中那些不尽如人意的方面进行疏导,从而取得游客的谅解,化解消极和不满情绪。拟人比喻,把事与物人格化,从而形成有血有肉的人物形象,产生较好的幽默感和艺术效果。同时,也能活跃旅游团的情趣,打

---

① 资料来源:根据"河北旅游网"资料整理。

破和摆脱尴尬、难堪的僵局。

5. 排除故障法

在整个旅游过程中,常常会遇到故障。据统计,旅游活动(出发前、旅途、游览、住宿、返程)中,这些旅游故障细细算来多达几十种。当然,那么多的旅游故障不是都出现在同一个旅游团,但每一次的出现均会给导游人员以及游客带来许多的麻烦和不安。所谓排除故障法,是指导游人员在旅游故障出现时,如何运用正确的方法去解决、去排除,使旅游团的活动正常健康地开展下去。以下选择主要的、经常发生的一些旅游故障进行剖析和讲解。

(1)出发前的故障

比如,旅行社与游客签订的合同中规定:在××天××时间,××地点准时开车。可是,集合时间已超过20分钟,大部分游客都上车了,就那么几个游客还没赶到,这该怎么办?又比如,旅游团队临上飞机前,其中有位游客忘了带身份证;在火车站有位游客将车票遗失了……这些旅游故障是经常会发生的。

出现上述情况导游人员该怎么办,可以主要根据几个方面的情况来决定。以游客迟到为例,一是看游客们持什么样的态度,二是看本次旅游活动时间的长短,三是看迟到游客是否可能赶来。

一般地说,如果本次旅游时间较长,那么就算在出发前浪费半个小时,以后导游人员完全可以把浪费的时间弥补过来。如果总的旅游时间较短或者有关旅游项目时间有限,那么只能发车了。假如车上的游客都同意等那几位游客到了再一起走,那导游人员就得事先和游客打好“预防针”,避免发生不愉快的事情。其次,迟到的游客是否会来?导游人员在游客迟到一刻钟左右时就要做好估计,好在如今通讯比较发达,既可与旅行社联系,也可直接与游客取得联系。如果以上办法均已试过,那么导游人员就应本着“为大家服务”的原则,果断地通知司机开车。在开车之前导游人员最好和游客们核对一下时间,这个举措不可少,一来是以后旅游活动都以此时间作为基准,二来是暗示游客旅游出发的时间及大家等候了漫长的时间。

另外,关于那位临上飞机忘了携带身份证的游客,导游人员必须采取紧急措施,一是与机场取得联系,看看是否可以通融放行,如果不行,那只得改签航班,并且告诉游客自行决定放弃旅游还是紧随其后。至于将车票遗失的游客,导游人员设法让其上车后补票。

(2)旅游途中的故障

在此期间的旅游故障是很多的,但相比之下旅游车上的故障要比飞机上和火车上来得麻烦,这是因为后者有空中小姐和乘务员可以帮忙,再说这两者之间的导游工作也有所不同。

在旅游车上的故障大致分为两种:一种是人为的故障,另一种是由于机械性故障而引起的故障。人为的故障包括游客在旅途中因身体不适而呕吐、游客之间发生矛盾、导游人员沿途讲解太少或不生动、司机对旅游路线不熟而走错地方、旅游车内有人吸烟等。由机械性故障而引起的故障包括旅游车出了毛病需要修理、旅途中发生交通事故等。

以上这些故障的发生,导游人员必须端正态度,不要以为出了点麻烦事就自认倒霉或运气不佳。坦率地说,干导游这一行在某种意义上讲就是消除麻烦的行当,怕麻烦的人是做不好导游工作的。

（3）游览中的故障

导游人员在旅游途中,重要的是摆正"游"与"购"的位置。以游为主这是十分明确的,但是由于种种原因,有些导游人员把景点逗留时间压得很少,却过多、过长地安排购物活动,这种不合理的做法使游客十分不满。排除该类旅游故障的最佳办法是从严要求自己,遵守职业道德,告诫自己不该拿的钱不拿。同样,游客既反对旅行社和饭店克扣他们的伙食标准,也不满个别导游私拿回扣的做法,"克扣"和"回扣"是旅游伙食不达标的根本所在。至于饭店厨师烧菜太咸或太淡,这些导游人员事先要做好观察工作,不要认为将游客请到饭桌旁就算了事。另外,导游人员在吃饭时经常关心和注意游客的情绪,此类旅游故障是可以解决的。

（4）住宿点的故障

相对来讲,此类旅游故障的解决比前几项要容易些,这是因为我国目前的宾馆饭店在软硬件上比较过关。但是,这方面的故障有时确实存在。比如,游客已经到达宾馆,但房间还没准备好;宾馆的房间中存在异味、不干净,个别服务员对游客不友好、服务不到位,宾馆的客用电梯老出毛病;餐厅里的饭菜不卫生;游客的行李很晚才到达宾馆等。

排除住宿点的故障原则上掌握两点:一是事先与宾馆确认,二是出了故障要积极主动协助解决。比如,旅游团队已经到达宾馆,但房间还没准备好,如果导游人员与宾馆前台服务员当着游客的面互相责怪,那就是严重的错误,因为绝大多数游客对此不感兴趣,他们只是希望快点进房。在这时,导游人员应采取积极的办法来减轻游客的烦恼,比如向游客介绍宾馆的设施、第二天游程安排以及叫早时间。一般地说,宾馆整理房间时间不会太长,必要时设法让每个游客都有座位休息,避免出现乱哄哄的局面,造成宾馆对导游人员产生意见。

至于房间中存在异味、不干净,导游人员应及时向总服务台提出换房要求,并且帮助游客入住换过的房间。另外,对待宾馆服务员的态度、电梯出毛病以及伙食不干净等问题,导游人员要尽快协调,避免使游客的内心产生怨气和不满。

关于游客行李晚到的问题,导游人员一方面要安抚游客,另一方面要寻找行李晚到的原因,只有找到行李晚到的原因,才能向游客交代。当然,如果夜间还有其他活动项目,导游人员又知道行李要晚到,那么导游人员最好回避行李之事,等到夜间活动结束,行李也自然到达宾馆。一般地说,行李晚到的时间是有限的。

（5）返程中的故障

从旅游五大板块中,出发前的故障和返程中的故障有些相同,只是归心似箭的游客心情显得较为迫切。在这期间,遗忘东西是游客的一大特征,因此,导游人员要多费一些口舌来提醒游客注意保管好自己的财物。还有就是不要忘了告诉游客与宾馆的账目要结清等。

以上所述的种种旅游故障其实在整个旅游过程中仅占一小部分,还有许多问题由于篇幅关系不能一一叙述,值得一提的是导游人员本身的"故障",这些故障是严重阻碍旅游团顺利进行的天敌。比如,注重团队"含金量"、"把游客当作摇钱树"、"挑肥拣瘦"等。从目前游客的投诉情况来看,这些故障要占整个投诉比例的50%以上。因此,导游人员应该在努力排除旅游故障的同时,竭尽全力排除自身的故障。

6.对付扰乱法

每次带团作为导游人员都有一种愿望,那就是高高兴兴带团、平平安安回家。然而往往事与愿违，不知为什么，在每一个旅游团中或多或少都会出现些"难弄的游客"以及"小团体"。这些扰乱旅游正常秩序的因素，常常搞得导游人员头昏脑胀，严重影响带团质量。为了带好旅游团，导游人员必须做到既不受扰乱因素影响整个团的情绪，又要用智慧去对待这些扰乱行为。

作为一名成熟的导游人员，要充分了解自己所带团的情况，有些什么人，哪些是小团体的"代表人物"。不管他们身份如何、目的怎样，都是你服务的对象，导游都得尽心尽职地做好服务工作。在旅游过程中应该支持他们积极有利的方面，警惕和防止他们利用服务缺陷制造消极不利的影响。

7. 处理投诉法

一般来说，越是旅游旺季，导游人员所带团的时间越长，游客投诉的概率就会越高。游客投诉是难免的，投诉涉及面较广，情况也较为复杂，原因也是多方面的。所谓处理投诉法，是指导游人员在旅游过程中运用巧妙灵活的方法，妥善地处理游客的各种投诉。

游客投诉的大量问题中，所牵涉的问题大致可归纳为两类：一类是人为造成的，另一类是非人为造成的。具体解决方法如下：

(1)尽量采用个别接触的方式

一旦游客向导游人员提出投诉，其复杂的心情和不满的态度可以想象，问题在于这种不满情绪可能引起其他游客的注意和同感。因此，把游客中的不满情绪降低到最小限度和范围是导游人员必须重视的问题。此时，导游人员要采取积极认真的态度，最好把游客请到远离旅游团的地方。比如，在导游人员单独住的房间，或把游客请到另一边等，切忌在游客中间议论或交谈，也不要在乱哄哄的环境中交谈。即使是集体投诉，也希望游客选派少数代表前来进行谈判，要知道游客人数越多，越谈不好，越不容易达成解决问题的协议；同时，要防止事态进一步扩散和造成不良后果。

(2)头脑冷静，认真倾听

一般地说，游客面对导游人员进行投诉时，其情绪较为激动，声调较为响亮，其中也难免带有一些侮辱性的语言。游客的观点可能是合情不合理，也有合理不合情的现象。这个时候，首先，导游人员最好要保持冷静的头脑，认真倾听和理解其投诉的内容和实质，必要时作一些记录，使游客觉得导游人员在认真听他的陈述，态度是端正的。其次，导游人员要善于引导游客把投诉内容讲得尽量详细和具体，以便导游人员把情况掌握得更全面、更准确。假如，因游客情绪激动而无法交谈下去的话，那导游人员也必须有礼貌地向游客提出建议另找时间再谈，这样使紧张的气氛变得有所缓和，同时也好让游客慢慢地稳定情绪。不管游客的投诉正确与否，导游人员都得持认真的态度，那种无所谓以及与游客争吵的态度都是不可取的。

(3)努力找出投诉的核心问题

游客提出投诉都有其目的与要求，导游人员必须要找准其重点所在。处理投诉的关键在于搞清问题的实质，主要矛盾抓住了，其他问题也就迎刃而解了。

比如，游客投诉住宿问题，那么宾馆到底是什么问题？是宾馆不达标，还是房间脏、乱、差；是服务员的态度不好，还是菜肴不佳等。搞清了这些问题，解决的方法自然就出现了。宾馆不达标，请有关部门出示有关材料证明宾馆等级；房间不够卫生，请宾馆领导速派人清理打扫；服务员态度不好，赶紧换人；菜肴不佳，及时调整。当然，导游人员有权促使宾馆领导作出姿态,除向游客赔礼道歉外,还应该适当补偿游客的一些实际损失。此外,为了把工作做得更细,导游人员可将所记录的投诉内容与游客核对一次,特别要把投诉的核心和要求讲清楚,以免造成较大的差距。

(4)搞清楚游客投诉的性质

导游人员对游客投诉的性质一定要搞清楚,这为"谁接待、谁负责"打下处理投诉的基础。在分析游客投诉的性质时,一是分析投诉的事实是否确实,二是分析其核心问题性质的轻重程度,三是分析解决投诉的初步方案,四是选择最佳解决办法。总之,导游人员要注意方式方法,确实做到有理、有利、有节、有步骤地处理投诉问题。

当然,投诉的游客从内心希望尽快解决问题,同时也想在最短的时间内得到答案,这自然要和导游人员暂不表态的做法产生矛盾,为了使这种矛盾降到最低限度,答应给游客答复的时间要有一个期限,说话要算数,千万不可失去信用,即使一时解决不了问题,也要及时通知游客。

(5)向游客转达答复的方法

给游客的答复在某种意义上是一个经过协商而产生的成熟的结论,作为导游人员要充分做好两手准备。

比如,游客的投诉并不是每一项都跟导游人员有关,但游客往往每一项投诉都要向导游人员提出,并同时要求导游人员帮助他们解决问题。由此可见,解决投诉问题要看"答复"和游客的要求相差多少。比如,游客提出要赔偿800元,而旅游接待部门只同意少量的额度,有的甚至不同意赔偿,这就需要导游人员来协调和缩短这种差距。

向游客转达答复的方法有以下几种:一是由自己直接向游客表达。这种方法必须是在答复单位同意游客要求的前提下,方可宣布。如果双方有一定差距,事先就要做些解释工作,并且争取游客的理解与支持,然后再转达答复内容。二是请答复单位出面协调解决,比如像刚才所说的那样,双方距离相差甚远的情况下可以采用。三是由导游人员参加的双方协商交谈会。必须说明的是,此时双方才是主角,导游人员应该持促使谈判成功的调解和中间立场,不应有意或无意地偏袒任何一方,更不应随意定论。劝告双方都做出合理的让步才是棋高一招的上策。注意,导游人员不可将答复内容轻易让第三者或其他没关系的游客转达,以免误传信息和产生不必要的麻烦。

第四节　导游心理服务技能

向旅游者提供令其满意的心理服务,既是对旅游者的尊重,也是导游人员完美带团的基本条件。泛泛地谈论为旅游者提供心理服务是不够的,提供心理服务必须具有针对性,才能产生预期的效果,所以导游人员必须做到以下几点。

一、了解旅游者的旅游动机

人的行为来自动机,而动机来源于需要,需要是产生动机的根本的内在原因。旅游需要是人的一般需要在旅游过程中的反映。旅游需要常表现为对健康、文化、交际、地位、声望、求实、求新、求奇、求美、求知、访古、寻亲、追宗向祖等的需要。

人们为什么要旅游？从心理学角度看，可以把旅游理解为一种特殊的生活方式，一种不同于人们日常生活的生活方式。具体而言，旅游是人们为了寻求补偿或者寻求解脱，到别处去体验一种日常生活之外的生活。一般来说，旅游者的旅游动机包括以下几种类型。

1. 旅游者的求补偿动机

求补偿动机是指通过旅游使自己在日常生活中所缺乏的一些满足感得到补偿，这些满足感主要表现为新鲜感、亲切感和自豪感等。

(1) 新鲜感

人们在日常生活中，日复一日地过着同样的生活，难免单调乏味，缺少新鲜感。这种新鲜感，其含义要比新奇感丰富得多，它是包含着惊奇、喜悦、清新和振奋等多种成分的满足感。富有新鲜感的生活是生机勃勃、意趣盎然的生活，追求新鲜感是人的天性，是一种最为普遍的旅游动机。

(2) 亲切感

激烈的竞争使现代人的人际关系变得复杂，变得不那么单纯了，在日常生活中，人们为了个人的利益尔虞我诈，压抑自己的真情，现代科学技术又给人们带来一种冷冰冰的环境，因而普遍感到缺少亲切感。亲切感最重要的来源是人与人之间的真诚相爱，这里所说的"爱"是指广义的爱。在隐藏于人们内心深处的种种需要中，很重要的一种就是人与人之间的以互相关心、互相理解和互相尊重为要素的爱的需要。随着市场经济的发展，竞争意识的增强，传统的人情观念逐渐变得淡薄。虽然冲破传统的人情世故有利于经济和社会的发展，然而也有可能造成人与人之间感情上的淡漠，这种人情方面的失落也会使人们要求补偿。同时，技术越发展，就越是需要创造有深厚感情的环境，用人的柔性来平衡技术的刚性。通过旅游接待，可使游客获得亲切感，因此，人们外出旅游的一种深刻原因就是寻求广义的爱的补偿性满足。

(3) 自豪感

生活是一台戏，人们不满足于仅仅作为观众，都希望登上舞台展示一番自己的风采。旅游正是为人们在日常生活之外充分表现自己，提供了一座"大舞台"。人们不仅要表现自己，还要突出自己。通常人们都觉得自己被淹没在芸芸众生之中，旅游使他们享受了被人尊重的待遇，轻松适意的心理需求得到了极大的补偿。旅游还为人们充实生活、增加阅历创造了条件。中国自古以来就有"读万卷书，行万里路"的说法。旅游使人们走出狭小的空间，"仰观宇宙之大，俯察品类之繁"，达到一种超凡脱俗的境界，这也是一种自豪感的补偿。

2. 旅游者的求解脱动机

求解脱动机是指人们借助于旅游从日常生活的精神紧张状态中解脱出来。现代文明越发展，越使人感到人与自然之间和人与人之间的距离变得有些遥远。心理学家认为，人类最深切的需要就是克服分离，找回和谐。就我国的情况来看，旅游一般还是被看作"锦上添花"的行为，而没有被当作对现实生活的一种必要选择。随着市场竞争的日益激烈和生活节奏的日益加快以及社会的不断进步，为了寻求解脱而选择外出旅游的人会越来越多，旅游消费将从"奢侈品"逐渐变成人人都不可缺少的"生活必需品"。

3. 旅游者的求平衡动机

求平衡动机是指旅游者要在变化与稳定、复杂与简单、新奇与熟悉、紧张与轻松等矛盾心理中寻求一种平衡。寻求平衡不仅是要在矛盾心理的两个极端之间找到一个"平衡点",而且要让两种相反的事物或状态交替出现,从"交替"中得到平衡。外出旅游是日常生活的"中断",旅游作为"日常生活之外的生活"必须与日常生活有明显的差异,但又必须与日常生活有一定的"连续性"。总之,人们外出旅游的心理原因是极为复杂的,因人而异,但其中最为重要的原因就是求补偿、求解脱和求平衡动机。

二、调整旅游者的情绪

情绪是人对客观事物所持的态度体验。情绪的产生跟人们的心理需要有着密切的关系,旅游者在游览过程中,会随着自己的需要是否得到满足而产生不同的情绪体验。当他们的需要得到满足时,就会产生愉快、高兴、满意、欣喜、欢乐等积极和肯定的情绪,反之则会产生烦恼、懊悔、不满甚至愤怒等消极和否定的情绪。因此,导游人员要善于调整旅游者的情绪。

情绪是由特定的条件引起的,条件变化,情绪也随之变化。因此,情绪具有短暂性、可变性和两极性(积极与消极)之分。旅游行为是旅游者在旅游活动过程中满足某种需要的社会性活动。一方面,旅游者的情绪影响着旅游者的行为,另一方面,旅游者的行为也受到情绪的影响,两者是相互制约的互动关系。

1. 影响旅游者情绪的因素

影响旅游者情绪的因素是多方面的,主要因素如下:

(1)需要是否得到满足

人们外出旅游就是为了满足某种需要。需要是情绪产生的主观前提。人的需要能否得到满足,决定着情绪的性质。如果旅游能够满足人们的需要,旅游者就会产生积极肯定的情绪,如高兴、喜欢、满意等。如果旅游者的需要得不到满足,就会产生否定的、消极的情绪,如不满、失望等。

(2)活动是否顺利

行动的结果会产生情绪,在行动过程中是否顺利也会引起不同的心理体验。

(3)客观条件

旅游活动中的客观条件包括游览地的旅游资源、活动项目、接待设施、社会环境、交通、通信等状况。另外,地理位置、气候条件等也是影响旅游者情绪的客观条件。

(4)团体及人际关系

一个团队中成员之间互相信任、团结和谐,就会使人心情舒畅,情绪积极;如果互不信任,互相戒备,则会使人随时都处在不安全的情绪之中。在人际交往中,尊重别人,欢迎别人,同时也受到别人的尊重和欢迎,就会产生亲密感、友谊感。

(5)身体状况

身体健康、精力旺盛,是产生愉快情绪的原因之一。身体条件欠佳或过度疲劳,容易产生不良情绪。

2. 旅游者情绪的特征

(1)兴奋性

兴奋性常常表现为"解放感和紧张感两种完全相反的心理状态的同时高涨"。如考试后去旅游的解放感,久别恋人的期待与紧张感等。外出旅游使人暂时摆脱了单调紧张的日常生活,现实生活对人的监督控制在某种程度上也有所减轻,令人们的心绪处于轻松自然的释放中。另外,到异地旅游可能接触到新的人和事物,对未知事物和经历的心理预期使人感到缺乏把握和控制感,人们难免会感到紧张。无论"解放感"还是"紧张感",其共同特征是兴奋性增强,外在表现为兴高采烈或忐忑不安。

(2)感染性

旅游服务的情绪情感含量极高,以致被称为"情绪行业"。在旅游活动中,旅游者和旅游工作者的情绪都能够影响到别人,使别人也产生相同的感应。比如,旅游中导游人员讲解时的情绪如果表现出激动、兴奋、惊奇,游客就会对导游人员的讲解对象格外关注,表现出极大的兴趣;如果导游人员表现得厌烦、无精打采,游客肯定也会受到感染,觉得索然无味。当然,游客的情绪也会影响导游人员的情绪。

(3)易变性

在旅游活动中,旅游者会随时接触到各种各样的刺激源,而人的需要又复杂多变,因而旅游者的情绪容易处于一种易变的、不确定的、不稳定的状态。

3.调整旅游者情绪的方法

导游人员应该善于从旅游者的言谈举止、表情变化去了解他们的情绪变化,在发现旅游者有焦虑、不安、烦恼、不满、气愤等否定情绪时,要及时找出原因,采取措施来消除或调节其情绪。因此,对旅游者情绪的调节也就是设法把旅游者的消极情绪引导为积极的情绪状态。调整情绪的方法可归纳为以下几种:

(1)补偿法

补偿法是指针对旅游者情绪变化的原因,设法迅速给予适当的补偿,以满足旅游者的某种需要,使其情绪好转。需要是情绪产生的主观前提,有些情绪是由于某些需要得不到满足而引起的。比如,由于餐饮在数量和质量上未达到应有的标准,致使旅游者心中不满。这时消除不满情绪的最佳方法就是在这方面进行补偿,如加菜、加酒等,而且替代物一般应强于原先的内容。又如旅游者丢失物品,神情沮丧,闷闷不乐,导游人员如能迅速与各有关方面联系,及时找回,便能使旅游者转忧为喜。

(2)分析法

着重分析旅游者情绪变化的原因及其得失关系的方法,称为分析法。由于某种不可改变的原因导致旅游者产生不快情绪,而且又无法补偿时,导游人员就要将不愉快之事的原委讲清楚,分析透彻事物的两面性及其与旅游者的得失关系,讲清道理,缓和旅游者的否定情绪,争取得到他们的理解与合作。例如,由于飞机航班因故取消需改乘火车,致使旅游团不得不改变活动日程,旅游者还要多花时间于旅途之中,常常会引起旅游者的强烈不满甚至抗议。这时,导游人员应耐心向旅游者解释造成日程改变的客观原因,并表示歉意;分析改变日程的利弊,强调有利的一面,或强调由于改变日程新增游览项目的有趣之处,这样往往能收到较好的效果,在一定程度上削弱旅游者的不满情绪。但是,导游人员应明白,采用分析法往往是不得已之举,不要滥用,更不要强词夺理。

(3)转移注意法

转移注意法是指通过新的刺激把旅游者的注意力从一个对象转移到另一个对象的方法。当旅游者产生烦闷或不快情绪时,导游人员要有意识地去调动旅游者的注意力,使其不再注意不愉快、不顺心的事,而注意愉快的事,使情绪从消极中解脱出来,转忧为喜。例如,旅游者在游览中不小心碰坏了照相机,或者触景生情,产生令人伤感的回忆或联想等,导游人员除了要对旅游者进行安慰以外,还可以用幽默的语言、诙谐的故事来活跃气氛,吸引旅游者,使旅游者的注意力转移到当前有趣的话题或活动上来,忘掉或暂时忘掉不愉快的事情,体验愉快的情绪。

（4）暗示法

心理暗示在导游过程中是一种控制或影响旅游者心理的有效手段。旅游者在异国他乡旅行游览,客观条件不断变化,情绪也时时处于波动和变化之中,并且极易受导游人员的支配或影响。导游人员在带团过程中可以充分运用暗示的方法,通过自己的言语、表情、手势、行为影响和改变旅游者的心理活动。如有的旅游者在参观中对所看见的内容表示怀疑、茫然或带有偏见,如果导游人员带着亲切、自然的微笑,以友好、自信的态度,进行绘声绘色的讲解,并表现出通古博今、见多识广的才智来,就容易使旅游者心理受到暗示,在不知不觉中改变原来的认识和情感,实现导游讲解的目的。又如,当在旅游过程中发生意外事故时,旅游者往往表现得恐慌忙乱,而此时导游人员若能镇定自若并有条不紊地进行指挥,就能够起到重要的暗示作用,使旅游者情绪很快安定下来,对导游人员产生信任依赖之感。反之,如果导游人员自己都惊慌失措,旅游者就会感到害怕,甚至把发生意外和游览被打断的责任归于导游人员,变得怒气冲冲,或对导游人员产生冷漠、不信任的情绪。导游人员在运用上述方法调整旅游者情绪时,应根据实际情况灵活地选用一种或多种方法,以求取得较好的效果。

三、掌握旅游者不同旅游阶段的心理特征

游客在不同旅游阶段会具有不同的心理特征,因此,旅游工作者也要相应采取不同的服务策略。

1. 旅游初始阶段

在旅游初始阶段,旅游者由于初到一个陌生环境,虽然兴奋激动,但人地生疏,语言不通,环境不同,会产生茫然无助的不安全感,存在拘谨心理和戒备心理,求安全的心态表现得特别突出。这是旅游者在这一阶段共同的心理状态。此时最急需的是消除这种不安全感,消除其陌生的心理状态,使他们与新的环境相适应。因此,消除旅游者的这些感觉,增强其安全感成为这一阶段的主要任务。

在此阶段,旅游者的另一个突出心理特征是"探新求奇"。一般来说,闻所未闻或见所未见的新奇事物对人们总是具有相当大的吸引力。旅游过程中,旅游者的注意力非常集中,兴趣非常广泛,他们对看到的、听到的、感觉到的一切都感到新奇,即使是当地人司空见惯的平常事,对于他们来说也都可能是新鲜事。在这一阶段,导游人员应注意以下几方面的问题。

（1）安全感的满足

旅游者带着美好的憧憬踏上旅途,一路上都在为正在经历和即将经历的新鲜体验而激动。但是一想到就要进入一个陌生的世界,心中又不免有些紧张,对于此行的一切是否都会非常顺利,又多少有些怀疑。他们甚至担心自己会不会迷路,会不会遇到小偷等。显然,旅游者的紧张感是旅游者在旅游活动中,因对安全、便利等缺乏足够信息或信心而产生的那种"不知道会发生什么事"和"不知如何是好"的紧张心情。来到异国他乡的旅游者,特别

是缺乏经验的旅游者，产生这样的紧张心情是不足为怪的。

为了使旅游者的旅游活动能够顺利进行，导游人员在服务初始阶段要给予游客更多的关心，要设身处地地多为旅游者着想，尽量预见他们可能会遇见的困难，并及时给予帮助，使游客确立安全的信心，感觉生活的便利，使他们带着轻松愉快的心情去享受旅游中的种种乐趣。

（2）友好的态度

旅游者在与导游人员的最初接触中，不仅期待导游人员帮助他们解决安全、便利等方面的实际问题，而且还期待着导游人员成为他们的"知心人"，对他们态度和善、热情，从而使他们在主客交往中获得亲切感。

（3）对效果的期待

从心理学角度分析，旅游者所购买的旅游产品是一种"经历"，属"无形"产品。这种"经历产品"与其他产品一样有质量高低之分，只是"经历产品"的质量主要与游客在旅游经历中的心理感受相关。所以，游客每次出游之前，都会对此次旅游所涉及的旅游地、饭店、旅行社、旅游交通等旅游企业的服务充满一种朦胧的想象。如果旅游给游客带来了亲切感、自豪感和新鲜感，他就会觉得这是一次非常愉快的经历，就会感到心满意足。如果旅游使游客感到厌倦、失望、孤独，使他感到"气不顺"，他就会认为这是一次很不愉快的经历，就会感到失望。所以，游客对服务效果的期待往往成为他衡量服务质量的一把尺子。

游客期待的感觉难以用准确的语言去描述，甚至游客本身也无法精确描述他所期待的服务究竟是什么样。但他对服务的体验决定其对旅游服务的评价。主客交往是旅游经历的重要组成部分，对旅游者的感觉往往能产生决定性的影响。一些旅行社、饭店、航空公司之所以能吸引众多的回头客，原因并不在于它们的设施有多么好，而在于它们已与这些客人建立了融洽的主客关系。

导游人员与游客的交往从时空上说一般都是"短"而"浅"的，游客对导游人员的良好印象多来源于导游人员"溢于言表"的友好表现。因此，导游人员应注重仪容仪表，讲求形象美；注重礼节礼貌，讲求行为美；注重语言表达，讲求语言美。

2. 旅游中间阶段

进入到旅游中间阶段，随着时间的推移，接触的增多，旅游者的心态越来越放松，行为越来越随便，每个人的弱点也会慢慢显露出来。这个阶段，旅游者的心理特征主要表现为懒散心理和求全心理，因而这一阶段出现的问题最多。这时导游人员应及时从心理学的规律出发，为旅游者提供有针对性的心理服务，正确引导他们的心理，掌握工作的主动权。具体来讲，此阶段导游人员应做到以下几点。

（1）主动

旅游活动期间，游客都希望导游人员能主动地关心他们，理解他们，能主动为他们提供所需的服务。所谓主动服务，就是要把服务工作做在游客开口之前，也叫超前服务。导游人员要有游客至上的意识，充分发挥主观能动性，主动了解客人的需求和心理，认真观察其需求变化，为游客提供及时、优质的服务。

（2）热情

游客都希望得到导游人员自始至终热情、友好的服务，而且这种热情应该是真诚的和发自内心的。热情服务在工作中多表现为精神饱满、热情好客、动作迅速、满面春风。游客对导游人员服务态度的评价,很大程度是依据导游人员是否热情、真诚和有耐心,特别对于导游人员在非本职工作范围的"分外"的服务和帮助,游客会感到更大的心理满足。这就要求导游人员要热爱自己的工作,对游客心理有深切的理解。

例如,旅游目的地的种种景观常常会使旅游者感到新奇和激动,而导游人员对此却早已是"司空见惯"了。对于旅游者来说,也许有些景点今生今世就只能来这一次;而对于导游人员来说,是经常要来,天天要来,甚至是一天要来几次,两者的感受不可同一而论。在这种情况下,导游人员要学会换位思考,切实理解游客的心理和情感。

(3)周到

所谓周到,是指在服务内容和项目上,想得细致入微,处处方便游客、体贴游客,千方百计帮助游客排忧解难。

例如,在景区游玩,游客自由活动前,导游除了告诉游客集合的时间、地点外,还要提醒游客记住车牌号、车型及自己的手机号码,甚至指明景区卫生间的位置,这样做会使游客感到导游人员的服务细致周到,处处为游客着想。同时,也免去了多个游客分别来询问的麻烦,节省了游客的时间。景区周到服务不仅包括规范化化服务,而且包括个性化服务。游客的需求是多层次的,一些高层次、深层次的要求,往往不是按标准操作的规范服务所能完全解决的。这样,就需要针对不同游客的不同需求特点,力所能及地为他们提供周到、细致的优质服务。导游人员没有选择游客的权利,只能给来自不同地域、不同文化背景、不同年龄、不同性别及不同人格类型的旅游者以旅游的乐趣、舒适和尊严。

(4)尊重

游客在旅游期间,面对新的环境,迫切想同其他游客和导游人员进行友好的交往。这种友好的人际交往能使游客心情愉悦,主客关系融洽,从而获得心理上的愉悦和享受。融洽主客关系的关键是导游人员必须尊重客人,并以此来赢得客人的尊重。导游人员不仅要尊重那些表现良好的游客,而且对那些"表现不好"或"行为失当"的游客也要表现出尊重和耐心。导游人员不能因为某些游客的素质低,就不注意自身素质的提高,可以说,越是低素质的游客越需要高素质的导游人员为其服务。

3. 旅游终结阶段

旅游终结阶段是指游客即将离去,导游人员与游客交往即将结束直至离开的这一段时间。这一阶段是游客对旅游期间所接受到的服务进行整体回顾和综合评价的阶段。游客此刻的心理是复杂的,如果导游人员忽视了这最后的服务环节,就无法给整个服务工作画上一个圆满的句号,也会使游客带着一些遗憾离去。

(1)既兴奋又紧张的心情

兴奋是因为旅游活动结束后,马上要返回家乡,又可见到亲人和朋友,可向他们述说旅游的所见所闻,同他们一道分享旅游的快乐。此时,由于游客情绪兴奋,出发前容易丢三落四,忙中出错,导游人员应设法稳定大家的情绪并做好提醒工作。紧张是由于想急切办完一切事宜,还有相当一部分游客表现出难以适应的心理感受。这时,导游人员应想办法放松游客的心情,用旅游的快乐与家庭的温馨来引导游客的感觉,把对游客诚挚美好的祝愿说得感人肺腑,让游客带着"服务的余热"踏上新的旅途,使游客产生留恋之情和再次惠顾之意。这样,既树立了旅行社良好的社会形象,又扩大了潜在客源,势必会提高旅行社的经济效益。

（2）回顾和评价

如果游客对此次旅游活动和所接受的各方面服务持肯定态度,他们会对当地产生依恋之情,希望有机会重游此地,或因此次旅游的良好印象,体会到旅游活动的极大乐趣,引发出他们再去别的旅游景点旅游的动机。如果游客对此次旅游活动和所接受的各方面服务感到不满,如导游人员态度差,吃不好,住不好,服务质量差等,都会造成游客心理上极大的不快,这种不愉快的经历会长时间地保留在游客的记忆里,影响着游客及其周围的人对旅游的兴趣。

旅游服务终结阶段是旅游企业和导游人员创造完美形象,对游客后续行为施加重要影响的服务阶段。根据近因效应,人们在认知过程中,新近得到的信息比先前得到的信息对事物的认识起着更大的影响作用。通俗地说,就是在对朋友的长期了解中,最近了解的东西往往占优势,掩盖着对该人的一贯了解。这种现象,心理学上叫"近因效应"。"近因效应"给导游服务的启示是,不能忽视旅游终结阶段的服务质量,不能因为临近结束而松懈自己,怠慢了游客,从而影响到游客对整个旅游服务的评价,造成前功尽弃。导游服务工作要自始至终追求完美。

四、做好特殊旅游者的服务工作

这里提到的特殊旅游者是指在旅游者群体中具有特殊身份或地位、宗教信仰及身体条件的少数旅游者。对于这部分群体的服务要求质量更高,主要体现在重视细微服务、超常服务、个性化服务等方面。一般来说,可以将特殊旅游者归纳为以下三种基本类型。

1. 拥有特殊的身份和社会地位的旅游者

旅游者大多以个人身份出游,或休闲,或度假,不过,在这个群体中,有一部分人尽管以普通旅游者的身份出现,但其本身拥有特殊的身份和社会地位,比如,外国在职或曾经任职的政府高级官员、对华友好的官方或民间团体的负责人、社会名流、在国际上有一定知名度的各界人士、皇室成员或贵族成员、著名政治家、社会活动家、企业家等。他们往往是在公务之余出游,其日程安排和普通旅游者不同,接待规格和方法也有特殊要求。做好对他们的接待,对扩大我国的影响,加强中国与世界各国的友好往来具有十分重要的意义。在对他们进行具体接待中,导游人员应在以下几方面加以注意。

（1）注意接待规格

不同的身份和地位的游客,在接待时有不同的规格,如餐饮、住宿的标准,是否安排领导人的接见、会见,安排哪一级领导人的接见、会见,日程安排出现变化时如何掌握,等等。导游人员要严格遵守"内外有别"的原则,遵守外事纪律,遇到问题随时向有关领导请示、汇报,不得擅自安排。

（2）做好准备

导游人员要通过各种可能的途径了解这些特殊的服务对象,如其身份、年龄、喜好、知识背景等,有针对性地设计一些有效的个性化服务的方法,在其意想不到的时候送上一份关心和惊喜,如他所喜欢的颜色、口味等。另外,根据他的专业背景,掌握一些专业术语和行业知识,也利于有效地展开沟通、交流。

（3）增强自信

导游人员不要因为对方身份地位高而胆怯不安,在做准备工作时,心理上的准备是必不可少的。要告诉自己,越是身份高的人,往往越尊重别人,自己只要认真地付出,一定能赢得他们的欣赏和尊重。假如导游人员心理压力过大,往往会在服务中发挥不出自己的水平,结果适得其反。

2.宗教界人士

在旅游市场中,有一个特殊的群体——宗教界人士。宗教旅游是以朝圣、拜佛、求法、取经或宗教考察为主要目的的旅游活动。一些宗教信徒出于对各种神灵的虔诚,或对名山古寺、教堂圣殿以及丰富多彩的古代宗教建筑艺术的迷恋,都热衷于这种既能达到宗教目的又能通过游览活动获得审美乐趣的宗教旅游活动。

我国的四川峨眉山、安徽九华山、浙江普陀山、山西五台山,以佛教名山而著称。而湖北武当山、四川青城山,以道教圣地而著称。这些名山大川不仅吸引着一般旅游者,也吸引着众多的佛教、道教信徒前来朝拜。宗教界人士大都虔诚友善,但基于其特殊背景和身份,他们也有不少特殊的需求。在接待宗教界人士时应注意以下几点。

(1)了解并掌握我国的宗教政策

我国的宗教政策是自治、自养、自传。中国不干涉宗教界人士的国际友好交往,但未经我国宗教团体邀请和允许,不得擅自在我国境内传经布道和散发宗教宣传品。对于常规礼拜活动,经上报宗教主管部门同意后,可在指定场所举行。任何人不得利用宗教进行破坏社会秩序、损害公民身体健康、妨碍国家教育制度的活动。

(2)做好做细准备工作

导游人员在接到工作任务以后,要认真分析接待计划,做好、做细准备工作,对接待对象的个人背景、宗教教义、教规、生活习惯和禁忌等都要充分了解。需要安排教堂的,也要把教堂的名称、位置、开放时间了解清楚。

(3)尊重并满足其特殊需求

对宗教界人士在生活习惯上的特殊要求和禁忌,导游人员要设法给予满足。饮食方面的禁忌和要求,一定要提前通知餐厅,如伊斯兰教人士,一定要去有穆斯林标志的餐厅。导游人员要处处尊重宗教旅游者的宗教信仰,并把服务做到游客开口之前。

(4)不要多加评论

无论在讲解还是生活交流中,导游人员都要注意避免涉及有关宗教问题的争论;不要把宗教问题与政治问题混为一谈,不要对对方的宗教信仰妄加评论,更不能在言谈中透露出不理解或不尊重。

3.残疾旅游者

随着社会文明程度的提高,旅游者中残疾人的数量越来越多,他们克服各种难以想象的困难,挑战自我,实现自我,其坚强不息的生命力感染着每一个健全的人。在接待残疾旅游者时,导游人员要注意态度和方法,既要热情周到,又要维护他们的自尊心;既要提供帮助,又要明了他们内心深处对独立的渴求,在语言行为上要以自己的爱心和细心来赢得他们的信任,在任何时候、任何场合,都不能歧视他们。

接待残疾旅游者时,应注意以下几方面。

(1)尊重

对残疾旅游者最大的尊重就是把他们作为正常人。导游人员在接待残疾旅游者以前,就应该根据计划内容分析他们的需求,根据需求设计不同的接待程序,把对他们的关心和照顾做得不露痕迹,不刻意地为照顾而照顾。过多的当众关心,反而是在提醒他们与常人不同,势必引起他们的反感。"扬游客之长,避游客之短",这句话特别适合于对残疾旅游者的接待。导游人员要善于发现他们的长处,并学会对他们的残疾视而不见,以维护他们的自尊心。

(2)关心

尽管要处处维护残疾旅游者的自尊心,但他们毕竟有这样或那样的不方便,确实需要照顾,因此在从活动计划安排到生活照顾的各个方面,都要考虑他们的特殊需求,如线路选择尽可能不走或少走台阶,安排餐厅和客房时尽可能在一楼方便进出的地方,等等。

(3)区别接待

对于不同情况的残疾旅游者,要针对性地区别对待。

①视力障碍者。他们除视力有障碍之外,一切都是正常的,他们拥有和正常人一样的听觉、味觉、嗅觉、触觉等,导游人员要能发挥他们这些方面的特长,讲解时争取让内容更形象,能用手触摸的,让他们摸一摸;能聆听的,让他们安静地听一听;能闻的,让他们闻一闻。寺庙的钟声,泉水的流动声,鸟儿的鸣叫,山林中新鲜的空气,长城上城砖的厚重,大山中岩石的苍凉,所有这一切同样能给视力障碍者以极大的满足和享受。

②听力障碍者。不管在车上还是游览中,在对他们的接待中要尽量把他们安排在靠前的位置,一方面因为要照顾他们,另一方面因为听力障碍者大多要靠读口形来获取信息,要保证他们在听不到导游人员的声音时,能看到口形,所以导游人员要适当地放慢速度,并加大口形的幅度,便于他们理解更多的内容。

③截瘫旅游者。在制订活动计划时,要考虑截瘫旅游者是否需要轮椅,如果需要,应提前通知有关部门做好准备。同时,车辆的选择也要考虑,最好使用方便轮椅上下的车。景点和饭店的选择,应注意有无"无障碍设计",没有的话,轮椅的进出将极为不便。

对于特殊旅游者,导游人员在日程安排上一定要保证其隐私的保密性,注意其身体的健康,适当增加休息时间,做到劳逸结合,活动量不能太大,景点选择少而精,以细讲慢看为宜;饮食安排要做到卫生、可口、易消化吸收;遇到天气变化,应提醒游客注意增减衣服。

复习思考

1. 什么是广义的导游语言?

2. 简述导游语言的特点、原则和作用。

3. 什么是导游讲解? 导游讲解应遵循的原则有哪些?

4. 请举例说明导游讲解的常用方法。

5. 导游带团的特点、原则有哪些?

6. 请结合实例说明导游带团的技能有哪些?

7. 为了更好地实施导游心理服务技能,导游人员必须做到哪几点?

8. 特殊旅游者的类型、特点各是什么?

9. 接待残疾旅游者时应注意哪些方面?

知识链接

中国古代的"Taxi"

　　导游人员正在豫园九曲桥旁向游客介绍湖心亭的建筑特点和中国民间风俗,忽然,一边传来了悠扬动听的唢呐声,只见 6 位穿着民族服装的抬轿人,他们随着唢呐声吆喝着,翩翩起舞着,轿内那位游客高兴得笑个不停。这位导游人员深知游客的兴趣已转移到花轿上,自己的讲解时间越长其效果就越差,倒不如顺水推舟,想到这儿,导游干脆领着游客来到花轿旁说:"各位来宾,这就是中国古代的'的士',世界上第一辆汽车诞生时远远不如它那么漂亮。"说完,他走到花轿旁,学着那抬轿夫的姿势边跳舞边吆喝着,游客如梦方醒,拍着手哈哈大笑起来。事后游客都拍着导游人员的肩膀说:"了不起,短短一席话使我们了解了中国民间风俗的一个侧面。"导游这番介绍只有 34 个字,用了不到 10 秒钟,给游客留下了深刻的印象,取得了较好的效果。

　　值得一提的是,导游人员讲解既要控制时间,又要短小精悍,这些要求并不是要导游人员砍除必要的内容,相反应该要保留这些内容,充分利用这些内容,在精练讲解上下功夫,切忌淡而乏味、平铺直叙、缺少真情实感。要做到这一点,恐怕有点难度,但并不是高不可攀的。知识在于积累,经验来源于实践。

　　(资料来源:根据"中国旅游新闻网"资料整理)

第六章　游客个别要求的处理

 **学习目标**

　　作为一名导游人员，必须要针对游客的不同需求提供高质量的服务。通过本章的学习，学生应该了解游客个别要求的定义、类型；掌握游客个别要求的处理原则；熟悉常见的游客个别要求的处理技巧，从而最终实现对游客个别要求的个性化服务。

　　导游人员带团过程中，客人会提出各式各样的个性化要求，加上主观或客观原因的影响，也难免发生各种变故甚至意外事故。导游人员身居第一线，既要尽力做好服务工作，严格按导游服务程序操作，预防并杜绝责任事故的发生，也要掌握游客个别要求和各种事故处理的程序与办法，尽可能满足客人合理的要求，及时果断、合情合理地把事故处理好，把影响和损失减少到最低程度。

　　游客的个别要求是相对于旅游团共同要求而言的。在一个旅游团中，游客的共同要求主要体现为旅游活动计划中包含的内容，它是游客在到达旅游目的地之前，通过客源地旅行社与目的地旅行社之间以合同形式确定下来的。旅游团到达目的地后，某些未在合同中反映的或者变化了的共同要求通过领队与全陪之间商讨及时进行调整。所以，游客的个别要求强调参加团体旅游的游客提出的各种计划外的特殊要求。

　　游客的个别要求是多种多样的，在时间上具有随机性。导游人员在做好满足游客共同要求的同时，如何处理好这些个别要求，是对导游人员服务质量的一种检验。因此，导游人员对游客提出的个别要求，不管其难易程度如何，也不管其合理与否，都应该给予足够的重视，并及时、合情合理地予以处理。为此，导游人员在处理游客个别要求时，不仅要注意处理的方式、方法和技巧，而且也要遵循一些必要的原则，这样在进行处理时头脑才能保持清醒，再加上处置有度、方法恰当，效果则会更好。

第一节　游客个别要求的处理原则

　　合理处理游客的个别要求，是一名合格导游人员必须具备的能力。游客来自世界各地，他们的个别要求五花八门，而且是动态的，因此，灵活而又不失原则地处理游客提出的各类要求,是体现导游服务质量的关键。

一、游客个别要求的含义与理解

1. 含义

游客的个别要求是指旅游团到达旅游目的地后的旅游过程中,个别游客或者少数游客因旅游生活上的特殊需要而临时提出的要求。面对游客的种种特殊要求,导游人员怎样处理比较合适,怎样才能使要求得到基本满足的游客高高兴兴,使个别要求没有得到满足的游客也满意导游人员的服务,甚至使爱挑剔的游客也对导游人员提不出更多的指责,这是对导游人员处理问题能力的一个考验,也是保证并提高旅游服务质量的重要条件之一。

游客的要求多种多样,每个人都有自己的特殊要求,而且都希望立即得到满足。游客的要求,有的很小,举手之劳就能解决,例如为老人买瓶矿泉水;有的导游人员却无权自己处理,例如中止旅游活动或者延长旅游期;有的还涉及国家的有关法律,例如要求购买古玩等。游客的要求各不相同,就是同一个要求,由不同的游客提出,处理的方法往往不同,即使是同一人在不同地方提出同一个要求,处理时也有差异。所以,处理游客的个别要求,相当烦琐,还有一定的难度,但是,满足游客的正当要求就是向他们提供的个性化服务或者具有针对性的心理服务,处理得好,游客满意,能提高导游服务质量,能使游客对在中国的旅游留下深刻的美好印象;反之,就会造成或大或小的负面影响。

如果说掌握导游服务程序是做好导游工作的基础,体现的是导游的职业态度和敬业精神,那么学会分析旅游团队特点和游客的隐性需要,善于处理游客个别要求,提供令游客满意的服务,则是成为优秀导游的必备条件,体现的是导游业务能力和服务水平的差距。导游处理游客个别要求的技巧,是长期工作实践的积累,并需要在工作实践中不断地总结完善。

2. 理解

旅游团队中的游客来自不同国家和地区,性格、习惯、信仰等各有差异,部分游客会在计划的游览、活动项目之外提出一些个别的甚至特殊的要求。一般来看,游客的个别要求可以分为四种情况:

(1)合理的,经过导游人员的努力可以满足的要求;

(2)合理的,但是现实难以满足的要求;

(3)不合理的,经过努力可以满足的要求;

(4)不合理的,无法满足的要求。

面对个别游客的苛刻的要求和过分的挑剔,导游人员一定要认真倾听,冷静、仔细地分析,绝不能置之不理,更不能断然拒绝。不应该在没有听完对方讲话的情况下就胡乱解释,或者表示反感、恶语相加、意气用事。对不合理或者不可能实现的要求和意见,导游人员要耐心解释,实事求是;处理问题要合情合理,尽量使游客心悦诚服;导游人员千万不能一口回绝,不能轻易地说出"不行"两字。当然,旅游团队中也难免有个别无理取闹者,如偶然遇到,导游人员应该沉着冷静、不卑不亢,既不伤主人之雅又不损客人之尊,理明则让。经过导游人员的努力仍有解决不了的困难时,导游人员应该向旅行社领导请示汇报,请其给予帮助。总之,对游客提出的要求,不管其难易程度、合理与否,导游人员都应该给予足够的重视并正确及时、合情合理地予以处理,力争使所有游客都能愉快地旅行和游览。

二、游客个别要求的处理原则

游客对旅游目的地普遍带有陌生感和不确定感，对导游人员依赖性较强，也愿意将个人的想法向导游提出，希望得到导游的理解和支持。但是作为导游，既要激发客人主动表达出个人的意愿，又不能随便同意或者拒绝客人的意愿，应该根据实际情况进行分析、思考，并及时请示旅行社，再给予客人明确、合理的答复。

根据国际惯例和导游服务的经验，导游人员在处理游客的个别要求时，一般应该遵循以下六条基本原则。

1. 符合法律原则

《导游人员管理条例》和《旅行社管理条例》中规定了导游人员、游客、旅行社三者之间的权利和义务，导游人员在处理游客个别要求时，要符合法律对这三者的权利和义务的规定。同时，还要考虑游客的个别要求是否符合我国法律的其他规定，如果相违背，应该断然拒绝。

2. "合理而可行"原则

努力满足游客需要是导游服务的基本出发点，应该贯穿于导游服务的始终。如果游客提出的个别要求是合理的，并且经过努力是可以办到的，导游人员就应该努力满足游客的要求。游客是导游人员的主要工作对象，满足他们的要求，使他们愉快地度过旅游生活是导游人员的主要任务。游客提出的要求只要合理，又有可能办到，即使很困难，导游人员也要设法给予满足。

很多游客以"不打扰别人"为生活座右铭，往往不轻易求人，一旦开口，说明他们确实需要导游人员的帮助，所以对他们的要求，导游人员绝不能掉以轻心。不提任何要求的游客并不是不需要导游人员的帮助，而是不愿意开口求人。因此，导游人员要细心地观察游客的言谈举止，设法了解他们的心理活动，即使游客不开口，也要向他们提供需要的服务。导游人员如果能做到这一点，他的工作必然会得到游客的高度评价。

一般来说，"合理"的基本判断标准是不影响大多数游客的权益、不损害国家利益、不损害旅行社和导游人员的合法权益；"可行"则是指具备满足游客合理要求的条件。导游人员在服务过程中，应该努力满足游客"合理而可行"的需要，使他们能够获得一种愉快的旅游经历，从而给旅游目的地的形象、旅行社的声誉带来正面影响，特别是一些特种旅游团，如残疾人旅游团、新婚夫妇旅游团，这类旅游团的个性化要求不同于一般旅游团，努力满足他们的个别要求，能对旅游目的地国家的形象和旅行社的声誉产生较大的影响。

旅游团中难免有无理取闹的人，他们故意提出一些非理性的要求来刁难导游人员。对不合理的要求，导游人员要记住自己是主人，是主人就要有主人热情好客的态度，要有主人的度量，要对游客礼让三分。在一般情况下，导游人员对客人要以礼相待，不与其争吵，更不能与其正面冲突，以免影响旅游活动，造成不良影响。对无理取闹者，导游人员仍要继续为其热情服务，对他们的合理而可能办到的要求，仍要尽力设法予以满足。

如果个别游客的无理取闹影响了旅游团的正常活动，导游人员可以请领队协助出面解决，或者直接面对全体游客，请他们主持公道。这就要求导游人员在平时多向游客提供热情周到的服务，多提供超常服务，这时导游人员往往能获得大多数游客的赞赏和支持，在客观上孤立一味苛求者和无理取闹者。

3.公平对待原则

公平对待原则是指导游人员对所有客人应该一视同仁、平等对待。游客不管是哪个国家、哪个民族、哪种宗教信仰、何种肤色,不管其社会经济地位高低、年老年幼、男性女性,也不管身体是否残疾,都是我们的客人,都是导游人员服务的对象。导游人员要尊重他们的人格,一视同仁,热情周到地为他们提供导游服务,维护他们的合法权益,满足他们的合理可行要求,切忌厚此薄彼、亲疏偏颇。

4.尊重游客原则

游客提出的要求,大多数是合情合理的,但是总会有客人提出一些苛刻的要求,使导游人员为难。对待这种情况,导游人员一定要记住自己的职责,遵循尊重游客的原则,对客人要以礼、以诚相待。游客可以挑剔,甚至吵架和谩骂,但是导游人员却必须保持冷静,始终有理、有礼、有节,坚持不卑不亢的原则。

在游客提出过分的个人要求时,导游人员一定不要和游客正面冲突,以免影响整个旅游活动。为了带好旅游团,可以用导游人员的智慧去对待这些扰乱行为。

(1)对待"难弄的游客"要用心计

在每一个旅游团队中都会出现一个或者几个难弄的游客,他们中间有些人为人精明、办事老练,时常用自己的处世哲学去衡量导游人员的所作所为,在旅游过程中也常常表现出与导游人员对着干的姿态,好胜心极强,专门喜欢评头论足。比如,导游人员要安排游览行程,他却要打乱导游人员的安排并且发表自己的一套高论;又比如在旅游餐厅用餐时,尽管膳食质量无可挑剔,但是也少不了这位评论家的评判等。这些人的种种表现自然会引起其他一些游客的注意,因而使不少游客"人云亦云"起来。

作为导游人员此时心里必须明白,在某些处世方面你可能远不如这些人,但是主动权还是在导游人员手中,问题的关键是要用智慧去对待这些游客,应该扬长避短。首先,导游人员切忌用语言和行动去迎合这些人的胃口,对于那些奇谈怪论和歪点子要及时给予制止。与此同时,也可以及时赞赏这些人所提的合理化建议,但是必须有节制,不必大加赞扬。此举是为了让这些人懂得,如果是真正想把事情办好自然会得到绝大多数游客的拥护,如果是扰乱那只会受到反对和谴责。其次,关于游览行程的安排问题,导游人员既可以充分肯定旅行社安排的科学性、紧凑性和合理性,或者拿出旅行社所规定的行程安排表,以示遵照游客与旅行社所签合同执行,亦可以采用因人、因时、因地的旅游原则作为解释。这些人可能多次来到此地,但是新变化的情况肯定是没有导游人员清楚。又比如,对待无懈可击的菜肴,导游人员可以直接去找那些"评论家"谈谈,也可以请厨师一起征求一下他们的意见,并请他(她)说出具体的不足在何处。如果真的评判有理,导游人员应该当面表示感谢,如果游客说不出所以然,大家自有公论。

(2)对待"有些游客"必须认真

在旅游团中或许有极少数心术不正、品行不端、时时处处想占便宜的人。这些人在观光游览中总是在寻找各种机会和借口,一旦出现些服务缺陷,他们马上就跳出来扩大事态,并且提出过分的要求和赔偿目标,不达目的誓不罢休。这不仅影响正常的旅游秩序,也会引起全团的不稳定情绪,最为严重的是会搞得全团乱七八糟,游程也有可能被迫终止。

事实告诉我们,一名成熟的导游人员从带团开始那一刻起就必须以敏锐的眼光观察周围的一切,同时要使出浑身的本领牢牢掌握和控制整个旅游团的情绪,切实做到眼观六路、耳听八方,以十倍的努力、百倍的热情把隐患消除在萌芽状态。另外,导游人员要多花时间和精力去关心和了解游客的意见,特别是对那些意见的传播者,因为那些传播意见的人有可能掺杂着个人的目的和私利。因此,导游人员对全团情况掌握得越详细、越彻底,就越能做出正确的判断。同时在听取游客意见时,也能从游客嘴中得到真正实质性的内容,这会帮助导游人员大致分辨出哪些游客是真心提意见,哪些游客是带有私心杂念的。

值得一提的是,导游人员不能盲目轻信游客和旅游接待部门的意见,因为这两者都会站在自己的利益角度发表有利于自身的意见。导游人员必须站在公正的立场上做出客观的、公平的评判。

(3)对待"小团体"要巧妙

导游人员所带的旅游团从大处着眼,属于一个大团体;而从小处着眼,会发现旅游团又是由好几个小团体组成。旅游团队中的小团体是客观存在的,谁都无法将之打散。一般,我们欢迎具有积极健康意义上的小团体,它确实能起到满足游客的交际需要,带动整体游客的游览兴致的作用。相对而言,我们反对那些仗着人多势众而滋事生非的群体,在很多情况下这种小团体会成为游客中的害群之马,对整个游览过程起到百害而无一利的影响。下面,我们就来谈谈如何巧妙地对待这样的小团体。

首先,旅游团队中的小团体之间发生些矛盾或者产生敌对情绪的情况经常发生,这会影响整个团队的旅游情绪。如果那些小团体把矛盾指向导游人员,那么就可能对旅游团造成致命的打击,严重点可能导致整个旅游计划不能顺利实现。通常,导游人员是为整个旅游团队服务的,因此他的正确态度应该保持具有积极意义的"中立",除需要特殊照顾的老弱病残者之外,对待每位游客以及小团体既有同等的亲近,又有一定友好的距离,不然会使游客产生误解和怀疑。但是,导游人员这种"中立"立场又不是一成不变的。当游客的自尊心得不到满足时,导游人员就得采取措施,临时偏离一下中立立场去满足一下游客的自尊心理,到了一定程度后导游人员就得微笑地、体面地再回到中立立场上,这种中立偏离、偏离又中立,不断循环重复的做法是制止小团体朝不良方向发展的有效办法。

其次,导游人员也可以想方设法使某些小团体重新组合。该方法的好处在于既可以让游客享有更多的交际机会,同时也能分化、瓦解不利于旅游进程的因素。导游人员可以有目的地向游客介绍其他游客的优点、爱好等,这样既可以满足被介绍人的荣誉感,同时也使个别游客的好奇心及兴趣得到满足和刺激。

总之,对待这些有个别要求游客的扰乱,导游人员为人处事要小心谨慎,时时、处处用尊重客人的宗旨去处理问题。

5.超常服务原则

导游提供超常服务,既是行动沟通,又是情感沟通,这是最好的沟通方式。当游客提出自行购物时,导游员可以有各种各样的服务表示。介绍当地的主要购物场所、营业时间、出行方法是一种表示;提醒游客购物时注意购物安全是另一种表示,这两种都属于机械式的被动服务。假如导游放弃休息陪客人购物,就属于超常服务。

超常服务项目很多,如在旅游途中遇上游客生日或者结婚周年纪念日,导游就可以根据旅行社事先掌握好的有关信息及时进行祝贺,代表旅行社为他们送上一束鲜花、一张贺卡、一个小礼品,甚至一个小型庆祝会,既是对当事人的祝贺,也可以借机让全团人员共同分享他们的快乐。又如,导游员在带团过程中或者为游客服务时,有时会遇到一些意想不到的事情,并给他们带来精神甚至肉体上的痛苦,能不能忍受这些痛苦,继续坚守岗位,就体现了导游人员的职业素养,也凸现了超常服务的宗旨。

例如,全陪小周在带团过程中,通过与游客的交谈得悉,旅游团的游客中有一对适逢结婚周年纪念日的戚姓中年夫妇,遂临时决定在当地某饭店的宴会厅内为他们举办一个小型的"结婚周年庆祝晚宴"。由于小周的细心安排,宴会的现场气氛十分热烈,参与者不停地走动、敬酒、说笑,向这对夫妇祝贺,整个大厅充满了喜庆的气氛。

宴会在热烈进行,一位服务员手托一盆刚出锅的热汤向主桌走去,但是由于桌子旁边敬酒的客人较多,服务员试了几次都没能把热汤上到餐桌上。这时站在戚姓夫妇旁边照应客人的小周看见了,赶紧走过去利索地接过汤盆,转身往桌上放。这时,沉浸在欢乐气氛中的戚先生突然从座位上站起来,准备向别人敬酒,一下子撞到了导游小周的身上。小周出于职业本能和潜意识的支配,将汤盆向自己身上拉来,高温的热汤泼到了她的胳膊上。顿时,小周感到剧痛钻心,但是她却强忍疼痛,不哼一声,脸上仍带着微笑,只是把汤盆迅速放到桌上,转身离开去了洗手间。

庆祝宴会还在进行,小周回到会场后继续忙着照顾客人们就餐,直到大家一一离席为止。当戚先生、戚夫人向导游道谢时才发现,小周的手臂上烫起了十几个水泡,红肿一片。大家问她为什么被烫的时候不说,小周回答,如果被烫时表现出反常的神情,便会影响现场喜庆的气氛。戚先生、戚夫人听后异常感动,半天都说不出话来。

6. 维护尊严原则

导游人员在对待游客的个别要求时,要坚决维护祖国的尊严和导游人员的人格尊严。对游客有损国家利益和民族尊严的要求,一定要断然拒绝、严正驳斥;对游客提出的侮辱自身人格尊严或者违反导游人员职业道德的不合理要求,有权拒绝。

综上所述,轻率地答应游客,又轻率地失信于游客,很容易引起误会并伤害游客的感情。导游员要像珍惜自己的人格形象一样珍惜自己的承诺,只有这样,才能受到游客的尊重和爱戴。另外,导游人员在带团时,对于个别游客站在敌对立场上进行的恶意攻击以及蓄意的诬蔑和挑衅,作为一名中国的导游人员要严正驳斥,驳斥时要理直气壮、观点鲜明、立场坚定,必要时可以报告有关部门,查明后严肃处理。

当游客对导游提出个别要求时,导游人员绝不能用"我肯定可以为您办好这件事!"或者"我办事您绝对可以放心!"作为回复,万一导游人员在办理游客要求的过程中出现问题,或者办不成,就很容易陷入尴尬的局面。建议导游人员在接受游客的请求时,最好采用"我没把握,但是我可以试试看!"或者"我尽力而为吧!"的语气。但是导游人员一定要真心诚意地对待和处理游客的要求,如果万一因种种原因而无法办到时,要及时告知游客,说明理由,并诚恳地向游客表示歉意,使客人能够理解。

第二节　常见游客个别要求的处理

合理处理游客的个别要求,是一个合格导游人员必须具备的能力。游客来自世界各地,他们的个别要求五花八门,这就为导游人员的处理工作带来了很大的难度。可以说,灵活而又不失原则地处理游客提出的各类要求,是体现导游服务质量的关键之一。

一、餐饮、住宿、娱乐、购物等方面个别要求的处理

食、住、行、游、购、娱是旅游活动的主要组成部分,其中食、住、娱、购也是旅游行程得以顺利进行的基本保证。游客在生活、娱乐方面的要求比较多,这是因为吃好、休息好是游客最基本的需要,而娱乐活动则起着锦上添花的作用。导游人员应该高度重视游客的个别要求,认真、热情地设法予以满足。

1. 餐饮方面个别要求的处理

俗话说得好:"民以食为天。"跨国界、跨地域的游客对餐饮的要求各不相同,因餐饮问题引起的游客投诉屡见不鲜。下面就常见的六种情况来讲述导游人员面对此类要求时的处理方法。

(1)对特殊饮食要求的处理

由于宗教信仰、民族习俗、生活习惯、身体状况等原因,来自不同国家、地区的游客会在饮食方面存在不同的禁忌或者提出种种特殊要求。例如,素食主义者往往不吃荤腥、油腻食品;患有胃、肠道疾病或者消化能力不好的游客禁食辛辣、刺激食品;回族人不吃猪肉或者特定肉禽类;敏感体质的游客甚至不能吃盐、糖、味精、鸡蛋、海鲜;等等。导游人员一定要注意各类游客的饮食禁忌,并对游客提出的特殊要求针对性地区别对待。

①事先有约定。如果游客所提的要求在旅游协议书中有明文规定,接待方旅行社应早作安排,地陪在接团前应该检查落实的情况,不折不扣地一一兑现。

②抵达后提出。如果旅游团抵达后或者到达定点餐厅之后,临时提出要求,则需视具体情况进行处理。一般情况下,导游人员应该立即与餐厅联系,在可能的情况下尽量满足游客的要求;如果情况复杂,确实有现实困难而满足不了其特殊要求时,导游人员应该仔细向游客说明情况,协助游客自行解决。如建议游客到零点餐厅临时点菜或者带其去附近的餐馆(最好是旅游定点餐馆)用餐,但是餐费自理,原餐费不退。

(2)要求换餐

在旅游过程中,游客要求换餐的要求时有发生。有时,部分外国游客不习惯中餐的口味,在几顿中餐后要求改换成西餐;有时,一些外地游客想品尝当地的特色小吃,要求改换成风味餐。导游人员在面对诸如此类的要求时,处理过程中要考虑如下几种情况:

①留意是否有充足的时间换餐。如果旅游团在用餐前三个小时提出换餐的要求,导游人员应该尽量与餐厅取得联系,但是需事先向游客讲清楚,如能换妥,餐饮差价由游客自付。例如,某国际旅行社的全陪小孙带领一个来自德国的12人旅游团在河北省境内的小五台山自然保护区旅游,一路上相处十分愉快。随团每餐的中国菜肴都十分丰盛,而且菜式多样,每道菜都没有重复。但是一日晚餐过后,有一位游客对小孙说:"你们的中国菜很好吃,我每次都吃得很多,不过今天我的肚子有点想家了。你要是吃多了我们的黄油和面包,是不是也会想念中国的大米饭?"旁边的游客听后也笑了起来。虽说是一句半开玩笑的话,却让小孙深思。晚上,小孙提前与饭店餐厅进行了沟通,说明了游客的情况,提出第二天安排一顿西餐的要求,该饭店的餐饮部门表示一定予以配合。第二天,当游客发现晚餐吃西

餐的时候,个个面露微笑,兴奋地鼓掌,对小孙的细致服务给予了高度的评价和赞扬。[1]

②询问餐厅能否提供相应的服务。如果计划中的供餐单位不具备供应西餐或者风味餐的能力,应该考虑更换餐厅。

③如果是在接近用餐时间或者到餐厅后提出换餐要求,应该视情况而定:如果该餐厅有该项服务,导游人员应该协助解决;如果情况复杂,餐厅又没有此项服务,导游人员一般不应该接受此类要求,但是应向游客做好解释工作。

④如果游客仍坚持换餐,导游人员可以建议其到零点餐厅自己点菜或者单独用餐,并告知因此产生的餐饮费用自理,原餐费不退。

（3）要求单独用餐

由于旅游团的内部矛盾或者其他原因,个别游客提出要单独用餐。此时,导游人员要耐心解释,同时告知领队并请其出面进行内部调解;如游客坚持,导游人员可以协助与餐厅联系,但是餐费自理,并告知综合服务费不退。

由于游客外出自由活动、访友、疲劳等原因不能随团用餐时,导游人员应该同意其要求,但是要告之游客餐费不退。

（4）要求在客房内用餐

在一些情况下,个别游客因生病或者身体不便,不能到餐厅与其他游客一起用团餐时,导游人员或者饭店服务人员应该主动将饭菜送入游客房间以方便其用餐,并表达关怀、问候之情。但是,如果是健康的游客希望在客房用餐,应该视当时的具体情况处理:如果餐厅不能提供此项服务,应该告知游客;如果餐厅能提供此项服务,可以满足游客的要求,但是必须提前告知此项服务的收费标准。

（5）要求自费品尝风味

游客要求外出自费品尝风味,导游人员应该予以协助,可以由旅行社出面,也可以由游客自行与有关餐厅联系订餐。风味餐订妥后,游客临时改变主意而不想前往时,导游人员应该予以规劝,建议他们在约定时间前往餐厅,并说明如果不去用餐的话,须赔偿餐厅的损失。另外,如果导游人员与游客一同品尝自费风味餐,在用餐过程中则一定要注意:这种情况下,游客是主人,导游是客人,席间一定要客随主便,绝不能反客为主。

例如,秦皇岛的导游小王接待了一个北京团,由于其服务热情周到,小王与游客们相处得非常融洽。一天,吃过晚饭后,有几位游客找到小王,表示想去品尝一下秦皇岛当地的海鲜,并让他推荐一家好的饭店,同时热情地邀请他同行。小王盛情难却,也觉得这是和游客沟通的好机会,就带着游客来到一家非常实惠的饭店。在用餐过程中,小王也和带团时一样,十分照顾在座的几位游客,不但忙前忙后的点菜、叫酒,还热情地招呼大家吃好、喝好。可是,小王发现那几位游客对他的态度忽然变得很冷淡,席间的气氛也越来越僵,最后竟然不欢而散。事后,小王反思良久,终于顿悟:自己在与客人吃自费风味餐的时候,没有摆正自己的位置,仍然以主人自居,过分热情地招待客人,反客为主,这是造成不欢而散的直接原因。[2]

---

①　资料来源:孔永生.导游细微服务.北京:中国旅游出版社,2007。

②　资料来源:孔永生.导游细微服务.北京:中国旅游出版社,2007。

（6）要求推迟就餐时间

游客因生活习惯不同，或者在某旅游地游兴未尽等原因要求推迟用餐时间时，导游人员可以与餐厅联系，视餐厅的具体情况处理。一般情况下，导游人员要向旅游团说明餐厅有固定的用餐时间，劝其入乡随俗，过时用餐需另付服务费。如果餐厅不提供过时用餐服务，则最好按时就餐。

（7）要求增加菜肴、饮料

在团队用餐过程中，如果个别或者少数游客提出要求增加新的菜肴、酒水或者饮料，导游人员应该尽量满足其要求，但是需要向游客说明由此产生的额外费用需游客自理。

（8）要求不随团用餐

当游客提出不随团用餐的要求时，导游人员首先要问清原因，一般情况下可以满足其要求，但是需要对游客讲明在别处用餐产生的费用自理，原餐费不退。

2.住房方面个别要求的处理

在旅游的过程中，饭店可以说是游客临时的家。对于游客在住房方面提出的各种要求，导游人员一定要视情况进行妥当处理，尽力协助解决。

（1）要求调换饭店

团体游客到一地旅游时，享受什么星级的饭店住房在旅游协议书中有明确规定，比如在什么城市，下榻于哪家饭店，住什么标准的客房等都写得清清楚楚。所以，接待旅行社向旅游团提供的客房低于或者高于标准，或者用同星级的其他饭店替代协议中标明的饭店，游客都会提出异议。

如果接待社未按照协议书要求安排饭店，或者协议中的饭店确实存在卫生、安全等问题而致使游客提出调换饭店的要求时，导游人员应该随时与接待社联系，接待社应该负责予以调换。如果确有困难，则按照接待社提出的具体办法进行妥善解决，并且要向游客提供有说服力的理由，同时提出补偿的条件。

（2）要求调换房间

在调换房间时，根据游客提出的不同缘由，导游人员要注意选择不同的处理方法。归纳起来，可以分为以下几种情况。

①由于房间不干净（如有蟑螂、臭虫、老鼠等）的原因，游客提出换房要求时，导游人员应该立即予以满足，必要时可以调换饭店。

②由于客房设施尤其是房间卫生达不到清洁标准时，导游人员应该立即通知饭店客房服务员进行打扫、消毒工作。如果游客仍不满意，坚持要求换房，导游人员应该与饭店有关部门联系，尽量予以满足。

③游客对房间的位置、朝向、楼层等不满意，要求调换另一朝向或者另一楼层的同一标准客房时，如果不涉及房间价格并且饭店有空房的情况下，导游人员可以与饭店客房部联系，适当予以满足，或者请领队在团队内部进行调整。如果因现实情况，游客的换房要求无法满足时，导游人员应该向游客进行耐心解释，并向游客致歉。

例如，某旅行社的全陪小盛所带的旅游团经过近6个小时的颠簸，总算从河北省的雾灵山风景区抵达了本次行程的最后一站——S市，小盛也由全陪变成了全陪兼地陪。游客们拖着疲惫的身体下了车，进入下榻的饭店——一家建造于30年前、计划经济时代专门用于接待国内一些领导干部的饭店。该饭店占地大，环境也很幽雅，是一家地地道道的老饭店。

然而,游客进入客房后不久,就有几位跑来抱怨:这个说客房冷气不足,那个说客房太潮湿,还有的说客房没有热水……纷纷要求换房。当时正是旅游旺季,小盛非常清楚这个时节饭店的客房供需状况。怎么办呢?他先来到反映有问题的几件客房查看,发现冷气不够是因为游客刚刚进入客房,冷气才打开不久,且温度开关没有调到位;客房潮湿,是因为这个房间刚刚打扫完毕,拖地之后的湿气还没有及时散去;而房间内没有热水,是因为热水龙头坏掉了。小盛心想:"水龙头坏了可以修,冷气不够可以多开一会儿,有湿气的房间可以多通一会儿风,客房不一定要调换。"于是,小盛首先把一系列问题造成的原因详细地解释给客人听,诚恳地说明旅游旺季难免会有一些小问题,敬请游客谅解;接着,她主动陪着反映冷气不够、房间潮湿的客人在自己的房间喝茶、聊天,直到他们所在的房间没有任何问题了,才又亲自照顾这几位客人进房。问题总算得以圆满解决,游客也表示了对她工作的理解和支持。[①]

④游客要求住高于合同规定标准的房间时,如果有,导游人员可以予以满足,但是需要向游客说明新房间的收费标准,告知游客需要支付原房间的退房损失费,并补齐换房后产生的房费差价。

（3）要求住单间

通常情况下,团队游客旅游过程中的住宿一般安排住标准间或者三人间。住标准间的客人要求住单人间时,如果饭店有空房可以予以满足,但是房费差价和其他损失自理;住同一标准间的游客,由于生活习惯不同或者因为关系不融洽与同室游客之间闹矛盾而要求住单间时,导游人员应该首先请领队出面调解或者进行内部调整,如果调解不成、饭店有空房的情况下,可以满足其要求,但是导游人员必须事先说明:房费由游客自理(一般由提出方付房费),并且原房费是不退的。

例如,邯郸某旅行社的地陪小赵接待了一个18人的团队,12男6女,于是便订了9个标准间。等客人入住的第二天,却发生了一件意想不到的事。一位女游客找到小王,因为与同住的游客合不来,希望住单间。小赵和领队商量是不是和别的女游客调换一下,但是这位客人性格有点怪异,其他人也不愿意和她住在一起,而她自己也坚持一个人住一间房。小赵讲清她提出的住单间必须自己付房费,而原房费不退。虽然这位游客不太高兴,但是最后还是答应了。[②]

（4）要求延长住店时间

由于某种原因(如生病、访友、改变旅游日程等)而中途退团的游客提出延长在本地的住店时间。这种情况下,导游人员可以首先与饭店联系,如果饭店有空房,可以满足其要求,但是延长期内的房费由游客自付;如果原住饭店没有空房,导游人员可以协助联系其他饭店,房费由游客自理。

（5）要求购买房中物品

如果游客看中客房内的某种摆设或者物品而提出购买要求时,导游人员应该积极协助,并且与饭店有关部门联系,尽量满足游客的要求。

---

3. 娱乐活动方面个别要求的处理

目前，在一些旅游景区或者旅游城市兴起了各种类型的歌舞表演热潮，这对于丰富游客的夜生活、改变"白天看庙，晚上睡觉"的旅游习惯无疑是有益的。有些表演（如丽江古乐、九寨沟藏羌歌舞）以及各地的地方戏剧表演等确实很有特色和魅力，值得一看；但是也有一些表演格调不高或者鱼龙混杂。由于行业竞争激烈，部分表演场所会以高额回扣的方式吸引导游人员组团观看，比如对外售票 150 元/人，而实收 30～60 元/人，价差由导游与司机私分。这些表演多属计划外，有些导游人员为了获得回扣，往往很卖力地作为自费项目来推销，千方百计地诱导游客观看。

客观地讲，对于好的表演，客人是愿意掏钱的，导游人员可以如实地推介，让游客自由选择，但是绝不允许导游人员以强迫或者欺骗的方式诱导客人观看表演，也不能因为观看表演的游客人数少，导游人员就不给游客好脸色，甚至降低接待标准和服务质量。一般来说，游客在文娱活动方面的个别要求主要表现为下列几种方式。

（1）要求调换计划内的文娱节目

凡是在计划内注明有文娱节目的旅游团，一般情况下，导游人员应该按照接待计划准时地带领游客到指定娱乐场所观看文艺演出。如果游客提出调换节目，地陪应该针对不同情况，本着"合理而可行"的原则，作出如下处理。

①如果全团游客提出更换，导游人员应该与接待社计调部门联系，尽可能调换，但是不要在未联系妥当之前许诺；如果接待社无法调换，导游人员要向游客耐心作好解释工作，并且说明票已订好，不能退换，请其谅解。

②如果旅游团中的部分游客要求观看别的演出，导游人员可以协助解决，具体处理方法同上。

③如果决定分路观看文娱演出，在交通方面，导游人员可以作如下处理：如果两个演出点在同一线路，导游人员要与司机商量，尽量为少数游客提供方便，送他们到目的地；如果不同路，导游人员则应该为他们安排车辆，但是车费自理；导游人员应该陪同那些观看计划内演出的游客。

例如，小邢带团到河北石家庄五岳寨旅游，根据旅游行程安排，在抱犊寨的第一天晚上观看当地风情文艺演出。当天行程结束后，地陪已经买到了演出票，但是这时几个游客提出要去看另外一场篝火晚会表演。这两场表演同时开始，而且不在一个方向。小邢赶紧退掉了这几位游客的风情文艺演出票，并安排客人在当地山民的带领下前去参加篝火晚会，自己则跟着"大部队"一起观看了当地的风情文艺表演，游客们对小邢的服务都很满意。

（2）要求自费观看文娱节目

当游客提出要自费观看文娱节目时，只要时间允许，导游员应该积极协助游客，尽量满足其愿望。以下两种方法，导游人员可以酌情选择。

①与接待社有关部门联系，请其报价。导游人员将接待社的对外报价（其中包括节目票费、车费、服务费）报知给游客，并逐一解释清楚。如果游客认可，请接待社预定，导游人员要陪同游客前往，并且事后将游客交付的费用上交接待社并将收据交给游客。

②协助解决，提醒客人注意安全。导游人员可以帮助游客联系购买节目票，请游客自己乘出租车前往，一切费用由游客自理。但是，导游人员应该提醒游客注意安全，随身带好饭店的地址。必要时，导游人员可以将与自己联系的电话告诉游客。

如果游客执意要去大型娱乐场所或者情况复杂的场所,导游人员必须要提醒游客注意安全,必要时应该陪同前往。

（3）要求前往不健康的娱乐场所

游客要求前往不健康的娱乐场所或者过不正常的夜生活时,导游人员应该断然拒绝并介绍中国的传统观念和道德风貌,严肃指出不健康的娱乐活动和不正常的夜生活在中国是禁止的,属于违法行为。

例如,有一位男导游接了一个印度尼西亚的旅游团,团里有位游客非常活跃,只要有这个人在场,整个团队的气氛就显得轻松愉快,导游也从内心感谢这位游客无形中给予的支持。一天,当天的日常游览结束后,一进饭店,这位先生就把导游悄悄叫到一边,要求导游带他去"按摩"。导游明白他的真正用意,回答道:"先生,我曾经向全体客人讲过,一切不健康的活动在中国内地都是被禁止的。所以,我不能满足您的要求。请见谅!"这位游客从随身的钱夹中取出50美金,对导游说:"也许帮忙是需要报酬的。如果你能帮助我,我会再次酬谢你的。"导游告诉他:"如果你有什么困难,我一定会竭尽全力帮助您,但是我不能做违背导游人员职业道德的事情,更不能做违法的事情,请您理解。如果您晚上想出去散散心,我可以陪您去逛逛夜市。"话说到这里,那位游客也就不再勉强了,讪讪地说了两句之后就离开了。[①]

4．购物方面个别要求的处理

购物,是旅游团的一项重要活动,也是游客出门旅游的重要需求之一。游客每到一地都会希望购买一些旅游纪念品以及当地的土特产品等,或者馈赠亲友,或者自己留存。这时,游客往往会有各种各样的特殊要求,导游人员要不怕麻烦、不图私利,设法予以满足。

游客在购物之前,一般会向导游人员征询意见、了解情况。在购买中也会向导游人员详细了解商品的性能、特色及售后服务的有关规定,请导游人员帮助其挑选商品。导游人员在介绍商品时,一定要客观、公正,不要为了回扣而丧失职业道德,诱导游客购买质次价高的商品。作为导游人员,一定要从国家、旅游市场、游客和导游人员自己的根本和长远利益来认识"旅游回扣"的问题。

例如,某旅行社女导游小吴接待了一个来自陕西的团队。由于小吴聪明漂亮,服务又热情周到,在整个旅游过程中,深得游客的信任和好评。一天,小吴带领游客来到一个瓷器商店,其中一位游客在小吴的劝说下购买了一套价值600元的瓷器,而且商家还说是看在导游的面子上才打了六折。等到游客都坐上车准备离开时,导游小吴还没有上车,于是那位购买了瓷器的游客就热心地下车去寻找。在商店的办公室门外,这位游客听到了小吴洋洋得意的声音:"真是个傻帽儿! 让他出六百就出六百,如果客人都像他这样,那我可就赚翻了,嘻嘻!"这位游客听到这儿,一句话也说不出来,当时就愣在了那里。[②]

在这个案例中,导游小吴不顾游客的利益,诱导游客购买质次价高的商品,虽然从表面上看导游似乎占了便宜,但是她却伤了游客的心,失掉的是自己作为导游人员的信誉和威信,可谓是"贪小便宜吃大亏"啊! 导游从业人员一定要以此为戒,时刻提醒自己考虑和处理问题应该以客人的根本利益为出发点,善于换位思考,将心比心。

---

① 资料来源:孔永生.导游细微服务.北京:中国旅游出版社,2007。

② 资料来源:根据"中国旅游网"资料整理。

一般来说,在购物方面游客的个别要求可以归纳为以下几种情况。

（1）要求不参加团队计划内的购物安排

这种情况很常见,一般是客人返程途中感到饥饿、不适或者疲劳交织,导游人员安排的购物次数过于频繁或者单调,引起游客的反感,致使游客到达购物点之后不再下车,甚至直接表示拒绝购物。这时,导游人员首先要清楚,在旅途中客人购物完全自愿,旅行社和导游人员都不能强求;其次导游人员对购物的安排要科学、有序,原则上不要把每天一次的购物集中到最后一两天再安排。另外,购物不要过于频繁,两处购物点的车距最好不少于两小时。当然,导游人员在热情服务的前提下,应该如实地告诉客人自己的困难(按照旅游合同和旅行社的要求,必须到购物点签单,并且请游客能够理解和配合)、如实地告知游客每个购物点商品的特色,大多数游客是能够配合导游人员完成签单任务的。

（2）要求单独外出购物

在旅游过程中,有些游客可能不愿意跟随旅游团进行购物活动,而提出想要单独外出购物的要求。这个时候,导游人员应该针对性进行处理,具体情况如下:

①自由活动时间内,导游人员要尽力帮助,当好购物参谋,如建议去哪家商场、联系出租车、写中文便条等。

②在离开本地当天,导游人员要劝阻游客,以防出现误机(车、船)的情况。

（3）要求退换商品

游客购物后发现产品存在问题或者对产品不满意,提出退换已购商品的要求,导游人员应该积极协助,必要时陪同前往,以维护我国的商业信誉和良好的形象。通常情况下,导游人员的正确做法包括:

1）积极协助退换

游客在旅行社的合同商店购物后,发现该商品是残次品、计价有误或者对其颜色、式样等不满意,要求导游人员帮助退换,导游人员绝不能以“商品售出,概不退换”之类的话搪塞、推托,也不得以其他借口拒绝退换,而应该积极协助,尽可能地满足游客的要求。

2）建议鉴定真伪

游客以“假货”、“赝品”为理由要求退货时,导游人员可以建议其到专门的鉴定机构鉴定商品的真伪。如果鉴定后,印证了商品确实是假货或者赝品,该购物商店必须承担全部责任;如果鉴定之后证明商品是真品,费用则由游客支付。

例如,一个新加坡旅游团在 Q 市由地陪小李接待。下午参观某佛寺后,小李介绍大家去一家珍珠馆并说:“店主是我的好友,保证价廉物美。”在珍珠馆,一位女士对标价为 4000元的项链产生了兴趣。小李立即热情介绍识别珍珠的方法,并为其讨价还价,终以 900 元成交。次日,女游客手持珍珠项链,告诉小李:“经鉴定它是残次品。”同时,强烈要求小李帮其退掉。小李表示项链不可能是残次品,也不可能退换。上午参观结束后,小李又带全团去了一家工艺品商店⋯⋯①

显然,地陪小李在新加坡旅游团购物过程中做错了不少事:①带旅游团到非定点商店购物,违反纪律;②介绍商品不实事求是,以次充好;③拒绝帮助游客退换假珍珠项链,还强词夺理;④强行推销、多次安排购物⋯⋯其一系列行为,已经严重影响了游客在 Q 市的游览

---

① 资料来源:根据“河北旅游网”资料整理。

效果,作为导游人员,一定要引以为戒,绝不能犯和地陪小李一样的错误。

除了上面所说的两种情况以外,如果经鉴定,确认商品是真品而游客仍然坚持退换,导游人员应该协助其向商家要求退换。但是,不是所有的商品都是可以退换的,例如穿过的鞋子、弄脏了的衣物就不能退换。对此,游客应该自律,而导游人员应该讲清道理。

(4)要求再次前往某商店购物

在导游人员带团进行购物活动的过程中,可能会出现个别游客欲购买某一商品,出于"货比三家"的考虑或者对于商品价格、款式、颜色等犹豫不决,当时没有购买,后来经过考虑又决定购买,要求导游人员给予帮助。对于这种情况,导游人员应该热情协助。如果有时间可以陪同前往,但车费由游客自理。如果因故不能陪同前往,对于境外游客,导游人员可以为游客写张中文便条,写清商店的地址以及游客欲购商品的名称、颜色、型号等信息,请其乘坐出租车前往购买。

(5)要求购买古玩或者仿古艺术品

由于古玩或者仿古艺术品的特殊性,在游客提出希望购买古玩或者仿古艺术品的要求时,导游人员应该予以重视,例如,对于境外游客,应及时向他们讲清国家的有关规定。具体的处理方法视当时实际情况而定,一般包括以下几种。

1)劝阻游客去地摊购物

导游人员在饭店或者旅游车上要向游客讲明:如果希望购买古玩和仿古艺术品,应该去正式的纪念品商场或者文物商店,并建议不要去地摊购买此类商品,以免上当受骗。

2)建议保存发票和火漆印

游客在纪念品商店或者文物商店购买了古玩和仿古艺术品,导游人员应该建议他们保存好发票,以备不时之需。如果游客所购物品上有火漆印,导游人员可以给予祝贺,说明其买到了真正的文物,但是同时也要交代给游客在离境之前不要去掉火漆印,因为对古玩和仿古艺术品出境,中国海关有明确规定——须凭文物外销发货票和中国文化行政管理部门钤盖的鉴定标志(火漆印)放行,如果没有,就会遇到麻烦。

3)提醒去文物部门鉴定

如果有游客告诉导游人员,其接受了朋友赠送或者友人帮其在民间购得古玩、古字画、已逝现代大画家的作品、大书法家的墨宝时,导游人员一定要提醒该游客去文物部门对物品进行鉴定并取得鉴定证书。同时,导游人员还应该明确告诉游客,上述物品中国海关凭鉴定证书和许可出口证明放行,若无证明,一概不准出境。如果游客不听从导游人员的建议,不去文物部门进行鉴定,导游人员必须及时报告有关部门。

4)阻止文物走私

导游人员如果发现个别游客有走私文物的可疑行为或者倾向,必须暗中仔细留意和观察,游客一有不法动作应该及时报告有关部门。

(6)要求购买中药材

在中国内地旅游期间,有些游客想购买一些中药材并携带出境。导游人员应该及时告知游客中国内地海关的有关规定。比如,旅客携带中药材、中成药出境,前往国外的,总值限人民币 300 元;前往我国港澳地区的,总值限人民币 150 元。麝香不准出境,犀牛角和虎骨不允许入(出)境。

（7）要求代办托运

当游客在外汇商店购买了大件或数量较多的商品，不方便随身携带出境时，导游人员应该向其说明，一般的商店都经营托运业务。如果商店无托运业务时，导游人员要协助游客办理托运手续。

游客欲购买某一件商品，但因当时无货而向导游人员提出代为购买并托运的要求时，导游人员一般应该婉拒；实在推托不掉时，导游人员要请示旅行社领导，一旦接受了游客的委托，导游人员应该在领导指示下认真办理委托事宜。一般情况下，具体的处理办法包括以下几个步骤：①收取足够的钱款（余额在事后由旅行社退还委托者）；②办成之后，将购物发票、托运单及托运费收据复印两份；③购物发票、托运单及托运费收据的原件寄给委托人；④旅行社保存一份相关票据的复印件，以备查验；⑤导游人员自己保存一份相关票据的复印件，以备不时之需。

例如，某旅游团中一位重要客人，很想购买一件文物的复制品，但是直到出境前仍未购到。经商议，他给导游员小张留下款项，请代为购买。当时小张按照处理委托代买要求的服务原则，婉拒了客人的要求，并诚恳解释了拒绝的原因：主要是因为文物不比一般商品，存在很大的不确定性，所以还是建议由客人本人亲自挑选、购买更为妥当。如果需要的话，小张可以陪同客人前往。这个案例中，小张的处理方式符合代办托运的具体要求，是比较恰当的做法。①

二、要求中途退团或者延长旅游期限的处理

1. 中途退团的处理

游客要求中途退团，多数是因本人患病或者家中有急事，少部分是对接待质量不满所致。具体处理如下。

（1）因特殊原因提前离开旅游团

游客因患病、家中出事、工作急需或者其他特殊原因，要求提前离开旅游团或者中止旅游活动时，经接待方旅行社与组团社协商后，可予以满足。至于未享受的综合服务费，按旅游合同或者旅游协议书的规定，可以部分退还或者不予退还。

例如，某旅行社导游员小郭接待一个来自西班牙的旅游团，该团原计划于2009年11月27日飞抵D市。11月26日晚餐后不久，领队安德烈先生陪着一位女士找到小郭说："朱莉塔小姐刚刚接到家里电话，她的母亲病故了，需要立即赶回旧金山处理丧事。"朱莉塔小姐非常悲痛，请小郭给予帮助。小郭在了解了具体情况之后，做了以下的处理：①表示哀悼，安慰朱莉塔小姐；②立即报告接待方旅行社，由其与国外组团社联系、协调后，满足了朱莉塔小姐的要求；③协助朱莉塔小姐办理分离签证，重订航班、机座以及其他的离团手续，所需费用由其自理；④朱莉塔小姐因提前离团未享受的综合服务费，由中外旅行社进行结算，最后按照旅游协议书中的规定或者国际惯例退还；⑤通知内勤有关变更事项。

从处理这件不常见的突发个案中，可以得出如下启示：

①冷静、灵活和有主见是导游人员的职业需要，也是正确处理事故和问题的必要条件。

②导游人员对突发事件和游客的遭遇表示强烈的关注和同情，但是没有将其与导游业

---

① 资料来源：根据"河北旅游网"资料整理。

务相混淆。导游人员代表旅行社为游客服务,处理问题的决定权一般在旅行社。

③对机票的处理。导游人员在了解确切情况后才与游客商量、解决问题,而没有用"试试吧!"这样模棱两可的话来应付游客。

④关于游客未享受的综合服务费问题,导游人员应该对游客讲清:旅行社会妥善解决这一问题,但是因于游客主动放弃,按规定不退还其费用。

⑤旅游团一旦决定提前回国,旅行社必须马上退车、退房和退餐,同时取消其他一切的预订事项。

⑥在处理类似的突发事件时,接待旅行社最好也出面与游客协商,并适当赠送一些慰问品。

（2）无特殊原因执意退团

游客无特殊原因,只是由于某个要求得不到满足而提出提前离团时,导游人员要配合领队做好说服工作,劝其继续随团旅游;如果接待方旅行社确有责任,应该设法弥补;如果游客提出的是无理要求,导游人员要做耐心解释;如果劝说无效,游客仍执意要求退团,导游人员可以满足其要求,但是应该告知其未享受的综合服务费不予退还。

外国游客不管因何种原因要求提前离开中国,导游人员都要在旅行社领导的指示下协助游客进行重订航班、机座,办理分离签证及其他的离团手续,所需费用游客自理。

综上所述,对于要求退团的游客,导游应该热情有礼地报请旅行社为游客安排返程事宜;对于持团体签证入境的游客,旅行社还应该为其办理分签手续;返程费用(包括订票、办证费用等)均由客人自理,而且由于不享受团队价,费用肯定比团队价高。同时,导游人员应该继续做好其他游客的服务工作,争取圆满地完成旅游接待计划。

2.延长旅游期限的处理

游客要求延长旅游期限,一般有以下两种情况:

（1）由于某种原因中途退团,但是本人继续在当地逗留需延长旅游期

对无论何种原因中途退团并要求延长在当地旅游期限的游客,导游人员应该帮其办理一切相关手续。对那些因伤、病住院,不得不退团并需延长在当地居留时间的游客,导游人员除了办理相关手续外,还应该前往医院探视,并帮助患者或者其陪伴家属解决生活上的困难。

（2）不随团离开或者出境

旅游团的游览活动结束后,由于某种原因,游客不随团离开或者出境,要求延长逗留期限,导游人员应该酌情予以处理:如果不需办理延长签证的,一般可以满足其要求;无特殊原因游客要求延长签证,原则上应该予以婉拒;如果确有特殊原因,需要留下但是需办理签证延期的,导游人员应该请示旅行社领导,向其提供必要的帮助。

①办理延长签证手续的具体做法。首先,游客到旅行社开证明;其次,导游人员陪同游客持旅游社的证明、护照及集体签证,到公安局外国人出入境管理处办理分离签证手续和延长签证手续,费用自理。

②如果离团后继续留下的游客需要帮助,一般可以帮其做以下工作:协助其重新订妥航班、机票、火车票、饭店等,并向其讲明所需费用自理;如游客要求继续提供导游或者其他服务,则其应该与接待社另签旅游合同。

③离团后的一切费用,均由游客自理。

例如,2007年7月,正值抗日战争爆发70周年纪念,一对日本老年夫妇进行了一次完美的保定四日游。行程即将结束时,老先生拉着地陪小田的手,要求小田将日程延后两天,并安排他们去冉庄地道战遗址。原来,老先生是名老军人,60多年前作为侵略军入侵过冉庄,几十年来,老人一直有个心愿:回故地看看,亲口向当地民众表达自己的忏悔之心。地陪小田得知详情后,立即将此情况报告给旅行社,在领导的指示下,解决了住房、重新确认了机票、收取了增补的费用,然后专程陪这对日本老年夫妇"故地重游",了却了老人的夙愿。在行程的最后,夫妇二人紧紧拉住小田的手,热泪盈眶。①

三、要求探视亲友、亲友随团活动的处理

1.游客要求探视亲友

游客到达某地后,如果游客要求会见中国同行、洽谈业务、联系工作等,导游人员可以向旅行社汇报,在领导的指示下给予积极协助;如果游客提出想会见党政部门的领导人或者社会知名人士时,导游人员在了解游客会见的目的后,应该上报旅行社,由旅行社报请有关部门决定是否同意会见。如果游客提出希望探望在当地的亲戚朋友,这可能是其到某地旅游的主要目的之一,导游员应该设法予以满足。

(1)一般处理方法

如果游客知道亲友的姓名、地址,导游人员应该协助联系,并向游客讲明具体乘车路线;如果游客只知道亲友的姓名或者某些线索,但是地址不详时,导游人员可以通过旅行社请公安户籍部门帮助寻找,找到后及时告诉游客并帮其联系;如果旅游期间没有找到,可以请游客留下联系地址和电话号码,待找到其亲友后及时通知他。

如果海外游客要求会见中国同行、洽谈业务、联系工作、捐款捐物或者进行其他活动时,导游人员应该向旅行社汇报,在领导的指示下给予积极协助;如果海外游客慕名求访某位社会名人,导游人员应该了解游客要求会见的目的后向旅行社领导汇报,按规定办理。

(2)应注意的事项

导游人员在帮助外国游客联系会见亲友或者同行时,一般不参加会见,没有担当翻译的义务。外国游客要求会见在华外国人或者驻华使、领馆人员时,导游人员不应该干预;如果游客要求协助,导游人员可以给予适当的帮助;如果外国游客盛情邀请导游人员参加使、领馆举行的活动时,导游人员应该先请示旅行社领导,经批准后方可前往。

2.要求亲友随团活动

游客到达某地希望会见亲友,但是时间有限又不舍得放弃旅游活动,因此向导游人员提出其亲友随团的要求时,导游人员要做到:

(1)首先要征得领队和旅游团其他成员的同意。

(2)与接待社有关部门联系,如无特殊情况,导游人员可以请旅行社派人前来办理游客亲友的入团手续。在其出示有效证件、填写表格、签定合同、交纳费用并获得旅行社开具的正式发票后即可入团。一般情况下,游客亲友在办完随团手续后,方可随团活动。

(3)如因时间关系无法到旅行社办理相关手续,可以电话与接待社有关部门联系,得到允许后代为查阅证件,收取相关的费用,并且尽快将收据交给游客。

导游业务

---

① 资料来源:根据"河北旅游网"资料整理。

（4）游客亲友入团后，如果需要增订宾馆床位、餐厅餐位和增购各种门票或者交通票据，旅行社会做出相应安排。导游人员对新来的"团友"应该一视同仁、平等相待。

（5）如果要求随团旅行的游客亲友具有外交官身份，应该享受相应的外交礼遇，对他们的接待则要严格按照我国政府的有关规定办理，导游人员不宜同意其随团，可以行程难以增订为理由婉言谢绝。如果要求随团旅行的游客亲友的身份是记者，导游应该报知旅行社请示政府宣传部门，获准后方可办理其入团的手续。

例如，某天早上，三河市大地旅行社的地陪小崔正在照顾所带旅行团的游客上车，看见一位不认识的老太太跟随旅游团的一位老先生上了旅游车，于是前去询问。老先生说老太太是他多年未见的妹妹，这次相见非常高兴，希望在河北期间能一起游览。但是，小崔认为老先生这样做是违反旅游合同的行为，要求让老太太下车，老人嫌小崔语气生硬、态度不友好，气愤地与之争执了起来。期间，地陪小崔一直不松口、不退让，坚持让老太太下车。最后，老先生指责小崔缺乏人性，生气地带着老太太下了车并表示，在河北期间将不再与旅游团一起活动。[①]

在此案例中，地陪小崔让老太太下车的决定是正确的，但是他没有向两位老人讲清楚游客亲友随团活动的有关规定，这是闹得不愉快的症结所在，而且小崔的语气显得生硬，交谈方法过于粗率、简单。

其实，对于这一类的个别要求，导游人员应该这样处理：①问清老太太的身份后，就向两位老人讲明游客亲友随团活动的有关规定并告知不办理随团手续、不缴纳费用的亲友不能随团活动，请老人谅解；②如果老人愿意办理随团手续，就先征得领队和其他游客的同意；③导游人员及时与接待社联系，请其报价；④经批准后，代旅行社查验老太太的身份证、代收费用，并向老人讲清收据在晚上或者第二天早上送来；⑤通知司机开车；⑥办理随团手续、缴纳费用后，游客的亲友就正式成为旅游团的成员，导游人员对他们应该一视同仁，热情接待，周到服务。

四、要求自由活动、临时活动的处理

一般来说，旅游线路安排中往往有自由活动的时间，集体活动时间内也有游客要求单独活动的。另外，游客还有临时活动的相关需要，导游人员应该根据不同情况妥善处理。

1. 应该劝阻游客自由活动、临时活动的几种情况

（1）旅游团计划去另一地游览，或者旅游团即将离开本地时，导游人员要劝其随团活动，以免误机（车、船）。

（2）治安不理想、复杂、混乱的地方，导游人员要劝阻游客外出活动，更不要单独活动，但是必须实事求是地说明情况。

（3）不宜让游客单独骑自行车去人生地不熟、车水马龙的街头游玩。到了中国这个"自行车王国"，有一些游客很想租辆自行车单独上街兜风，但是在人生地不熟、车水马龙的街头骑自行车存在不安全因素，导游人员要加以劝阻。同时，导游人员不能将自己的自行车借给游客，或者陪同个别游客骑车上街去游览市容。

（4）游河（湖）时，游客提出希望划小船或者在非游泳区游泳的要求，导游人员出于游客

---

① 资料来源：根据"新华网"资料整理。

安全的考虑,不能答应,更不能置旅游团于不顾而陪少数人去划船、游泳。

(5)游客要求去不对外开放的地区、机构或者禁区参观游览,导游人员不得答应此类要求,但是要向游客说明原因。

2.允许游客自由活动、临时活动时,导游人员应该做的工作

(1)要求全天或者某一景点不随团活动

由于有些游客已来某旅游地旅游多次,或者已游览过某一景点而不想随团活动,要求不游览某一景点或者一天、数天离团自由活动时,如果其要求不影响整个旅游团的活动,导游人员可以满足并提供必要帮助。

①提前说明如果不随团活动,无论时间长短,所有费用不退,需增加的各项费用由游客自理。

②告知游客用餐的时间和地点,以便其归队时用餐。

③提醒游客注意安全,保护好自己的财物。

④提醒游客带上饭店信笺或者联系卡片(卡片上注明饭店的名称、地址、电话)。

⑤针对境外游客,用中英文写张便条,注明游客要去的地点的名称、地址,并且可以附上一些常用的简短对话,以备不时之需。

⑥与游客交换彼此的手机号码或其他联系方式,以便联系。

(2)到游览点后要求自由活动

到某一游览点以后,如果有个别游客希望不按规定的线路游览而提出自由游览或者摄影的要求时,如果环境许可(游人不太多,秩序不乱),导游人员可以满足其要求。同时,导游人员要提醒游客集合的时间和地点以及旅游车的车牌号码,必要时给游客写张便条(注明集合时间、地点和旅游车的型号以及车牌号、饭店名称和电话、导游人员的手机号码),以备不时之需。

(3)自由活动时间或者晚间要求单独行动

有时,旅游团晚间没有团队活动,或者晚间活动结束回饭店时间还早,游客希望外出自由活动。除非当地的社会治安状况不佳,导游人员一般不应该阻拦,但是要做好提醒工作,即在晚饭结束未离席解散前或者在晚上回饭店的旅游车上,提醒游客注意以下几点:

①不要走得太远,不要太晚回饭店。

②不要到过于喧闹、混乱的场所游玩。

③不要随身携带贵重物品,保管好证件、财物。

④最好不要在小摊上购买食物。

⑤最好不要一个人外出。

⑥出门时随身带好饭店便笺或者联系卡片,必要时乘出租车返回饭店(告知游客出租车的计费方法)。

总之,允许游客自由活动时,导游人员一定要认真、细致地做好提醒工作,以确保游客的人身和财物安全。

五、转递物品或者信件的处理

由于种种原因,游客要求导游人员向有关部门或者其亲友转递信件、物品时,导游人员一般情况下应该婉拒,可以请游客自己到邮局办理;如果游客确有困难,需要导游人员帮助

时,在请示旅行社批准后,导游人员可以应允。转递物品和信件,尤其是转递重要物品和信件,或者向外国驻华使、领馆转递物品和信件,手续一定要完备。一般来说,应该按照下列程序处理:

(1)必须问清是何物,根据实际情况进行处理。

(2)请游客开具正式的委托书,详细注明物品的名称、数量、规格、价值等,并且请游客签名,附上身份证号码并留下详细的通信地址及联系电话。同时,写明收件人姓名、详细地址、联系方式。

(3)双方当面开箱清点物品(防止有毒品、枪支弹药等违禁品),清点无误后,当场密封并交给导游人员保管。导游人员不宜再让对方单独接触该物品,以防被中途调包。

(4)导游人员将物品交给收件人后,请对方开具收条并签名盖章,写明时间。

(5)导游人员将委托书和收条一并交由旅行社保管,以备后用。必要时,导游人员可以对相关原件进行复印,自己妥善保存。

(6)跨境旅游,导游员只能接受海关允许带入带出的物品,尤其不能超出规定的限额。如果转递的是应税物品,应该让委托人支付税款。

(7)由于食品保质期和保鲜期较短,容易变质,所以导游人员一般应该拒绝转递这类物品,请游客自行处理。

(8)如果是转递给外国驻华使、领馆及其人员的物品或者信件,原则上不能接收。在推托不了的情况下,导游人员应该详细了解情况并向旅行社领导请示,经请示同意后将物品和信件交由旅行社有关部门,由其负责转递。

例如,某旅游团离境前,一位老年游客找到全陪小李,要求他将一个密封的盒子转交其一位朋友,并说:"盒里是些贵重东西,我本来想亲手交给他的,但是他来不了饭店,我也去不了他家。现在,只得请你将此盒转交给我的朋友了。"小李为了使游客高兴,接受了他的委托,并认真地亲自将盒子交给了游客的朋友。可是,半年后,老年游客写信给旅行社,询问为什么李先生没有将盒子交给他的朋友。当旅行社调查此事时,小李说已经把盒子交给了老人的朋友了,并详细地介绍了整个过程。由于小李处理此事件的方法严重背离了处理客人转交物品的有关规定,旅行社领导严肃地批评了小李,并要全旅行社的导游人员引以为戒。[①]

六、其他方面个别要求的处理

游客其他方面的要求还有很多,如需要打字复印,想借用或者租用打字机,想请医生注射某种药剂,想修理某种日用品,想冲洗扩印胶卷,要求提供轮椅或者拐杖,等等。对于游客提出的种种要求,导游人员应该在导游服务基本原则的基础上,提供必要帮助,使游客的旅游活动能够顺利进行。为方便客人,导游人员可以向游客推荐多种服务方式,以适应其千差万别的旅游需求。

总之,导游人员身处第一线,在旅游服务中会遇到游客各种各样的要求,会遇到这样、那样的问题和困难。游客诸多的个别要求和问题的出现,将会给导游工作带来一定的困难,关键是在各类问题和困难面前,导游人员能否保持清醒头脑,正确处理和解决问题,同

---

① 　资料来源:根据"北京旅游网"资料整理。

时在思想上高度重视,尽量做到满足游客的各种合理性需求,真正实现向旅游者提供导游讲解服务和旅行生活服务,传播文化,当好民间大使,保护旅游者的人身、财产安全,努力维护旅游者的正当权益,确保他们高高兴兴旅游、平安满意回家的基本职责。

复习思考

1. 简述游客个别要求的含义。
2. 一般来看,游客的个别要求可以分为哪几种情况?
3. 游客个别要求的处理原则有哪些?
4. 游客餐饮方面个别要求包括哪几种情况?
5. 游客提出换餐要求时,在处理的过程中需要考虑哪几方面的问题?
6. 游客要求调换房间时,在处理的过程中需要考虑哪几方面的问题?
7. 游客向导游人员提出亲友随团要求时,导游人员要做到哪几点?
8. 简述导游人员在处理转递游客物品或者信件要求时的方法。

案例分析

　　某旅游团 17 日早上到达 K 市,按计划上午参观景点,下午自由活动,晚上 19:00 观看文艺演出,次日乘早班机离开。抵达当天,适逢当地举行民族节庆活动,并有通宵篝火歌舞晚会等丰富多彩的文艺节目。部分团员提出,下午想去观赏民族节庆活动,并放弃观看晚上的文艺演出,同时希望导游员能派车接送。

　　(资料来源:根据"中国旅游新闻网"资料整理)

　　针对此种情况,导游员应该怎样处理?应该做好哪些工作?

第七章　常见问题和事故的预防与处理

 学习目标

　　通过本章的学习，学生要熟记漏接、空接、错接、误机（车/船）、旅游安全等事故的定义；了解一般性常见问题和事故的类型及形成原因；掌握漏接、空接、错接的处理与预防；熟悉旅游活动计划和日程变更、误机（车、船）事故、证件或者钱物丢失、行李丢失、游客走失以及旅游安全事故的预防与处理的方法与相应步骤；了解游客患病、死亡问题等特殊情况的一般处理流程。

　　旅游活动无论计划得多么周密，都可能存在一些不可控因素。对游客而言，发生任何问题或者事故都是不愉快的，甚至是不幸的。因此，问题、事故一旦发生，导游人员必须当机立断，沉着冷静，必要时及时上报旅行社领导，在领导的指示下合情合理地处理相应的问题，力争将问题或者事故的损失及影响减少到最低限度。

第一节　常见问题和事故的处理步骤和防范措施

　　作为一名合格的导游人员，不仅要具备独立工作的能力、组织协调的能力，还应该具备处理和解决常见问题和特殊事故的应变能力。

　　游客旅游期间，往往会出现一些不尽如人意之事。当然，有时问题、事故的发生并不是导游人员的责任，而是由于种种客观的原因所造成，例如，天气原因致使飞机推迟或者延误；旅行社计调部门某个环节出了差错，导致漏接、空接和错接；交通堵塞，导致误机、误车；或者由于游客本身的原因，出现走失、丢失物品；游客突然摔伤、生急病、死亡等。这些虽然不是由于导游人员工作失误造成的，但却是对导游人员工作能力和独立处理问题能力的重大考验。

　　帮助游客解决问题、处理事故是导游人员的责任，不管什么原因、责任在谁，只要出了问题或者发生了事故，导游人员都必须全力以赴，认真对待，及时、果断、合情合理地进行处理。

一、常见问题和事故的类型

1. 旅游计划与日程变更事故

旅游计划和活动日程一旦商定,各方面都应该严格执行,一般情况下不会轻易更改。但是,有时一些天气突变、交通问题等不可预料的因素会迫使旅游计划、线路和活动日程变更,即形成旅游计划与日程变更事故。导游人员原则上应该按照旅游合同执行,遇到特殊的情况也无权擅自做主,需要上报旅行社酌情处理。

2. 漏接、错接与空接事故

(1)漏接

漏接是指旅游团(者)抵达后,无导游人员迎接的现象。无论是何种原因引起的漏接,都会造成游客抱怨、发火,导游人员面对这种情况时应该诚恳道歉,并且尽快消除游客的不满情绪,做好接下来的一系列工作。

(2)错接

错接是指导游人员接了不应该由他接的旅游团(者)的现象。错接属于责任事故,一般发生在首站。为预防此种事故的发生,导游人员应该提前到达接站地点,一旦看到旅游团应该尽快核实,做好接站工作。

(3)空接

空接是指由于某种原因旅游团推迟抵达某站,导游人员仍按原计划预订的班次或者车次接站而没有接到旅游团的现象。导游人员遇到这种情况,应该立即与旅行社有关部门联系,查明原因,及时作出反应。

(4)入境旅游团人数变更

导游人员在接待入境旅游团时,有时会出现游客实到人数与旅游接待计划不符合的情况,即入境旅游团人数变更的现象。导游人员应该随机应变,及时向旅行社有关部门反映现实情况,做好接下来的导游活动。

3. 误机(车、船)事故

误机(车、船)事故是指旅游团(者)没有及时赶上飞机(火车、轮船)的一种已成事故,即当游客赶到机场(车站、码头)时,飞机(火车、轮船)已经离开而导致其暂时滞留的现象。

误机(车、船)是重大事故,不仅给旅行社带来巨大的经济损失,严重时还会直接影响旅行社的声誉,影响游客顺利离境,而旅行社可能会因此被迫延长游客逗留本地的时间,或者被迫取消在本地的其他行程,花费更多的钱改用其他交通工具送走游客。导游人员要高度认识误机(车、船)的严重后果,杜绝此类事故的发生。

4. 游客安全事故

游客安全事故一般包括两种基本类型,即人身安全事故和财产安全事故。其中,游客人身安全事故又分为游客走失事故、游客患病或者受伤事故和游客死亡事故三种情况;游客财产安全事故可以分为证件丢失和财物丢失两种情况。

5. 游客越轨言行

游客越轨言行一般是指游客侵犯一个主权国家的法律和世界公认的国际准则的行为。外国游客在中国境内必须遵守中国的法律,若犯法,必将受到中国法律的制裁。游客的越轨言行属于个人问题,但处理不当却会产生不良后果。

6.其他事故

其他事故常指交通事故、火灾事故、治安事故等因突发性情况或者事件所引起的事故。导游人员在陪同旅游团（者）参观游览过程中遇到此类事故，必须保持冷静，坚决果断地进行处理，必要时要挺身而出保护游客，绝不能置身事外，更不得临阵脱逃。

二、常见问题和事故形成的主要原因

1.旅游计划与日程变更事故

旅游计划或者活动日程是按照旅游合同协议的内容制订执行的，一般不得轻易改动。旅游过程中出现旅游团（者）变更旅游路线，或者更改日程，一般有两种情况：旅游团（者）要求变更计划和日程或客观原因需要变更计划和日程，导游人员原则上应该按照旅游合同执行。

（1）旅游团（者）要求变更计划行程。在旅游过程中，由于种种原因，游客向导游人员提出变更旅游路线或者旅游日程时，原则上应该按照旅游合同执行；如果遇到比较特殊的情况或者变更要求是由领队提出时，导游人员也无权擅自做主，需要上报组团社或者接待社有关人员，经有关部门批准同意，并且按照其指示和具体要求做好变更工作。

（2）客观原因需要变更计划和日程。旅游过程中，由于特殊情况、客观原因、不可预料的因素（如天气、自然灾害、交通问题等）、不可抗拒的意外突发事件以及游客突然伤病等因素，需要变更旅游团的旅游计划。一般情况下，可以分为以下四种情况：

①缩短在某一地的游览时间。一般包括抵达时间延误、提前离开两种情况。

②延长某一地的旅游时间。

③活动时间不变，但是某一个景点被迫取消。

④游客到达后，要求取消本地的活动日程，或者取消下一站旅游目的地以及相关的活动日程。

2.漏接、错接与空接事故

（1）漏接

1）主观原因造成的漏接

①导游人员由于工作不细致，没有认真阅读接待计划，对旅游团（者）抵达的日期、时间、地点搞错。

②导游人员迟到，没有按照规定的时间提前抵达接站地点。

③导游人员没有查看变更记录，只是简单地阅读了接待计划，按照原计划去接站。

④导游人员没有核对最新的航班时刻表，特别是新、旧时刻表交替阶段，"想当然"地仍然按照旧时刻表上的时间去接站，因而造成漏接事故。

⑤导游人员举牌接站的地点选择不恰当，致使其与旅游团错过。

2）客观原因造成的漏接

①由于种种原因，上一站接待社将旅游团原定的班次或者车次进行了变更而导致其提前抵达，但漏发变更通知给下一站接待社而造成漏接。

②接待社已经接到变更通知，但是有关人员没有能及时通知该旅游团的地陪人员而造成漏接。

③司机迟到，未能按时到达接站地点而造成漏接。

④由于交通堵塞或者其他预料不到的情况发生,导致导游人员未能及时抵达机场(车站、码头)而造成漏接。

⑤由于国际航班提前抵达或者游客在境外中转站转乘其他航班而造成漏接。

(2)错接

错接是一种责任事故,出现错接的原因是多方面的,主要原因有:

①导游人员工作不认真、马虎。

②导游人员在接团时,没有问清游客的情况,凭经验和印象办事。

③旅行社布置的接待内容含糊、不规范。

④旅游旺季旅游团队多,容易搞错。

(3)空接

造成空接的原因很多,一般有以下几种:

①接待社没有接到上一站的通知。由于天气原因或者某种故障,旅游团(者)仍然滞留在上一站或者途中,而上一站旅行社并不知道这种临时的变化,没有及时通知下一站接待社。此时,全陪或者领队也无法通知接待社,因此,造成空接。

②上一站旅行社忘记通知。由于某种原因,上一站旅行社将该团原定的航班或者车次变更,变更后推迟抵达。但上一站有关人员由于工作疏忽,没有及时通知下一站接待社,造成空接。

③接待社收到了变更通知,但是没有通知地陪。接待社接到了上一站的变更通知,但接待社的有关人员没有能及时通知该旅游团的地陪人员,造成空接。

④游客本身的原因。由于游客本人生病、急事或者其他原因而临时决定取消旅游,因而没有乘坐飞机或者火车前往下一站,但是又没能及时通知下一站接待社,造成空接。

(4)入境旅游团人数变更

入境旅游团人数变更的原因主要是由旅游团自身原因造成的。一般表现为入境旅游团抵达时,入境旅游团的游客人数与旅游接待计划不符合而有所增、减的情况。有时会多出几个人,有时少几个人,有时男女性别与计划有出入,有时计划中是儿童,实到者却已超过12周岁。这些问题如果处理不好,将会给导游人员带来不少麻烦。

3.误机(车、船)事故

造成误机(车、船)事故的原因大致可以分为三类。

(1)客观原因导致的非责任事故

①由于游客方面的原因造成的误机(车、船)事故。例如,游客突然摔伤、重病、走失;领队和游客不同意导游人员安排的时间,坚持己见,一意孤行或者行李未到等情况造成的误机(车、船)事故。

②突发情况造成的误机(车、船)事故,如交通事故、严重堵车、交通工具发生故障等。

(2)主观因素导致的责任事故

①导游人员没有认真核对交通票据,将时间或者日期记错。

②离开当天的日程安排得过于紧凑,没有留出足够的时间赶赴机场、车站或者码头(尤其是在交通高峰期)。

③没有按照规定时间提前抵达机场、车站或者码头。

（3）有关人员工作失误造成事故

①旅游团所乘航班班次（车次）已变更，但有关人员没有第一时间通知导游人员。

②行李员迟到造成的误机。旅游团队的机票在旅行社行李员手中，而行李员因故迟到，不仅没有提前抵达机场办理行李运送手续，而且导游人员也无法带游客办理登机手续。

4. 游客安全事故

（1）人身安全事故

1）游客走失

在参观游览或者自由活动过程中，游客走失的情况时有发生。有时发生在参观游览中，有时发生在游客自由活动时。一般说来，造成游客走失的原因有以下四种：

①导游人员没有向游客讲清停车的位置或者景点内的游览路线。在一些大型的游览景点内，一般会有很多条旅游路线可以选择，如果导游人员工作不够细致，没有讲清楚游客应该走的路线，很容易造成本团游客跟随其他旅游团队走另外一条旅游路线，或者游客想当然地认为旅游车仍停在下车地点而顺原路返回，造成迷路走失的现象。

②游客对旅游区内的某种现象或者事物产生兴趣，或者在某处摄影滞留时间过长而脱离旅游团。比如，有些摄影爱好者对旅游景点的选景角度非常讲究，因此常规的停留时间不足以满足其要求，造成滞留时间过长而脱离团队，自己走失。

③导游人员的导游讲解能力欠佳，讲解内容不丰富、不精彩，又无针对性，不能够吸引本旅游团游客的注意力，导致游客对其他团队的导游讲解发生兴趣而随其他团队进行游览，从而脱离了自己的团队，造成走失。

④游客自由活动、外出购物时没有记清地址和路线，或者没有记清下榻饭店的名称和地址而走失。

2）游客患病或死亡

游客在旅游期间患病，主要是由于长途旅游的劳累、气候冷暖的变化、起居习惯的改变、水土不服等，尤其是年老体弱的游客更会常常感到身体疲惫与不适。在旅途中，游客突患急病、重病、病危甚至死亡的事情屡有发生。因此，为了避免或者减少此类事情的发生，导游人员应该做个有心人，在安排旅游活动时要充分考虑到游客的年龄、体质等方面的因素，做好各项服务工作。

（2）财产安全事故

游客财产安全事故主要包括证件、行李、财物的丢失，这类事故有些是由于游客个人的马虎大意造成的，有些是由于相关部门的工作失误造成的。财产安全事故不仅给游客带来直接的经济损失，还会给游客的旅游活动带来诸多不便，严重时甚至耽误境外游客离境。因此，一旦发生游客财产安全事故，导游人员要做到态度积极、头脑冷静、行动迅速、设法补救。

5. 游客越轨言行

来华游客中绝大多数人对我国怀着友好的情感，以游览观光、度假休闲、品尝美食、体验民俗生活为主要游览目的，并且尊重我国的法律和相关规定。绝大多数国内游客也是怀着对祖国大好河山的无比热爱，遵纪守法地在全国各地进行参观游览等旅游活动。但是，也有极少数的国内外游客对我国不友好或者敌对、对我国现行政策不满，甚至利用游客身份进行非法活动。因此，导游人员应该时刻保持警惕，坚定立场，维护国家的主权和尊严。

6.其他事故

其他事故一般包括交通事故、治安事故、火灾事故等类型。

（1）交通事故

交通事故是指车辆在道路上因过错或者意外造成人身伤亡或者财产损失的事件。交通事故不仅是由不特定的人员违反交通管理法规造成的，也可以是由于地震、台风、山洪、雷击等不可抗拒的自然灾害造成。我国的道路交通事故分为以下四类：

①轻微事故，是指一次造成轻伤1～2人；或者财产损失机动车事故不足1000元，非机动车事故不足200元的事故。

②一般事故，是指一次造成重伤1～2人；或者轻伤3人以上，或者财产损失不足3万元的事故。

③重大事故，是指一次造成死亡1～2人；或者重伤3人以上10人以下；或者财产损失3万元以上不足6万元的事故。

④特大事故，是指一次造成死亡3人以上；或者重伤11人以上；或者死亡1人，同时重伤8人以上；或者死亡2人，同时重伤5人以上；或者财产损失6万元以上的事故。

交通事故属于事先无法预料的突发性事故，事故一旦发生，后果往往不堪设想。轻者有惊无险，重者人员伤亡，给游客带来极大的损失和伤害。所以，尽量避免或者减少交通事故的发生，保障游客的安全是导游人员的责任。

（2）治安事故

在旅游活动过程中，遇到坏人的骚扰、行凶、抢劫、偷盗、诈骗等恶意攻击行为，或者出现群体挤压伤亡、放射性事故而导致游客身心健康及财产方面受到不同程度的损害，统称为治安事故。治安事故一旦发生，会扰乱和破坏正常的社会治安秩序、妨碍公共安全、造成严重的后果和社会影响，导游人员应该冷静处理，及时联系或者配合公安及相关部门，一方面保护游客的合法权益及人身安全，另一方面让违法犯事者受到应有的法律制裁。

（3）火灾事故

火灾是指在时间和空间上失去控制的燃烧所造成的灾害。在各种灾害中，火灾是最经常、最普遍地威胁公众安全和社会发展的主要灾害之一。旅游过程中发生火灾，后果十分严重，会给游客带来极大的损失和不幸。如果遇到这种情况，导游人员必须鼓励所有被困游客积极行动，不能坐以待毙，保持镇静，不要惊慌，不盲目地行动，选择正确的逃生方法。必要时，可以利用周围一切可利用的条件逃生。

三、常见问题和事故处理的一般步骤

作为一名合格的导游人员，不仅要具备独立工作的能力、组织协调的能力，还应该具备处理和解决常见问题和特殊事故的应变能力。问题和事故一旦发生，导游人员必须当机立断、沉着冷静、合情合理地进行处理，将损失和影响尽可能地降低。

一般来说，可以通过以下几个步骤进行处理：

（1）诚恳地道歉，实事求是地说明原因。

（2）做好安抚工作。

（3）立即与接待社联系，告知现状，查明原因。

（4）尽量采取弥补措施，使游客的损失减少到最低限度。

（5）必要时，请旅行社领导出面赔礼道歉，或者酌情给游客一定的物质补偿。

（6）耐心向游客进行解释，实事求是地说明解决的步骤与现在进行到的环节。

（7）写出完备的书面报告。

（8）事后进行详细记录，存入客史档案，以备日后查验。

总的来说，当事故发生以后，其善后工作将交由相关单位或者部门和旅行社的领导出面处理。导游人员在积极协助处理的同时，做好其他游客的安抚工作，力争按照原计划继续进行参观游览活动。待事故原因查清后，请旅行社领导出面，向全体游客说明事故原因和处理结果。当事故处理结束以后，需要有关部门出具有关事故证明、调查结果，导游人员要立即写出书面报告。

四、常见问题和事故的防范措施

1. 常见问题和事故的防范方针

旅游过程中的常见问题和事故的防范工作，应该贯彻和实行"安全第一，预防为主"的方针。"安全第一"是指在旅游活动中，安全处于首要地位。无论是旅游行政管理部门、旅游经营单位，还是旅游从业人员，都必须自始至终把安全工作放在首位，丝毫不得懈怠。对旅游行业来说，安全问题是一个十分敏感的问题，它不仅影响到旅游企业的形象和信誉，也关系到旅游业的生存与发展，可以说没有安全，就谈不上旅游业的发展。"预防为主"是指对于旅游活动中可能发生的安全事故，一定要把防范工作做在前，切不可等到安全事故发生之后再去补救。全国各级旅游行政管理部门、旅游企业和旅游从业人员都要切实增强旅游安全责任心，建立、健全各项旅游安全的规章制度，严格按照旅游安全规章制度去做，增强风险防范意识，切实清除一切安全隐患，真正做到"预防为主"。

"安全第一，预防为主"的方针要牢牢地贯穿在旅游接待的每一个环节中，具体做法如下。

（1）旅行社应该充分考虑影响安全的各种因素，合理安排旅游路线，制订周密的行程计划。在开展登山、汽车和摩托车拉力赛、狩猎、探险等特殊旅游项目时，旅行社相关部门要事先制订出周密的安全保护预案和急救措施，重要团队必须按照规定报有关部门审批。

（2）旅行社租用的运载游客的车辆，应该选择经营信誉好、管理水平高、各类保险齐全的旅游汽车公司的车辆，以及责任心强、技术过硬的驾驶人员，所租用的车辆应该符合有关行业标准，并与旅游汽车公司签订合同，明确旅行社与旅游汽车公司之间的义务和责任；对用于接待游客的汽车、游船和相关设施，要定期进行维修和保养，使其始终处于良好的状态。在运营前司机应该进行全面的检查，严禁带故障运行；导游人员在带团前应该详细查询车辆安全状况，及时提醒司机遵守交通安全规章制度，确保行车安全。

（3）带团或者为游客服务时，导游人员还应该向游客介绍必要的安全常识和相关的防范措施。提醒游客不要擅自进入危险区域，提醒游客看管好所带财物，防止发生丢失、被盗现象；及时了解并向游客介绍所在饭店的安全通道，以备发生紧急情况时安全疏散游客；注意防火、防盗、防意外事故发生。遇到有可能危及游客人身安全的紧急情况时，导游人员要灵活应变，在征求游客同意后，应该及时调整行程，并立即报告旅行社；遇到险情或者事故发生时，导游人员要沉着冷静，不擅离岗位，并迅速采取应急救援措施，及时将事故发生情况通知旅行社和有关部门，旅行社应该立即派人员赶赴现场，配合有关部门做好救援及善后处理工作。

(4)旅游服务人员对游客的行李要有完备的交接手续,明确责任,防止损坏或者丢失。

2.常见问题和事故的防范措施

不出事故或者少出事故是提高旅游服务质量的基本条件。为了把事故发生的可能性减小到最低限度,导游人员必须做好防范工作。常见的防范措施包括以下九个方面。

(1)树立强烈的服务意识和责任感

导游人员必须首先在思想上充分地认识到事故防范的必要性,加强责任心。一方面,导游人员的责任心来自于法律和行业规定的约束力量。《导游人员管理条例》第14条明确规定:"导游人员在引导游客旅行、游览过程中,应当就可能发生危及游客人身、财物安全的情况,向游客作出真实说明和明确警示,并按照旅行社的要求采取防止危害发生的措施。"导游人员应该将保护游客的权利和利益的责任放在最重要的位置。另一方面,导游人员的责任心建立在导游人员的自觉、自律、自愿的基础上,导游人员应该时刻牢记宾客至上、服务第一的服务宗旨,加强自己的服务意识与工作责任感,时时处处想着游客、关心游客。

(2)做好充分的准备工作

做好各方面的充分准备工作为导游工作的成功打下了良好的基础。"不打无准备之仗",其道理就在于此。一般来说,准备工作可分为业务准备、知识准备、心理准备、形象准备和物质准备五个方面。

1)业务准备

①研究旅游团和旅游接待计划。认真研究旅游团,了解旅游团的性质、接待等级和规格,旅游团的组成人员(阶层、职业、年龄、性别、宗教信仰、特殊要求以及需特殊照顾的对象等),记住旅游团的代号,了解旅游线路、交通工具及票证等,若是出境团,要弄清游客所持国际机票是 OK 票还是 OPEN 票,然后与旅行社计调、接待部门及其他有关部门联系。

②安排活动日程。引导和帮助游客作出最佳的选择和安排是导游人员的使命,导游人员要根据旅游接待计划着手安排旅游团在本地的参观游览活动日程。编制的日程表中要详细注明日期、出发时间、游览项目、就餐地点、风味品尝、购物、晚间活动、自由活动时间以及会见等其他特殊项目。

安排游览活动必须遵循下述原则:主要活动的安排必须适合旅游团的特点,体现本地特色并点面结合;要留有余地、劳逸结合;要兼顾参观、游览和购物等各项活动且不宜雷同。

日程安排不宜雷同,即上、下午的游览活动不能雷同,就是在不同地方的游览活动内容也不宜相同,因为这违背了"美在新奇"这一旅游审美活动的基本规律。时空虽异但审美对象大体如一的情况,对追新猎奇的游客来说不但不会强化,反而会冲淡其审美感受,甚至会招来抱怨。

③了解不熟悉景点的概况。对新的旅游景点及其他不熟悉的参观游览点,导游人员应该事先了解其概况,例如开放时间、理想的游览线路、休息场所、厕所位置等,这样做有利于参观游览活动的顺利进行。

2)知识准备

一个人的知识要靠长期的积累,导游人员的丰富知识绝非一日之功。在接待旅游团之前作知识方面的准备似乎过于仓促,但是,对一名新手或者业余导游人员来说,临阵磨枪还是必要的。一个人的知识总是有限的,真正"无所不知、无所不晓"的人实际上是不存在的。

很多导游人员对专业知识或者对不熟悉的旅游景观往往知之甚少,因此,接团前做一些知识准备还是应该的。

导游人员要准备的知识很多,主要是客源国的概况知识,旅游团内大部分人所从事的专业知识,有关参观游览点的专业知识等;当前的一些热门话题和游客可能感兴趣的话题也要事先做好准备;与此同时,也要做好语言准备(尤其是专业术语)。

3)心理准备

导游人员在接团前的心理准备主要有两个方面:

①准备面临艰苦复杂的工作。导游工作复杂繁重,不仅有正常的导游服务工作,也有一些需特殊照顾的对象要你照料,还有一些更复杂的问题和事故要你去处理……导游人员必须做好充分的准备,要准备吃苦,准备迎接各种挑战。

②准备承受抱怨和投诉。很多导游人员不怕吃苦,但往往忍受不了蒙受不白之冤。导游人员的工作繁杂辛苦,虽已尽其所能、热情周到地为游客服务,但不免还会有一些游客抱怨,对导游人员的工作横加指责,甚至否定导游人员的工作,提出投诉。因此,导游人员应该做好准备承受抱怨和投诉的心理准备。只有这样,导游人员才会将"爱心"融入工作中去,才会冷静、沉着地面对各种不公正待遇,才会无怨无悔地为游客服务。

4)形象准备

导游人员是一名服务人员,更是中国国民的代表。导游人员的自身美在宣传中国、传播中华文明方面起着重要作用,也有助于树立自己的美好形象。因此,导游人员要重视自己的形象美。

人们比较看重的"心灵美"和"气质美"需要一个人长期努力、坚持不懈地培养,不是一朝一夕就能准备出来的。我们这里讲的"形象准备",是指人的仪表方面的准备,尤指"修饰美"。人的"修饰美"一般是指服饰美、化妆美和发型美。导游人员的服饰、化妆和发型必须适合自己作为服务人员的身份,必须方便工作;要适合自己的身体特征和年龄,也要显示出自己追求的风格,力求烘托出自己独特的气质、风度和形象。

导游人员的服饰打扮要整洁、大方、自然、卫生,不要浓妆艳抹、花枝招展,也不能衣冠不整、邋里邋遢。我们这里说的是形象准备,并不意味着导游人员只在接团前修饰打扮自己一番,而是要求导游人员在日常生活中就养成习惯,随时注意自己的形象。

5)物质准备

一般的物质准备包括:与旅行社的计调或者接待部门联系,核实住房和车辆(旅游车、行李车)的准备情况,了解游客将下榻饭店的情况;与司机联系,提供活动日程表并作必要的交代,确定去机场(车站、码头)迎接旅游团的时间和停车地点;准备好必要物品:接站牌、小旗、旅游车标志、宣传材料、游览图册、结算账单、现金、导游证、胸卡、名片、记事本等,有时,导游人员还应该准备扩音器。

(3)制订周密的计划与合理的安排

导游人员要制定周密的活动计划与日程安排,对于新开放的景点以及不熟悉的游览目的地应该详细了解,必要且有条件的情况下可以自己先去一次,然后根据游客不同的情况,比如年龄、经济条件、身体状况等进行妥善安排。另外,导游人员还要经常了解游览地周围的治安、交通等情况,以便遇到问题时能够及时因时、因地解决。

在安排日程活动的时候,要特别注意合理性,凡事留有余地,活动项目要多姿多彩、避免雷同、劳逸结合。导游人员在安排活动前要注意：容易使游客疲惫的游览项目不能集中在一天，晚间活动不宜时间太晚，从而保证游客充足的体力与精力；另外，安排交通方面的时间，比如去机场、火车站等要充分，避免误机误车现象的发生。

（4）按照严格的国家法律和规章制度办事

导游人员必须具有高度的政策观念和法制观念，要以国家的有关政策和法律、法规指导自己的言行和工作；要严格执行旅行社的接待计划；要积极主动地讲解中国悠久灿烂的历史文化、现行的方针政策；介绍中国人民的伟大创造和社会主义建设的伟大成就及各地区的建设和发展情况；回答游客的各种询问等。

导游人员应该成为遵纪守法的模范，自觉维护国家的各种法律、法规，严格地按照旅行社的各项规章制度办事。导游人员应该熟悉有关旅游行业和消费者权利的各项法规，能够运用法律保护旅行社和游客的正当权益，并勇于同各种违反国家法律和旅行社规章制度的行为作斗争。

（5）实施必要的预报和提醒工作

导游人员应该严格按旅行社确定的接待计划安排游客的旅行、游览活动，不得擅自增加、减少旅游项目或者中止导游活动。在引导游客旅行、游览过程中，应该就可能发生危及游客人身、财产安全的情况，向游客做出直接说明和明确警示，并按照旅行社的要求采取防止危害发生的有效措施。

导游人员应该提醒游客有关旅游行程安排、服务标准、违约责任以及相关注意事项；旅游目的地的有关行政规定；对旅游地可能引起游客误解或者产生冲突的法律规定、风俗习惯、宗教信仰等，应当事先给游客明确的说明和忠告等。

（6）观察不同的游客和环境的变化

导游人员要善于察言观色，一旦发现游客的身体状况或者神情有异常变化时，绝不可掉以轻心，要做到主动询问、及时解决，针对不同的情况采取必要的措施，在随团过程中要时刻注意游客的行踪与动向。

在参观游览过程中随时注意周围的环境，观察是否天气有异常变化、周围情况是否有异常动向，留心附近区域是否存在安全隐患等，一旦发现要马上采取应变措施。

（7）注重诚恳的服务态度及密切地与同行合作

导游人员必须具有待人诚恳的品质，无论对游客还是对旅行社，都必须讲求信誉，做到言必行、行必果，一切事情必须光明正大，不得背着旅行社同游客、旅游中间商或者其他旅行社做私下交易。导游人员不应该做假账，虚报各种开支，也不能欺骗游客，损害游客的利益。导游人员不得讲有关其所服务的旅行社或者游客的坏话，这样既不公平又不明智，最终会让他人对导游人员产生恶劣的印象。

导游在接待过程中，不可避免地要同许多部门、单位、企业和个人进行合作，在合作的过程中，有时会因各种原因同这些部门、单位、企业和个人发生误会甚至冲突。当这种情况发生时，导游人员应该以大局为重，在一些非原则的问题上委屈求全，尽量向对方解释，设法取得谅解，以消除误会、加强合作。另外，导游人员在接待过程中要经常注意游客的情绪，发现不和谐的苗头时，应该及时加以调解，使整个旅游团在团结和睦的气氛中顺利度过旅游全过程，留下对旅游活动的美好印象。

（8）进行及时的组织协调、联络汇报工作

导游人员的工作对象广泛复杂,善于和各种人交往是导游人员最重要的能力之一。与层次不同、品质各异、性格相向的中外人士打交道,需要导游人员掌握一定的公关知识并能熟练运用,具有灵活性和较强的理解能力并能适应不断变化着的氛围,随机应变地处理问题,搞好各方面的关系。导游人员具有相当的公关能力可方便工作,有利于提高导游服务质量。

导游人员接受任务后要安排落实旅游活动计划,带领全团人员游览好、生活好。这就要求导游人员需具有一定的组织、协调、联络、汇报能力,在安排活动日程时有较强的针对性并留有余地,在组织各项具体活动时讲究方法并及时掌握变化着的客观情况,灵活地采取相应的有效措施,尽力当好参观游览活动的"导演"。

（9）保持乐观的态度与果断的行事作风

导游人员在旅游接待过程时,经常会遇到各种意料不到的困难。因此,导游人员必须是一个乐观主义者,在任何困难面前都不应该丧失信心。坚定的意志和处事果断的工作作风,是导游成功地带领游客完成旅游活动的重要因素。无论担任领队、全程陪同还是地方陪同,导游都必须在游客面前表现出充分的自信心和抗干扰能力。

导游人员应该坚定不移地维护游客和旅行社的正当权益,坚持要求有关方面不折不扣地执行事先达成的旅游合同或者其他合作协议。在遇到比较棘手的问题时,导游人员应该能保持冷静,头脑清醒,善于透过纷乱复杂的表面现象迅速找到问题的实质,果断地采取适当措施,尽快将问题解决好。

第二节　常见问题和事故的预防与处理

导游人员在陪同旅游团(者)参观游览的过程中,可能遇到各类突发事件或者出现各方面的问题,这个时候导游人员必须挺身而出,冷静、果断、及时地处理各种问题,全力保护游客的人身和财物安全,绝不能置身事外,更不能借故退缩。

一、旅游计划与日程变更的处理

在旅游过程中,由于主观原因,游客向导游人员提出变更旅游路线或者旅游日程时,原则上应该按旅游合同执行;如果遇到较特殊的情况或者由领队提出,导游人员也无权擅自做主,要及时上报组团社或者接待社有关人员,须经有关部门同意,并按照其指示和具体要求做好变更工作。

客观原因需要变更计划和日程分为四种情况,其相应的处理方法如下。

1.缩短旅游时间

（1）旅游团(者)抵达时间延误,造成旅游时间缩短

①仔细分析因延误带来的困难和问题,并及时向接待社外联或者计调部门报告,以便将情况尽快反馈给组团社,找出补救措施。

②在外联或者计调部门的协助下,安排落实该旅游团交通、住宿、游览等事宜,提醒有

关人员与饭店、车队、餐厅联系,及时办理退房、退餐、退车等一切相关事宜。

③导游人员应该立即调整活动日程,压缩在每一景点的活动时间,尽量保证不减少计划内的游览项目。

(2)旅游团(者)提前离开,造成的游览时间缩短

①立即与全陪、领队商量,采取尽可能的补救措施。比如,立即调整活动时间,抓紧时间将计划内游览项目完成;若有困难,无法完成计划内所有游览项目,地陪应该选择最有代表性、最具特色的重点旅游景点,以求游客对当地的游览景点有个基本的了解。

②做好游客的工作。不要急于将旅游团提前离开的消息告诉旅游团(者),以免引起喧哗,待与领队、全陪制订出新的游览方案后,找准时机向旅游团中有影响的游客实事求是地说明困难,诚恳地道歉,以求得谅解,并将变更后的安排向他们解释清楚,争取他们的认可和支持,最后分头做好游客的工作。

③导游人员应该通知接待社计调部门或者有关人员办理相关事宜,如退饭店、退餐、退车等。

④给予游客适当的补偿。必要时经接待社领导同意可采取加菜、风味餐、赠送小纪念品等物质补偿的办法。如果旅游团活动受到较大的影响,游客损失较大而引起强烈不满时,可请接待社领导出面表示歉意,并提出补偿办法。

⑤若旅游团(者)提前离开,导游人员应该立即报告组团社,并通知下一站接待社。

2. 延长旅游时间

游客提前抵达、或者推迟离开都会造成延长游览时间而变更游览日程。出现这种情况,导游人员应该采取以下措施:

(1)落实有关事宜,包括与接待社有关部门或者有关人员联系,重新落实旅游团(者)的用房情况,并及时落实离开的机、车票。

(2)迅速调整活动日程,适当地延长在主要景点的游览时间。经组团社同意后,酌情增加游览景点,努力使活动内容充实。

(3)提醒接待社有关人员通知下一站该团的日程变化。

(4)在设计变更旅游计划时,地陪要征求领队和全陪的意见,共同商量,取得他们的支持和帮助。在做出改变旅游计划的决定之后,地陪应该与领队、全陪商量好如何向团内游客解释说明,取得他们的谅解与支持。

3. 期间活动时间不变,但某一景点或者活动被迫取消

出现这种情况,大多是外界客观原因造成的,如大雪封山、因有重要的政治活动使得某景点临时关闭等。这种情况下,导游人员应该采取以下措施:

(1)实事求是地将情况向游客讲清楚,求得谅解。

(2)提出由另一景点代替的方案,与全体游客协商。

(3)以精彩的导游讲解、热情的服务激起游客的游兴。

(4)按照有关规定做些相应的补偿,如用餐时适当地加菜,或者将便餐改为风味餐,赠送小礼品等。必要时,由旅行社领导出面,诚恳地向游客表示歉意,尽量让游客高高兴兴地离开。

4. 游客到达后要求取消当地的活动日程,或者取消下一站的旅游

如果游客抵达目的地后,因某种原因向导游人员提出取消当地的活动日程,或者取消

下一站的旅游时,地陪应该立即与接待社有关人员联系,根据接待社的决定或者意见,通知有关部门,并协助游客做好一切相关事宜。全陪应该立即与组团社联系,由组团社作出决定,然后按照组团社的决定处理。

二、漏接、错接与空接的预防与处理

1. 漏接

(1)漏接的预防

①导游人员接到任务后,应该认真阅读旅游接待计划,了解旅行团(者)抵达的日期、时间、具体的接站地点并认真核对清楚。

②旅游团(者)抵达的当天,导游人员应该与旅行社有关部门联系,弄清班次或者车次是否有变更,并及时与机场(车站、码头)联系,核实交通工具确切的抵达时间。

③导游人员应该与司机商定好接站时间,确认好接站地点,并且保证提前半小时到达接站地点。

(2)漏接的处理

1)主观原因造成漏接的处理办法

①实事求是地向游客说明情况,诚恳地赔礼道歉,求得谅解。

②如果有费用问题(如游客乘出租车到饭店的车费),应该主动将费用赔付给游客。

③提供更加热情周到的服务,高质量地完成计划内的全部活动内容,以求尽快消除因漏接而给游客造成的不愉快情绪。

2)客观原因造成漏接的处理办法

由于客观原因造成漏接事故,地陪不要以为其不是由于自身原因所造成,与己无关,应该首先想到那些由于没人接,而在焦急地等待着的游客。长时间的等待,使他们无安全感,心情坏到了极点,见到导游人员,无论是什么原因,他们都会抱怨、发火甚至投诉。这都是可以理解的,地陪应该设身处地地为旅客着想,尽力安抚他们,消除他们的不满情绪。具体做法如下:

①立即与接待社联系,告知现状,查明原因。

②耐心向游客作解释工作,消除误解。

③尽量采取弥补措施,使游客的损失减少到最低限度。

④必要时请接待社领导出面调停或者赔礼道歉,或者酌情给游客一定的物质补偿。

2. 错接

(1)错接的预防

①导游人员应该提前到达接站地点,并且尽快接到旅游团;

②接团要认真核实:旅游客源地派出方旅行社的名称和旅游目的地组团社的名称、旅游团的代号和人数、旅游团领队的姓名(无领队时要核实游客的姓名)、旅游团将要下榻的饭店。

(2)错接的处理

一旦发现错接,地陪应该立即采取如下措施:

①报告旅行社领导。发现错接后马上向接待社领导或者有关人员报告,查明两个错换团的情况,再做具体处理。

②依错就错。如果经调查核实,错接发生在本社的两个旅游团之间,两个导游人员又同是地陪,那么就依错就错,两名地陪将接待计划交换之后就可继续接团。

③必须交换。如果经核查,错接的旅游团属于两家接待社,则必须交换旅游团;如果两个旅游团在当地属于一个旅行社接待,但两个导游人员中有一名是地陪兼全陪,那么,就应该交换旅游团。

④地陪要实事求是地向游客说明情况,并诚恳地道歉,以求得游客的谅解。

⑤如发生其他人员(非法导游)将游客带走的情况,应该马上与饭店联系,看游客是否已住进应该下榻的饭店。

3.空接

(1)空接的预防

这里所说的预防工作主要针对由于旅行社一方的主观原因造成的空接事故。当旅游团乘坐的交通工具班次发生变更后,预计到旅游团可能推迟到达下一站旅游目的地,接待社有关部门应该第一时间给下一站旅行社发出通知,下一站旅行社接到通知后要及时通知该旅游团的地陪人员,以免造成空接事故。

(2)空接的处理

一旦空接问题出现,导游人员应该做到以下几点:

①先排除漏接情况。导游人员可以及时与饭店联系,核实游客是否已自行抵达饭店(因改乘了其他航班提前抵达)。

②立即与接待社有关部门联系,查明原因。

③旅游团(者)如果是入境,应该马上到有关航空公司驻机场办事处查阅乘客名单,查清该游客是否登机,然后与接待社有关人员联系。

④经过核实,若该旅游团(者)属推迟抵达,是否需要等下一航班(火车),或者是需要再等多长时间,导游人员要听从接待社有关部门的安排,重新安排接团事宜,不可擅自行事。

⑤经核实该旅游团(者)确实因故不来本地后,立即通知接待社有关人员取消一切预定,如退房、餐、车、交通票,并通知接待社有关人员将情况及时通知组团社及下一站接待社。

4.入境旅游团人数变更

第一种情况,入境旅游团的游客人数增多。在入境旅游团时,有时会出现实到人数与计划不符合,有所增加。例如,导游人员按计划应该接20人的旅游团,临时得知该团抵京入境人数为22人,经海关核查有2名游客为临时加入该团,无入境签证,此情况的处理办法如下。

(1)在机场办理临时落地签证

①如果在接团前得到外国旅行社通知,该团人数有所增加而新增加的游客没有签证,地陪应该提前开出局一级介绍信,带本人身份证到机场有关部门办理进入隔离区通行证,见到该团游客后,协助其办理入境落地签证。

②如果事先没接到通知,在接机时临时得知该团人数增加,又没有签证,在征得中国组团社、外国组团社同意后与机场公安局签证处协商办理落地签证,局级介绍信后补。

(2)立即通知接待社

导游人员应该立即通知接待社,增加该游客的住房、用餐、机、车票等事宜。

（3）提醒接待社有关人员

导游人员要提醒接待社有关人员通知各地接待社有关人员关于人数变更的情况。

第二种情况，入境旅游团的游客人数减少。入境旅游团的游客人数与计划不符合，有所减少。例如，接待计划中注明该团为20人的旅游团，结果入境时该团人数为18人，经核查有2名游客没赶上飞机，或者因故取消旅行，这时导游人员的处理办法如下。

①检查团队签证并立即在海关办理注销没到旅客的相关手续。

②立即通知接待社有关人员对由此引起的住房、用餐、机、车票等事宜进行变更。

③提醒接待社有关人员通知各地接待社该团人数变更的情况。

三、误机（车、船）事故的预防与处理

1. 误机（车、船）事故的预防

误机（车、船）事故属于严重事故，影响大，力争杜绝。一般来说，杜绝此类事故发生的根本措施包括以下几点。

（1）强化管理，制定必要的规章制度。

（2）加强导游人员和其他接待部门工作人员的责任心。

（3）制定严密而有效的接待工作程序和岗位责任制，并且严格执行，加强接待工作各个环节的衔接、联系、检查和审核制度。

（4）制定奖惩条例，严格执行。

在具体工作过程中，导游人员应该做好落实交通票据、适当安排活动、保证旅游团能够准时出发、安排充裕的时间送站（如乘坐飞机需提前90分钟到达机场，乘坐火车需提前60分钟到达车站）等一系列工作，可有效防止误机（车、船）事故的发生。

2. 误机（车、船）事故的处理

一旦发生误机、误车事故，导游人员应该按以下步骤处理。

（1）立即向接待社领导报告。

（2）有旅行社行李员代办行李托运的旅游团地陪和接待社有关人员马上分别与机场、航空公司联系，并立即通知行李员为游客取出登机牌，争取推迟起飞时间或者尽快让游客乘最近的后续航班和列车离开。必要时，可包机、加挂车厢或者改乘其他交通工具前往下一站，以免造成更大的经济损失。

（3）为了稳定旅游团（者）的情绪，尽量安排好滞留期间的食宿、交通、游览等事宜，力争使不良影响减少到最低限度。

（4）及时通知下一站。

（5）如是导游人员的原因造成误机（车）事故，应该诚恳地向游客赔礼道歉，以自己的实际行动求得游客的谅解。

（6）写出事故报告，查出事故的原因和责任。接待社应该根据具体情况让事故的责任者承担经济损失并给予政纪处分。

四、游客走失、患病或受伤、死亡等事故的预防与处理

旅途劳累、气候变化、水土不服或者饮食起居不习惯，游客（尤其是年老体弱的游客）难免会感到身体不适、患病甚至死亡。导游人员在安排日程时要注意劳逸结合，力争让旅游

生活轻松愉快,避免日程过紧,活动过累;平时要多提醒游客注意饮食卫生,晚上要休息好;及时报告天气变化,提醒旅行者注意增减衣服;在北方,导游人员要提醒游客多喝水、多吃水果等。总之,尽力避免因人为原因致使游客生病。如果遇到游客患病,甚至出现死亡情况,导游人员要冷静对待、沉着处理,而且要努力保证旅游活动能够继续进行。

1. 游客走失的预防与处理

(1) 游客走失的预防

游客在旅游途中迷路或者走失,会使其感到严重的焦虑和不安,影响旅游活动的顺利进行,甚至会危及走失者的生命和财产安全。因此,导游人员应该加强责任心,相互配合,尽最大的努力预防游客走失。

1) 不怕麻烦,多做提醒工作

导游人员应该提醒游客离开饭店时,要随身携带饭店为游客准备的便笺或卡片(上面写有该饭店的名称、地址、电话、店徽等);下车前提醒游客记住旅游车号;讲清停车地点、开车时间(下车、上车不在同一地点时,尤其要提醒游客的注意);自由活动时提醒游客不要走得太远,不要回饭店太晚;不要去热闹、拥挤、秩序乱的地方。

2) 做好各项活动的安排和预报工作

每天早晨离开饭店后,地陪要在旅游车上向游客通报全天的游览日程,上、下午的游览景点,午餐、晚餐的餐厅名称和地址;到达旅游景点后,地陪要在景点示意图前介绍游览路线和游览时间,并再次提醒停车地点,旅游车特征和车牌号,同时多次强调集合时间和地点。

3) 随时清点人数

地陪在景点进行导游讲解时,每向另一处移动时,都要清点一下旅游团人数,发现人数不对时及时寻找。

4) 密切配合工作

地陪要与全陪、领队紧密联系,密切配合工作。一般地陪在前面带队讲解,全陪、领队在旅游团后面做断后工作,防止游客走失。地陪带团要高举社旗,遇到旅游高峰期景点人多、情况复杂时,更应该高举明显的标志,带领游客前进。

5) 在语言、知识上下功夫

为了防止自己团的游客跟随别的团队前进而走散,导游人员应该在语言知识上多下工夫,以自己高超的导游技巧和丰富的讲解内容吸引游客,使他们紧跟团队,有效地防止走失。

(2) 游客走失的处理

游客走失与导游人员的工作不细、责任心不强有很大关系,只要导游人员采取有效的措施,就可使游客走失的现象不发生或者少发生。导游人员发现游客走失,应该针对情况,酌情处理。

1) 游客在旅游景点走失

①立即寻找。导游人员一旦发现有游客走失,应该立即展开寻找。首先,询问其他游客,并向周围景点的工作人员了解情况;其次,为了不影响游览的顺利进行,地陪、全陪和领队要积极配合工作,一般情况下,全陪和领队分头去寻找,地陪带领其他游客放慢速度,继续游览。

②寻求帮助。如果经过认真寻找仍找不到走失的游客,导游人员应该立即向游览景点的派出所和管理部门求助。例如,用广播的形式帮助寻找并告知走失者可辨的特征,请管理部门通知景点工作人员,特别是在各进出口处协助寻找。

③与饭店联系。在寻找过程中,地陪要与该团下榻的饭店保持联系,了解走失者是否自行回到饭店。

④向接待社领导报告。在采取了以上措施仍找不到走失者时,地陪应该及时向接待社领导或者有关人员汇报,必要时经领导同意,向当地公安机关报案。

⑤做好善后工作。当游客发现自己走失时,肯定会感到不安、焦急、甚至感到恐惧。因此,在找到走失者后,导游人员应该尽量安慰走失者,提醒其以后要多加注意,绝不可对其出言指责或者大声训斥。如果是由于导游人员的责任致使游客走失,应该向走失者赔礼道歉。

⑥写出书面事故报告。发生严重的走失事故后,导游人员要写出书面事故报告,详细记述游客走失经过、寻找过程、走失原因、善后处理及游客的反应等。

2)自由活动时,游客走失

①立即报告接待社和公安部门。导游人员在得知游客自己在外出过程中走失时,应该立即报告旅行社领导,请求指示和帮助;通过有关部门向当地公安局管区派出所报案,并向公安部门提供走失者可辨认的特征。

②做好善后工作。找到走失者,导游人员应该表示高兴,问清情况,安抚因走失而受到惊吓的游客,必要时提出善意的批评,提醒其引以为戒,避免走失事故的再次发生。

③若游客走失后出现其他情况,应该视具体情况作为治安事故或者其他事故处理。

2.游客患病或者受伤的预防与处理

(1)游客患病或者受伤的预防

①在做准备工作时,导游人员应该根据旅游团的信息材料,了解旅游团成员的年龄及旅游团其他情况,做到心中有数,同时选择适合这一年龄段游客的游览路线。

②安排活动日程要留有余地,做到劳逸结合,使游客感到轻松愉快;不要将一天的游览活动安排得太多、太满;更不能将体力消耗大、游览项目多的景点集中安排,要有张有弛;晚间活动的时间不宜安排得过长,以免影响游客的休息。

③随时提醒游客注意饮食卫生,不要买路边小摊、小贩的食品,不要喝生水。

④及时报告天气变化,提醒游客随着天气的变化及时增减衣服,带雨具等。尤其是在干燥季节,导游人员要提醒游客多喝水,多吃水果。

(2)游客患病或者受伤的处理

1)游客患一般疾病、轻伤的处理

在很多情况下,游客会在旅游期间感到身体不适或者患一般疾病,如感冒、发烧、水土不服、晕车、中暑、失眠、便秘、腹泻等以及不小心受轻伤,这时导游人员应该做到以下几点:

①劝其及早就医,注意休息,不要强行游览。在游览过程中,导游人员要观察游客的神态和气色,发现游客的病态时,应该多加关心,照顾其躺在比较舒服的座位上,或者留在饭店休息,但一定要通知饭店给予关照,切不可劝其强行游览。

②关心患病的游客。对因病没有参加游览活动,留在饭店休息的游客,导游人员要主动前去问候身体状况,以示关心,必要时通知餐厅为其提供客房送餐服务。

③需要时，导游人员可陪同患者前往医院就医，但应该向患者讲清楚，所需费用需游客自理，并提醒其妥善保存诊断证明和收据，以备不时之需。

④严禁导游人员擅自给患者用药。

2）游客突受重伤、突患重病的处理

游客在旅途中、饭店、旅游车上突然受重伤或者突患重病时，导游人员应该全力以赴，采取措施积极抢救。一般可分为以下几种情况。

①游客在去旅游景点的途中突然患病

a. 在征得患者、患者亲友或者领队同意后，立即将患重病游客送往就近医院治疗，或者拦截其他车辆将其送往医院。必要时，暂时中止旅游，用旅游车将患者直接送往医院。

b. 及时将情况通知接待社有关人员。

c. 一般由全陪、领队、病人亲友同往医院。如无全陪和领队，地陪应该立即通知接待社请求帮助。

②在参观游览时突然患病

a. 不要随意搬动患病游客，让其就地坐下或者躺下。

b. 立即拨打电话叫救护车（医疗急救电话：120）。

c. 向景点工作人员或者管理部门请求帮助。

d. 及时向接待社领导及有关人员报告情况。

③在饭店突然患病

游客在饭店突患重病，先由饭店医务人员抢救，然后送往医院，并将其情况及时向接待社领导及有关部门汇报。

④在向异地转移途中突患重病

a. 全陪应该请求乘务员帮助，在乘客中寻找从医人员。

b. 通知下一站旅行社做好抢救的各项准备工作。

⑤处理要点

a. 游客病危，需要送往急救中心或者医院抢救时，需由患者家属、领队或者患者亲友陪同前往。

b. 如果患者是国际急救组织的投保者，导游人员应该提醒其亲属或者领队及时与该组织在当地的代理机构联系（亚洲急救中心电话：64629100）。

c. 在抢救过程中，需有领队或者患者亲友在场，并详细记录患者患病前后的症状及治疗情况，并请接待社领导到现场或者与接待社保持联系，随时汇报患者情况。

d. 如果需要做手术，须征得患者亲属的同意，如果亲属不在，需由领队同意并签字。

e. 若患者病危，但亲属又不在身边时，导游人员应该提醒领队及时通知患者亲属。如果患者亲属系外国人士，导游人员要提醒领队通知所在国使、领馆。患者家属到达后，导游人员要协助其解决生活方面的问题；若找不到亲属，一切按使、领馆的书面意见处理。

f. 有关诊治、抢救或者动手术的书面材料，应该由主治医生出具并签字，同时要妥善保存。

g. 地陪应该请求接待社领导派人帮助照顾患者、办理医院的相关事宜，同时安排好旅游团继续按计划活动，不得将全团活动中断。

h. 患者转危为安但仍需要继续住院治疗，不能随团离开继续旅游或者出境时，接待社领导和导游人员（主要是地陪）要不时去医院探望，帮助患者办理分离签证、延期签证以及出院、回国手续及交通票证等事宜。

i. 患者住院和医疗费用自理。如患者没有钱看病，请领队或者组团社与境外旅行社、其家人或者保险公司联系解决其费用问题。

j. 患者在离团住院期间未享受的综合服务费由旅行社或中外旅行社之间结算后，按协议规定处理。患者亲属在此期间的一切费用自理。

3. 游客死亡的预防与处理

游客因灾祸、治安事故、自杀或者疾病等原因死亡的处理过程中，旅游团领队、亲属或者代表、所属国驻华使、领馆人员均须在场，公安局、旅游局、保险公司的有关人员也应该在场；每个重要环节都应作详细记录并有经得起事后查验的、具有法律效力的文字证据。

（1）一般处理步骤

游客在旅游期间不论什么原因导致死亡，都是一件很不幸的事情。当出现游客死亡的情况时，导游人员应该沉着冷静，立即向接待社领导和有关人员汇报，按有关规定办理善后事宜。

①如果死者的亲属不在身边，应该立即通知亲属前来处理后事；若死者系外国人士，应通过领队或者有关外事部门迅速与死者所属国的驻华使、领馆联系，通知其亲属来华。

②由参加抢救的医师向死者的亲属、领队及好友详细报告抢救经过，并出示"抢救工作报告"、"死亡诊断证明书"，由主治医生签字后盖章，复印后分别交给死者的亲属、领队和旅行社。

③对死者一般不做尸体解剖，如果要求解剖尸体，应该由死者的亲属、领队，或者其所在国家使、领馆有关官员签字的书面请求，经医院和有关部门同意后方可进行。

④如果死者属非正常死亡，导游人员要保护好现场，立即向公安局和旅行社领导汇报，协助查明死因。如需解剖尸体，要征得死者亲属、领队或者所在国驻华使、领馆人员的同意，并签字认可。解剖后出具《尸体解剖报告》（无论属何种原因解剖尸体，都要出具）。此外，旅行社还应该向司法机关申请办理《公证书》。

⑤死亡原因确定后，在与领队、死者亲属协商一致的基础上，请领队向全团宣布死亡原因及抢救、死亡经过等情况。

⑥遗体的处理，一般以火化为宜。遗体火化前，应该由死者亲属、领队，或者所在国家驻华使、领馆写出"火化申请书"并签字，然后进行火化。

⑦死者遗体由领队、死者亲属护送火化后，火葬场将死者《火化证明书》交给领队或者死者亲属，对于外国人士，我国民政部门发给对方携带骨灰出境证明。以上各有关事项的办理，我方旅行社应该予以协助。

⑧死者如在生前已办理人寿保险，对于外国人士，我方旅行社应该协助死者亲属办理人寿保险索赔、医疗费报销等有关证明。

⑨出现因病死亡事件后，除领队、死者亲属和旅行社代表负责处理外，其余团员应该由代理领队带领仍按原计划参观游览。至于旅行社派何人处理死亡事故，何人负责团队游览活动，一律请示旅行社领导决定。

⑩对于外国人士，若死者亲属要求将遗体运送回国，除需办理上述手续外，还应该由医院对尸体进行防腐处理，并办理"尸体防腐证明书"、"装殓证明书"、"外国人运送灵柩（骨

灰)许可证"和"尸体灵柩进出境许可证"等有关证件,方可将遗体运出境。灵柩要按有关规定包装运输,要用铁皮密封,外廓要包装结实。

⑪对于外国人士,由死者所属国驻华使、领馆办理一张遗体灵柩经由国家的通行护照,此证随灵柩一起同行。

⑫有关抢救死者的医疗、火化、尸体运送、交通等各项费用,一律由死者亲属或者该团队交付。

⑬死者的遗物由其亲属或者领队、死者生前好友代表、全陪或者所在国驻华使、领馆有关官员共同清点造册,列出清单,清点人要在清单上一一签字,一式两份,签字人员分别保存。遗物要交给死者家属或者死者所在国家驻华使、领馆有关人员。接收遗物者应该在收据上签字,收据上应该注明接收时间、地点、在场人员等。

(2)处理要点

游客因病亡故,导游人员应该沉着应变,要在领导指示下做力所能及的工作,不要自行其是,更不得袖手旁观。对于外国人士,游客病故后,必须经由外事部门及早通知病亡者所属国驻华使、领馆;遗体的处理,按家属或者使、领馆的(书面)意见办理;导游人员要协助领导办妥有关证件:《因病死亡证明》、《抢救经过报告》、《死亡诊断证明》以及《公证书》,还有遗体或者骨灰的出境许可证等;参加祭拜活动。

地陪、全陪和领队一起清点病故者遗物,一一登记在册,整理好后交死者家属或者由领队带回国转交给家属。清单要由在场各方签字,一式数份,由有关各方保存。并且,还应协助办理理赔事务,导游人员还要写好总结报告。在处理死亡事故时,应该注意的问题是:

①必须有死者的亲属、领队、使领馆人员以及旅行社有关领导在场,导游人员和我方旅行社人员切忌单独行事。

②在有些环节还需公安局、旅游局、保险公司的有关人员在场,每个重要环节应该经得起事后查证并有文字依据。

③口头协议或者承诺均属无效。事故处理后,将全部报告、证明文件、清单及有关材料存档备查。

五、游客证件、钱物、行李等遗失的预防与处理

1. 游客证件、钱物、行李等遗失的预防

导游人员在接待旅游团(者)的工作中,常常会遇到游客丢失证件、钱物或者行李的事情,无论何种物品丢失,都必然会给游客带来诸多不便或者造成经济损失,有时还会影响到游客的行程,也增加了导游人员工作的难度。因此,应该以预防为主,防患于未然,采取各种措施,预防此类事故的发生。

(1)做好提醒工作。导游人员"嘴勤"是预防工作的保障,不怕麻烦反复提醒是预防游客遗失物品和失窃的最好方法。

(2)入住饭店时,导游人员要提醒游客将贵重物品、证件存放于饭店保险箱内(饭店提供此项服务),离开饭店时提醒游客将物品取出。

(3)参观游览时,导游人员要随时提醒游客带好自己的随身物品;尤其是在热闹、拥挤的游览景点、场所或者购物时,导游人员要时时提醒游客保管好自己的财物,如钱包、照相机等贵重物品,并提醒游客不要将贵重物品放在车上。

（4）用餐后离开餐厅时，导游人员要提醒游客带好随身物品。

（5）将离开饭店赴下一站时，要提醒游客检查自己的东西、证件是否带齐，不要遗忘物品。

（6）下车前，要提醒游客带好自己的随身物品，避免遗落，并在游客下车后检查车厢。

（7）不为旅游团（者）代管证件。在工作中需要游客证件时要由领队收取并当面点清，并检查是否夹带有其他物品。用完之后，应该立即当面点清归还，不要代为保管，同时提醒游客保管好自己的证件。

（8）在旅游期间，每次游客下车后，地陪要提醒司机清理车厢、关好窗户，并建议司机不要离开车，如离开车则务必锁好车门。

（9）严格按照行李交接程序执行行李交接工作。清点、交接、签字，切实做好每次的行李交接事宜。

2.游客证件、钱物、行李等遗失的处理

（1）丢失证件

由于游客在旅游期间必须持有效证件，因此一旦丢失，不但游客会非常着急，还会影响各项活动的进行。这时，导游人员应该做到以下几点：

①请失主冷静地回忆，详细了解丢失情况的详情，找出线索，尽量协助寻找。

②如确已丢失，马上报告公安部门、接待社领导和组团社，并留下游客详细的地址和电话。

③根据领导或者接待社有关人员的安排，协助失主办理补办手续，所需费用由失主自理。

（2）丢失钱物

在接待旅游团（者）的工作中，经常会遇到游客告知其钱物丢失或者被盗的情况。导游人员应该急失主所急，千方百计帮助寻找。对这类问题的处理如下：

①稳定失主情绪，详细了解物品丢失的经过、物品的数量、形状、特征、价值。仔细分析物品丢失的原因、时间、地点，并迅速判断丢失的性质，是不慎丢失还是被盗。

②立即向公安局或者保安部门以及保险公司报案（特别是贵重物品的丢失）。

③及时向接待社领导汇报，听取领导指示。

④接待社出具遗失证明。

⑤若丢失的是贵重物品，失主持证明、本人护照或者有效身份证件到当地市公安局出入境管理处填写《失物经过说明》，列出遗失物品清单。

⑥若失主遗失的是入境时向海关申报的物品，要出示《中国海关行李申报单》。

⑦若将《中国海关行李申报单》遗失，要在公安局出入境管理处申请办理《中国海关行李申报单报失证明》。

⑧若遗失物品已在国外办理财产保险，领取保险时需要证明，可在公安局出入境管理处申请办理《财物报失证明》。

⑨若遗失物品是旅行支票、信用卡等票证，在向公安机关报失的同时也要及时向有关银行挂失。

⑩失主持以上由公安局开具的所有证明，可供出海关时查验或者向保险公司索赔。

⑪发生证件、财物（特别是贵重物品）被盗属于治安事故，导游人员应该立即向公安机

关及有关部门报警,并积极配合有关部门早日破案,挽回不良损失。若不能破案,导游人员要尽力安慰失主,按上述步骤妥善办理。

（3）丢失行李

游客行李的丢失,一般都是运输过程中或者搬运途中发生的。无论是外国游客还是中国游客,行李的丢失都会给他们的旅游生活带来极大的不便,并严重地影响旅游情绪。因此,导游人员应该尽快设法解决。

①带领失主到机场行李查询登记处办理行李丢失认领手续,出示机票和行李牌并填写丢失行李登记表（始发站、中转站、行李件数、大小、形状、颜色、标记、特征等一一填写清楚）。

②将失主下榻饭店的名称、电话号码、房间号（如果已知道）留给登记处,同时将登记处的电话、联系人、有关航空公司办事处的地址和电话等一一记下,一式两份,一份交给失主,一份导游人员自己留下,以备联系。

③在游览期间,导游人员要随时与机场行李登记处或者航空公司办事处电话联系,询问寻找行李的情况。

④如果一时无法找到行李,导游人员应该关心失主的生活,要协助失主购置必要的生活用品。

⑤若离开前仍没找到行李,导游人员就应该帮助失主将全程旅游路线、抵达各地的时间、各接待社的名称、各地下榻饭店的名称、失主所在旅游团代号等相关情况转告有关航空公司,以便找到行李后能及时运往最相宜的地点交给失主。

⑥如果行李确系丢失,失主可按照航空公司有关规定向有关航空公司索赔,或者按照国际惯例赔偿。

六、旅游安全事故的预防与处理

旅游安全事故常指交通事故、火灾事故、治安事故等因突发性情况或者事件所引起的事故。导游人员在陪同旅游团（者）参观游览过程中遇到此类事故,必须保持冷静,坚决果断地进行处理,必要时要挺身而出保护游客,绝不能置身事外,更不得临阵脱逃。

1. 交通事故的预防与处理

（1）交通事故的预防

外出旅游,汽车是旅游必不可少的交通工具。所以,交通事故中最常见的是汽车交通事故。交通事故是属于事先无法预料的突发事故,事故一旦发生,后果往往不堪设想。轻者有惊无险,重者人员伤亡,给游客带来极大的损失和伤害。所以,尽量避免或者减少交通事故的发生,保障游客的安全,是导游人员的职责。

导游人员应该加倍小心,配合司机做好事故的预防工作。

①司机开车时,导游人员不要与司机聊天,以免分散其注意力。

②安排游览日程时,在时间上要留有余地,避免造成司机为抢时间、赶日程而违章超速行驶。不催促司机开快车。

③如遇天气不好（雨、雪、雾天气）、交通堵塞、路况不好（尤其是狭窄道路、山区行车）时,导游人员要主动提醒司机注意安全,谨慎驾驶。

④如果天气恶劣,地陪可以针对日程灵活安排、加以调整。如遇有道路不安全的情况,

可以临时改变行程,必须时刻注意把安全放在第一位。

⑤阻止非本车司机开车,提醒司机在工作期间不要饮酒。如遇司机酒后开车,绝不能迁就,地陪要立即阻止,并向领导汇报,请求改派其他车辆或者调换司机。

⑥提醒司机经常检查车辆,一旦发现存在事故隐患,应该及时提出更换车辆的建议。

(2)交通事故的处理

交通事故一旦发生,只要导游人员没有负重伤,神智还清醒,就应该立即采取各种有效措施,冷静、果断地进行处理,尽最大努力减少人员伤亡和财物损失,并积极做好善后工作。发生交通事故后,导游人员应该按照以下步骤进行处理。

1)立即组织抢救

导游人员应该立即组织现场人员迅速抢救受伤的游客,特别是抢救重伤员,并尽快让游客离开事故车辆,立即打电话叫救护车(医疗急救中心电话:120)或者拦车将重伤员送往距离出事地点最近的医院抢救。

2)立即报案,保护好现场

事故发生后,不要在忙乱中破坏现场,要设法保护现场,并尽快通知交通、公安部门(交通事故报警电话:122),争取尽快派人来现场调查处理。

3)迅速向接待社报告

地陪应该迅速向接待社领导和有关人员报告,讲清交通事故的发生和游客伤亡情况,请求派人前来帮助和指挥事故的处理,并要求派车把未伤和轻伤的游客接走送至饭店或者继续旅游活动。

4)做好安抚工作

事故发生后,交通事故的善后工作将由交通公司和旅行社的领导出面处理。导游人员在积极抢救和安置伤员的同时,还要做好其他游客的安抚工作,力争按计划继续进行参观游览活动。待事故原因查清后,请旅行社领导出面向全体游客说明事故原因和处理结果。

5)落实诊断和证明工作

请医院开出诊断和医疗证书,并请当地公安局开具交通事故证明书,以便向保险公司索赔。

6)写出书面报告

交通事故处理结束后,需有关部门出具有关事故证明、调查结果,导游人员要立即写出书面报告。报告的内容包括:事故的原因和经过;抢救经过和治疗情况;人员伤亡情况和诊断结果;事故责任及对责任者的处理结果;受伤者及其他旅行者对处理的反映等。书面报告力求详细、准确、清楚、实事求是,最后最好和旅行社领导联署签名。

2.治安事故的预防与处理

(1)治安事故的预防

在旅游活动过程中,由于游客需要途经多个国家或者地区,涉及各个国家环境的复杂性和一些不确定因素,治安事故偶有发生。导游人员在接待工作中要时刻提高警惕,采取一切有效的措施防止治安事故的发生。

①入住饭店时,导游人员应该建议游客将贵重的财物存入饭店保险柜,不要随身携带大量现金或者将大量现金放在客房内。

②提醒游客不要将自己的房号随便告诉陌生人,更不要让陌生人或者自称饭店维修人

员随便进入自己的房间,尤其是夜间绝不可贸然开门,以防意外。出入房间一定要锁好门。

③提醒游客不要与私人兑换外币,并讲清我国外汇管理规定。

④每当离开游览车时,导游人员都要提醒游客不要将证件或者贵重物品遗留在车内。游客下车后,导游人员要提醒司机锁好车门,关好车窗,尽量不要走远。

⑤在旅游景点活动中,导游人员要始终和游客在一起,随时注意观察周围的环境,发现可疑人物或者在人多拥挤的地方,提醒游客看管好自己的财物,如不要在公共场合拿出钱包,最好不买小贩的东西(防止物品被小贩偷去),并随时清点人数。

⑥汽车行驶途中,不得停车让非本车人员上车、搭车。若遇不明身份者拦车,导游人员提醒司机不要停车。

(2)治安事故的处理

治安事故一旦发生,轻者可以使游客损失钱财,重者会殃及游客的生命。因此,导游人员在陪同旅游团(者)参观游览的过程中,遇到此类治安事件的发生,必须挺身而出,全力保护游客的人身安全。一旦发现不正常的情况,立即采取行动。

①全力保护游客。遇到歹徒向游客行凶、抢劫,导游人员应该做到临危不惧,毫不犹豫地挺身而出,奋力与坏人拼搏,勇敢地保护游客。同时,立即将游客转移到安全地点,力争在在场群众和公安人员的帮助下缉拿罪犯,追回钱物,但也要防备犯罪分子携带凶器狗急跳墙。所以切不可鲁莽行事,要以游客的安全为重。

②迅速抢救。如果有游客受伤,应该立即组织抢救,或者送伤者去就近的医院接受救治。

③立即报警(电话:110)。治安事故发生后,导游人员应该立即向公安局报警,如果罪犯已逃脱,导游人员要积极协助公安局破案。要把案件发生的时间、地点、经过,作案人的特征,受害人的姓名、性别、国籍、伤势,损失物品的名称、数量、型号、特征等向公安部门报告清楚。

④及时向接待社领导报告。导游人员在向公安部门报警的同时,也要向接待社领导及有关人员报告。如情况严重,请求领导前来指挥处理。

⑤妥善处理善后事宜。治安事件发生后,导游人员要采取必要措施稳定游客情绪,尽力使旅游活动继续进行下去,并在领导的指挥下,准备好必要的证明资料,处理好受害者的补偿、索赔等各项善后事宜。

⑥写出书面报告。事后,导游人员要按照有关要求写出详细、准确的书面报告。

3.火灾事故的预防与处理

(1)火灾事故的预防

旅途中发生火灾,后果严重,给游客带来极大的损失和不幸。为防止火灾发生,导游人员应该:

①做好提醒工作。提醒游客不携带易燃、易爆物品;不乱扔烟头和火种,不要躺在床上吸烟;向游客讲清,在托运行李时应该按运输部门有关规定去做,不得将不准作为托运行李运输的物品夹带在行李中。只有这样,才能尽可能地减少火灾。

②熟悉饭店的安全出口和转移路线。导游人员带领游客住进饭店后,在介绍饭店内的服务设施时,必须介绍饭店楼层的太平门、安全出口、安全楼梯的位置,并提醒游客进入房间后,看懂房门上贴的安全转移路线示意图,掌握一旦失火时应该走的路线。

③牢记火警电话119。导游人员一定要牢记火警电话,掌握领队和全体游客的房间号码。一旦火情发生,能及时通知游客。

（2）火灾事故的处理

发生火灾时,导游人员应该采取的处理措施如下。

1）立即报警,并迅速通知领队和全体游客迅速撤离。镇定地与工作人员配合,听从统一指挥,组织大家通过安全出口迅速离开现场。

2）判断火情,引导自救。如果情况危急,不能马上离开火灾现场或者被困,导游人员应该采取的正确做法包括:

①千万不能让游客搭乘电梯或者慌乱跳楼,尤其是在三层以上的旅客,切记不要跳楼。

②用湿毛巾捂住口、鼻,尽量使身体重心下移,使面部贴近墙壁、墙根或者地面。

③必须穿过浓烟时,可用水将全身浇湿或者用浸湿的衣、被捂住口鼻,贴近地面蹲行或者爬行。

④若身上着火了,可就地打滚,将火苗压灭,或者用厚重衣物压灭火苗。

⑤大火封门无法逃脱时,可用浸湿的衣物、被褥将门封堵塞严,或者泼水降温,等待救援。

⑥当见到消防队来灭火时,可以摇动色彩鲜艳的衣物为信号,争取救援。

3）协助处理善后事宜。游客得救后,导游人员应该立即配合救援人员抢救伤员,将重伤者立即送往医院。若有人死亡,应该按有关规定处理。

4）立即通知旅行社领导和有关人员。

5）做好善后事宜,写出书面报告。采取各种措施,稳定游客的情绪,设法解决因火灾所造成的生活上的各种困难,想办法使旅游活动能继续进行。火灾过后,导游人员应该根据火灾的全过程写出详细的书面报告。

七、游客越轨言行的处理

游客越轨言行一般是指游客侵犯一个主权国家的法律和世界公认的国际准则的行为。外国游客在中国境内必须遵守中国的法律,若犯法,必将受到中国法律的制裁。对于一切不友好的言行、危害我国主权的非法活动和违法行为,导游人员要有高度的警惕性、爱憎分明。

游客越轨言行如果处理不当,会产生不良后果。因此,处理这类问题要慎重,导游人员要十分注意掌握政策和策略,要认真调查核实、分析原因。注意分清越轨行为和非越轨行为的界限、有意和无意的界限、无故和有因的界限、言论和行为的界限。

在导游接待中,导游人员应该积极向中外游客介绍有关法律及注意事项,多做提醒工作,以避免个别游客无意越轨言行的发生。同时,对有意发生的越轨言行,导游人员也应该提高警惕,发现可疑现象,要有针对性地给予必要的提醒和警告,迫使预谋越轨者知难而退。对顽固不化者,一旦发现危害我国主权和安全的非法活动,应该报有关部门处理。处理这类问题,导游人员一定要严肃认真,实事求是,合情、合理、合法。

1.对攻击诬蔑言论的处理

对于海外游客来说,由于其国家的社会制度与我国的不同,政治观点也会有差异,因此,他们中一些人可能对中国的方针政策及国情有误解或者不理解,在一些问题的看法上产生分歧也属于正常的现象,可以理解。此时,导游人员要积极友好地介绍我国的国情和当地市的市情,认真地回答游客的问题,阐明我国对某些问题的立场和观点。总之,多做工作,求同存异。

对于个别游客在敌对的立场上进行恶意攻击、蓄意诬蔑挑衅,作为一名中国的导游人员要严正驳斥,驳斥时要理直气壮、观点鲜明、立场坚定,必要时报告有关部门,查明后严肃处理。

对于中国游客,如果出现个别人带有诬蔑、诋毁祖国和人民的言论时,导游人员应该首先向其阐明自己的观点,指出问题的性质,劝其自制。如果一意孤行,影响面较大,或者有违法行为的,导游人员应该立即向有关部门报告。

2. 对违法行为的处理

对于海外游客的违法行为,首先要分清是由于对我国的法规缺乏了解,还是明知故犯。对前者,应该讲清道理,指出错误之处,并根据其违法行为的性质、危害程度,确定是否报有关部门处理。对那些明知故犯者,导游人员要提出警告,明确指出其行为是中国法律和法规所不允许的,并报告有关部门严肃处理。

中外游客中若有人窃取国家机密和经济情报、宣传邪教、组织邪教活动、走私、贩毒、偷盗文物、倒卖金银、套购外汇、贩卖黄色书刊及录像录音带、嫖娼、卖淫等犯罪活动,一旦发现应该立即汇报,并配合司法部门查明罪责,严正处理。

3. 对散发宗教宣传品行为的处理

游客若在中国散发宗教宣传品,导游人员一定要予以劝阻,并向其宣传中国的宗教政策,指出不经我国宗教团体邀请和允许,不得在我国布道、主持宗教活动和在非完备活动场合散发宗教宣传品。处理这类事件要注意政策界限和方式方法,但对不听劝告并有明显破坏活动者,应该迅速报告,由司法、公安等有关部门处理。

4. 对违规行为的处理

(1)一般性违规行为的预防及处理

在旅游接待中,导游人员应该借机向游客宣传、介绍、说明旅游活动中涉及的具体规定,防止游客不知而误犯。例如,参观游览中某些地方禁止摄影、禁止进入等都要事先讲清,并随时提醒。如果游客在导游人员已讲清、提醒了的情况下明知故犯,那么该游客将按照规定受到应有的处罚。

(2)对异性越轨行为的处理

对于游客中举止不端、行为猥亵的任何表现,导游人员都应该向其郑重指出其行为的严重性,令其立即改正。女性导游人员遇到此类情况,为了自卫要采取断然措施,情节严重者应该及时报告有关部门,依法处理。

(3)对酗酒闹事者的处理

游客酗酒,轻者举止失态,重者失去理智。因此,导游人员应该做到以下几点:

①先规劝,也可以通过领队向其做思想工作,并严肃向其指明可能造成的严重后果。

②对喝醉了的游客还应该尽力劝其停止饮酒,但不要说"您喝多了。"等刺激性的话,要用"您用茶吗?请早些回房吧!"等话劝其早些休息。

③在饭店内发现本团游客喝醉、倒地不醒,导游人员要同饭店保安人员一起将其搀扶至房间,同时报告上级领导,切不可单独搀扶其进入房间,或者帮助其入寝。

④酗酒者摔坏弄脏饭店、餐厅的物品、设备,要按规定赔偿。如果酗酒者不听劝告、扰乱社会秩序、破坏或者迫害他人行为严重、侵犯他人、造成物质损失的,必须承担一切后果,直至法律责任。

复习思考

1. 常见问题和事故的类型有哪些?
2. 什么是漏接、错接、空接、误机(车、船)事故?
3. 什么是旅游安全事故? 旅游安全事故的类型有哪些?
4. 请举例说明什么是游客越轨言行?
5. 常见问题和事故处理的一般步骤是什么?
6. 旅游过程中的常见问题和事故的防范工作实行的方针是什么?
7. 为了顺利地处理旅游过程中的常见问题和事故,导游人员必须做好哪几点准备?
8. 游客死亡的一般处理步骤有哪些?
9. 对酗酒闹事的游客的处理方法是什么?

案例分析

某日上午 8:00,某旅行社门市接待人员接北京组团社电话,原定于第二日下午 7:50 到达的旅游团,因出发地订票的原因改为第二日上午 11:40 提前到达,须提前接站。门市接待人员因有急事,在未能和旅行社计调联系上的情况下,在计调的办公桌上留下便条告知此事,后离去。计调回社后,没有注意到办公桌上的便条,直到第二日上午 12:00,组团社全陪从火车站打来电话才知此事。

(资料来源:根据"北京旅游网"资料整理)

请问:如果你是地接的话,你应该如何处理?

第八章　导游业务的相关知识

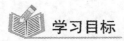学习目标

　　通过本章的学习,学生要明确礼仪对于旅游事业的重要性;了解旅游活动及涉外活动中的常用礼仪规范和要求;掌握中国主要客源地礼仪的基本内容与礼俗禁忌;熟悉作为导游人员必须掌握的多种旅行常识,如出入境知识、交通邮电知识、货币保险知识和旅游中的护理与急救知识。

　　有了人类的历史,也就有了礼仪。由于礼仪的漫长历史以及各个民族、国家和地区的差异,使得礼仪的内容十分丰富而庞杂。礼仪是在人际交往中,以一定的、约定俗成的程序方式来表现的律己敬人的过程,涉及穿着、交往、沟通、情商等内容。从个人修养的角度来看,礼仪可以说是一个人内在修养和素质的外在表现。从交际的角度来看,礼仪可以说是人际交往中适用的一种艺术、一种交际方式或者交际方法,是人际交往中约定俗成的示人以尊重、友好的习惯做法;从传播的角度来看,礼仪可以说是在人际交往中进行相互沟通的技巧。

　　任何一个文明社会,任何一个文明民族,人们总是十分注重文明礼貌。因此,每个国家都有自己国家的民族特色、风俗习惯。游客总是希望陪同他们参观游览的导游人员个个都是无所不知、无所不晓、能百问百答的导游专家。为此,导游人员对于一些必要的旅行常识,如出入境知识、交通邮电知识、货币保险知识和旅游中的护理与急救知识;世界大多数国家的地理特点、民风民俗、礼俗禁忌等都要有所涉猎,尤其是中国的几大客源国的相关情况更要熟记于心,这样在今后的带团旅游过程中才不会造成尴尬或者误会,引起不必要的麻烦。

168

导游业务

第一节　礼节礼貌知识

　　一个民族的共同心理和感情形成了该民族的风俗习惯,反过来这些风俗习惯又往往与该民族心理感情相联系,被视为神圣不可侵犯。因此,研究各国的礼俗和禁忌对于发展我国对外贸易与旅游活动具有十分重要的意义。

下面,我们就从颜色、数字、交谈、动物与图案、食物、送礼、行为举止等方面,对我国港澳台地区以及主要客源国的礼俗和禁忌进行介绍。

一、我国港澳台地区

1.我国港澳台地区礼俗

(1)港澳台同胞一般比较勤勉、守时,与他们交往时要注意做到不能使其觉得丢面子。

(2)港澳台同胞(尤其是上了年纪的老一辈)迷信的不在少数,喜欢讨口彩等。

(3)喜欢数字"8",因为和"发"谐音,有"发财"的意思。

2.港澳台地区禁忌

(1)忌讳说不吉利的话,喜欢讨口彩。如"猪舌"要说成"猪利";逢年过节忌讳说"节日快乐",要说成"节日愉快"或者"恭喜发财",因为"快乐"是"快落"的谐音。

(2)忌讳数字"4"。因为粤语"4"与"死"同音。因此,人们避免用"4"来作标志;有些房屋没有"4、14、34"等带"4"的编号,送礼也不送"4 种"、"4 个"或者"4 件"。

(3)送礼物忌讳送"钟"。尤其是在乔迁新居和祝寿时忌讳送钟,因为"送钟"与"送终"同音。

(4)忌讳"分梨"吃,尤其是恋人和新婚家庭,因为"分梨"与"分离"同音。

二、主要客源国

1.日本与韩国

(1)日、韩礼俗

①民族特点是勤劳、守信、遵守时间、有强烈的民族自尊心。重礼貌,妇女对男子、晚辈对长辈、学生对老师特别尊重。

②在待人接物以及日常生活中,比较谦恭有礼。在说话时,常用"谦语"称呼自己,用"敬语"称呼对方。

③一般不轻易表露自己的感情,公共场所不大声说笑,颇为稳重有礼。在日常交际场合,晚辈对长辈、下级对上级规矩严格。

④外出大多穿西服,"和服"是日本传统的民族服装,"韩服"是韩国传统的民族服装,皆称为"国服"。

⑤与人见面善行鞠躬礼,初次见面向对方鞠躬 90°,以示敬意。

⑥日本人不给他人敬烟,重视"茶道"。日本人的"茶道"已形成一种礼仪规范,它以"和、敬、清、寂"为精神,作为最高礼遇来款待远道而来的尊贵宾客。

⑦韩国人无论男女,皆善饮酒,但在与长辈、上级饮酒时,双手斟酒、接酒、喝酒时注意把头侧过去再饮用,以示对对方的尊敬。

(2)日、韩禁忌

①忌讳"绿"色和"紫"色,认为"绿"色是不祥的象征,"紫"色是不牢靠的颜色。

②忌讳数字"4"。认为"4"是不吉利的数字,因此军队、医院、餐馆、旅馆、楼层、门牌、房子等均不用"4"来编号。

③忌讳询问对方的年龄、收入、婚姻、身体的肥瘦、个子的高矮之类的话题。在交际场合,忌讳高声谈笑。

④忌讳吃肥猪肉和猪的内脏,还有的人忌吃羊肉和鸭。

⑤忌讳"荷花"、"菊花"。认为"荷花"仅用于丧葬活动,"菊花"是日本皇宫的标志,忌讳赠送。

⑥日本人有"忌八筷"的禁忌,即忌舔筷、忌迷筷、忌移筷、忌扭筷、忌插筷、忌掏筷、忌跨筷、忌剔筷。

⑦韩国人在交谈时,忌讳说"师"、"私"、"事"等字,因为其发音与"死"同音;忌讳谈论政治腐败、经济危机、意识形态、南北分裂、韩美关系、韩日关系等话题;忌讳称其为"朝鲜人",而宜称之为"韩国人"。

2. 美国

(1)美国礼俗

①美国人一般都性格开朗,乐于与人交际,而且不拘泥于正统礼节,没有过多的客套。行接吻礼只限于对特别亲近的人,而且只吻面颊。

②接待美国人时,要注意其大多喜欢过夜生活,所以有"晚睡晚起"的习惯。

③现代的美国人平时不太讲究衣着,但强调穿衣应该具有个性,只有在正式的社交场合才讲究服饰打扮。在美国崇尚"女士第一"。

④美国人讲话多用礼貌用语,且很重视隐私权,交谈时习惯与别人保持一定的距离。

⑤美国人不拘泥于馈赠礼物的形式,也不提倡人际间交往送"厚"礼。

(2)美国禁忌

①忌讳黑色,因为在美国,"黑"色主要用于丧葬活动,被视为不吉利的颜色。

②忌讳的数字是"3"和"13",忌讳的日期是"星期五"。

③忌讳打听别人的私事。在美国,询问他人的收入、年龄、婚姻、健康、籍贯、住址、种族是很不礼貌的。

④忌讳"蝙蝠"和"黑色的猫"这两种动物,认为蝙蝠是凶神恶煞的象征,黑色的猫会给人带来厄运。

⑤忌讳随意训斥或者打骂孩子,忌讳用食指指点他人。

⑥忌讳穿着睡衣出门或者会客,因为他们认为穿睡衣会客等于没有穿衣服,是一种没有礼貌的行为;忌讳同性双双起舞,认为这是一种不正常的行为。

⑦忌讳给妇女送香水、化妆品或者衣物;忌讳送带有送礼人所在公司标志的物品和便宜的项链之类的饰品,这样会被对方认为是一位舍不得为朋友花钱并爱占公家便宜的小气之人。

3. 英国

(1)英国礼俗

①英国人重视礼节和自我修养,重视行礼时的礼节程序。见面时,对初次相识的人行握手礼。

②英国人,特别是年长的英国人,喜欢别人称他们的世袭头衔或者荣誉头衔。

③英国人讲求绅士风度,感情内敛,不喜欢别人问及有关个人生活的问题。

④英国人比较注意服饰打扮,什么场合穿什么衣服、配什么鞋子和包都有讲究。

⑤"女士优先"的宗旨,在英国比世界其他国家更为明显。

（2）英国禁忌

①忌讳墨绿色，认为它是不吉利之颜色。忌讳数字"3"、"13"和"星期五"。

②忌讳谈论涉及政治、宗教、王室以及英国各地区之间的矛盾；忌讳询问家事或者隐私，如职业、工资、年龄、婚姻和家庭状况等。

③忌讳黑猫、孔雀、大象等动物，认为黑猫是不祥之物；孔雀是淫鸟、祸鸟，连孔雀开屏也视为"自我吹嘘"；大象则是蠢笨的象征。

④忌讳送百合花和菊花，认为它们是死亡的象征；忌讳送贵重礼物及涉及私人生活的服饰或者香水等物品。

⑤行为举止"五条禁忌"：一是忌讳当众打喷嚏；二是忌讳用同一根火柴连续点三支香烟；三是忌讳把鞋子放在桌子上；四忌讳在屋子里撑伞；五是忌讳从梯子下面走过。

4.澳大利亚

（1）澳大利亚礼俗

①澳大利亚人在人际交往中的特点是"亦英亦美"，以"英"为主。

②澳大利亚人见面时所行的礼节，既有拥抱礼、亲吻礼，也有合十礼、鞠躬礼、握手礼、拱手礼、点头礼等。

③澳大利亚除了在极为正式的场合要穿西装、套裙之外，平时一般穿着较随意。

④澳大利亚人普遍乐于同他人交往，并且表现得质朴、开朗、热情。过分的客套或者做作，均会令其不快。

⑤澳大利亚人的饮食习惯多种多样，一般喜欢英式西餐，爱吃牛、羊、鸡、鱼等。

⑥澳大利亚人崇尚人道主义和博爱精神，乐于保护弱者，讲究保护私生子的合法地位，甚至将保护动物看做是自己的天职。

（2）澳大利亚禁忌

①忌讳在烹饪食物时加味精，且忌讳吃油腻、辛辣的食物。

②忌讳衣冠不整赴宴用餐，忌讳在公共场合中制造噪音。

③忌讳兔子及其图案，认为碰到兔子，可能会厄运降临。

④忌讳谈论种族、宗教、工会、个人私生活及等级划分等问题。

⑤忌讳把本国和英国联系起来，忌讳称呼其国家为"外国"，称呼其为"外国人"。

⑥忌讳在"周日"做礼拜，且忌讳在这一天进行约会。

第二节　旅行常识

旅游，即旅行、游览。既然要旅行，就需要掌握一些必要的旅行常识。对作为旅游活动的向导、负责向游客提供沿途旅游生活服务的导游人员来说，掌握必要的旅行常识非常重要。导游人员是接待国内外游客的服务人员，要与各方面的人士打交道，必须懂礼貌、讲礼节。导游人员应知应会的常识广泛而复杂。本章只简单介绍入出境知识、交通知识、邮电知识、货币知识、保险知识、礼节礼貌常识、常见病的处理常识、度量衡知识等与旅游活动直接相关的且导游人员必须应该掌握的多种知识。

一、入出境知识

1. 持有效证件入境

外国游客必须在指定口岸向边防检查站（由公安、海关、卫生检疫三方组成）交验有效护照和中国的签证或证件以及卫生检疫证明，填写入境卡，经边防检查站查验核准、加盖验讫章后入境。外国游客来华和华侨、港澳台同胞进入祖国大陆时所持证件不同，但通关手续基本相似。

（1）有效证件

1）护照

护照是一国主管机关发给本国公民出国或者在国外居留的证件，证明其国籍和身份。护照一般分外交护照、公务护照和普通护照三种，有的国家为团体出国人员（旅游团、体育队、文艺团体）发放团体护照，中国为出境旅游的公民发放一次性有效的旅游护照。

在中国，外交、公务护照由外事部门颁发，普通护照由公安部门颁发。

①外交护照发给政府高级官员、国会议员、外交和领事官员、负有特殊外交使命的人员、政府代表团成员等。持有外交护照者在外国享受外交礼遇（如豁免权）。

②公务护照发给政府一般官员，驻外使、领馆工作人员以及因公派往国外执行文化、经济等任务的人员。

③普通护照发给出国的一般公民、国外侨民等。

中华人民共和国护照的有效期一般为五年，可以延期两次，每次不超过五年，华侨可以在有效期满前向中国驻外使、领馆或者外交部授权的驻外机关提出延期申请。

2）签证

签证是一国主管机关在本国或者外国公民所持的护照或者其他旅行证件上签注、盖印，表示准其出入本国国境或者过境的手续。华侨回国探亲或旅游无需办理签证。

签证分外交签证、礼遇签证、公务签证、普通签证等，还可以分为入境签证、入出境签证、出入境签证和过境签证。旅游签证属于普通签证，在中国为 L 字签证（发给来中国旅游、探亲或者因其他私人事务入境的人员）。签证上规定持证者在中国停留的起止日期。

九人以上的旅游团可以发给团体签证。团体签证一式三份，签发机关留一份，来华旅游团两份，一份用于入境，一份供出境用。

签证的有效期限不等，获签证者必须在有效期内进入中国境内，超过期限，签证不再有效。

希望进入中国境内的外国人须持有效护照（必要时提供有关证明，例如，来华游客申请签证须出示中国旅游部门的接待证明）向中国的外交代表机关、领事机关或者外交部授权的其他驻外机关申请办理签证。但在特定情况下，例如事由紧急，确实来不及在上述机关办理签证手续者，可以向公安部授权的口岸签证机关申请办理签证。

中国公安部授权的口岸签证机关设立在下列口岸：北京、上海、天津、大连、福州、厦门、西安、桂林、杭州、昆明、广州（白云机场）、深圳（罗湖、蛇口）、珠海（拱北）。

持联程客票搭乘国际航班直接过境，在中国停留不超过 24 小时且不出机场的外国人，免办签证。要求临时离开机场的，需经边防检查机关批准。随着国际关系和旅游事业的发展，许多国家间签订了互免签证协议。

3)《港澳同胞回乡证》

《港澳同胞回乡证》是港、澳同胞来往于香港、澳门与内地之间的证件,由广东省公安厅签发,有效期十年。另有《入出境通行证》,也由广东省公安厅签发,有效期为五年。

4)《台湾同胞旅行证明》

《台湾同胞旅行证明》是台湾同胞来祖国大陆探亲、旅游的证件,经口岸边防检查站查验并加盖验讫章后,即可作为进出祖国大陆旅行的身份证明。该证由公安部委托香港中国旅行社签发,证明为一次性有效,出境时由口岸边防检查站收回。

(2)海关手续

1)外国人、华侨和台湾同胞可以持有效证件在指定的对外开放的口岸出入中国或者祖国大陆,香港同胞持证经深圳、澳门同胞经拱北通行。

2)海关通道。分为"红色通道"(亦称"应税通道")和"绿色通道"(亦称"免税通道")两种。

①红色通道。海外游客进入中国境内,一般须经"红色通道",事先要填写《旅客行李申报单》向海关申报,经海关登记后放行。申报单上所列物品,海关加上"凸"记号的,必须复带出境(如录音机、照相机、摄像机等)。

申报单不得涂改,不得遗失,出境时再交海关办理手续;申报单应据实填写,若申报不实或者隐匿不报者,一经查出,海关将依法处理。

海外游客来中国旅行,可以携带旅程中需要的、数量合理的自用物品:年满16周岁以上的旅客可以免税携带香烟 400 支和酒 2 瓶(每瓶 750 克)。中国籍旅客的免税物品另有规定。

②绿色通道。持有中国主管部门给予外交、礼遇签证护照的外国籍人员,海关给予免验礼遇的人员可以选择"绿色通道"通关,但需向海关出示本人证件和按规定填写的申报单据。

(3)入境卫生检疫

外国人进入中国,应根据国境检疫机关的要求如实填报健康申明卡,传染病患者隐瞒不报,按逃避检疫论处。一经发现,禁止入境;已经入境者,让其提前出境。

来自传染病疫区的人员须出示有效的有关疾病的预防接种证书(俗称"黄皮书");无证者,国境卫生检疫机关将从他离开感染环境时算起实施六日的留验;来自疫区,被传染病污染或者可能成为传染病传播媒介的物品,必须接受卫生检疫检查和必要的卫生处理。

(4)不准入境的几种人

1)不准入境的外国人

①被中国政府驱逐出境,未满不准入境年限的;

②被认为入境后可能进行恐怖、暴力、颠覆活动的;

③被认为入境后可能进行走私、贩毒、卖淫活动的;

④患有精神病和麻风病、艾滋病、性病、开放性肺结核等传染病的;

⑤不能保障其在中国所需费用的;

⑥被认为入境后可能进行危害我国国家安全和利益的其他活动的。

2)边防检查站有权阻止入境的人员

①未持有效护照、证件或者签证的;

②持伪造、涂改或者他人护照、证件的；

③拒绝接受查验证件的；

④公安部或者国家安全部通知不准入境的。

2. 外国游客在中国境内的权利和义务

中华人民共和国宪法总纲明确指出："中华人民共和国保护在中国境内的外国人的合法权利和利益。在中国境内的外国人必须遵守中华人民共和国的法律。"

(1)在中国境内，外国游客享受合法权益和人身自由不受侵犯的权利，但必须遵守中国的法律，不得进行危害国家安全、损害公益事业、破坏公共秩序的活动。违法者必将按照情节接受中国法律的制裁。

(2)在签证有效期内，外国游客可以在中国对外开放地区内自由旅游，但必须尊重旅游地区的民风习俗。如果希望前去不开放地区旅游，必须事先向所在市、县公安局申请旅行证，获准后方可前往，未经允许不得擅自闯入非对外开放地区旅行。外国游客申请旅行证须履行下列手续：

①交验护照或者居留证件；

②提供与旅行事由有关的证明；

③填写旅行申请表。

至于港澳台同胞，他们在祖国大陆住店，购买机票、车票和船票，享受与祖国大陆居民同等待遇，与祖国大陆居民一样可以自由去各地参观、旅游。

3. 持有效证件出境

外国游客应当在签证准予停留的期限内从指定口岸出境。外国游客出境，须向口岸边防检查站交验有效护照或者其他有效证件。

(1)不准出境的几种人

①刑事案件的被告人和公安机关或者人民检察院或者法院认定的犯罪嫌疑人；

②人民法院通知有未了结民事案件不能离境的；

③有其他违反中国法律的行为尚未处理，经有关主管机关认定需要追究的。

(2)下列人士，边防检查机关有权限制出境

①持无效出境证件的；

②待伪造、涂改或者他人护照、证件的；

③拒绝接受查验证件的。

二、交通、邮电知识

1. 交通知识

(1)空中旅行常识

1)机票

乘坐飞机旅行，游客应该根据有关规定购票。购买机票须出示有效证件，并填写《旅客订座单》。例如，中国居民须出示本人的《居民身份证》，外国人要出示护照，台湾同胞要持《台湾同胞旅行证明》或者公安机关出具的其他有效身份证件购买机票。机票只限票上所列姓名游客使用，不得转让和涂改，否则机票无效，机票费不退。国内、国际机票的有效期均为一年。

外国旅游团抵达后,导游员委核实机票:是否有国内段国际机票,有无返程、出境机票;要弄清出境机票是 OK 票还是 OPEN 票。所谓 OK 票,即已订妥日期、航班和机座的机票。持 OK 票的旅客若在该联程或者回程站停留 72 小时以上,国内机票须在联程或者回程航班机起飞前两天中午 12 时以前,国际机票须在 72 小时前办理座位再证实手续,否则,原定座位不予保留;OPEN 票则是不定期机票,旅客乘机前须持机票和有效证件(护照、身份证等)去民航办理订座手续。

2)变更

购妥国内航班机票的游客,如果要改变航班和日期或者舱位等级,须在预订航班起飞前 48 小时提出,并只能变更一次。

3)退票

中国国内机票持有者如果想退票,须按照规定视退票时间的早晚支付一定比例的退票费;国际机票持有者要退票应该按照规定办理,并只限在原购票地点或者经航空公司同意的地点办理。

4)乘机

乘坐国内航班的游客在班机起飞前 90 分钟到达机场,乘国际航班或者去沿海城市的旅客须在 120 分钟前抵达机场,凭机票和个人有效证件(居民身份证、护照、团体签证等)办理登机手续,班机起飞前 30 分钟机场停止办理登机手续。

每一位在中国境内乘坐国内、国际民航班机的游客都必须交纳机场费(持有外交护照的旅客、24 小时内过境的旅客以及 12 岁以下儿童例外)。

乘坐民航班机的中、外籍旅客及其携带的行李物品,除经特别准许者外,在登机前都必须接受安全技术检查;旅客须通过安全检查门,行李物品须经仪器检查;也可以进行人身检查和开箱检查,拒绝检查者不准登机。

5)行李

乘坐中国民航的国内、国际班机,持有成人或者儿童票的游客,每人可以免费交运行李:头等舱票 40 千克,公务客票 30 千克,经济客票 20 千克;中美、中加航线上的旅客每人可以免费交运行李两件。交运的行李必须封装完整、锁扣完善、捆扎牢固并能承受一定的压力;对包装不合格的行李,民航可以拒运或者不负损坏责任。随身携带的物品重量不超过 5 千克,其体积不得超过 20cm×40cm×55cm。

严禁游客携带枪支、弹药、凶器和易爆、易燃、剧毒、放射性物品以及其他危害民用航空安全的危险品进入机场和乘坐飞机。

(2)铁路旅行常识

1)旅客列车种类

旅客列车分国际旅客列车(如北京—莫斯科的国际列车)和国内旅客列车。

国内旅客列车又分为:特别快车,简称特快,包括直达特别快车(如北京—上海的 13、14 次等)和管内特别快车(运行在一个铁路局范围之内)。在我国,特别快车的车次为 1—98。直通旅客快车,简称直快,包括管内旅客快车,其车次为 105—398(其中管内直快的车次为 301—398)。直通旅客列车,称为慢车,车次为 403—446。在中国,还有旅游列车(如北京—承德、南京—杭州间的旅游列车)。

一般的列车由软卧、硬卧车厢,软座、硬座车厢,餐车,行李车厢和邮车组成。

2）车票

车票是旅客乘车的凭证，中国境内的火车票有三种：客票（硬座、软座）、加快票（普通加快、特别加快）和卧铺票（软卧、硬卧）。

旅客须持车票乘车旅行，无票乘车或者持失效车票乘车者要加倍交费；使用伪造或者涂改的车票乘车，旅客不仅要加倍交费，还得承担刑事责任。

身高1.2～1.5米的儿童乘车，需购买半价票，并照购加快票及空调票；超过1.5米的儿童买全票；身高1.2米以下的儿童乘车免票，但一个大人只准携带一名免票儿童，超过一名时，超过的人数应购儿童票。

3）丢失车票的处理

旅客在乘车前丢失车票，应该另行购票；在乘车旅行中丢失车票，应从发现丢失车票的车站起补收票价，核收手续费；未能判明是否丢失车票时，按照无票旅客处理。

4）行李

旅客免费携带的物品重量：大人20千克，儿童（包括免票儿童）10千克，外交人员35千克。携带物品的长度和体积要适于放在行李架上或者座位下边，并且不妨碍其他旅客乘坐和通行。

危险品（如雷管、炸药、鞭炮、汽油、煤油、电石、液化气体等易爆、易燃、自燃物品和杀伤性剧毒物品），国家限制运输物品，妨害公共卫生的物品，动物及损坏污染车厢的物品，都不得带入列车。

（3）水路旅行常识

1）一般知识

中国的水路交通分为沿海航运和内河航运两大类，海外游客在中国进行水上旅游时大多乘坐豪华游轮。

航行在沿海和江湖上的客轮大小不等，船上的设备差异很大。大型客轮的舱室一般分五等：一等舱（软卧，1～2人），二等舱（软卧，2～4人），三等舱（硬卧，4～8人），四等舱（硬卧，8～24人）和五等舱（硬卧），还有散席（包括坐席）。豪华客轮设有特等舱（由软卧卧室、休息室、卫生间等组成）。

2）船票

船票分为普通船票和加快船票，又分为成人票、儿童票（1.2～1.5米的儿童）和残废军人优待票。

旅客在乘船前丢失船票，应该另行购票；上船后旅客丢失船票，如果能提供足够的证明，经确认后无需补票；无法证明时，按有关规定处理。

3）行李

乘坐沿海和长江客轮，持全价票的旅客可以随身携带免费行李30千克，持半价票者和免票儿童15千克；每件行李的体积不得超过0.2立方米，长度不超过1.5米，重量不超过30千克。乘坐其他内河客轮，免费携带的行李分别为20千克和10千克。

下列物品不准携带上船：法令限制运输的物品；有臭味、恶腥味的物品；能损坏、污染船舶和妨碍其他旅客的物品；爆炸品、易燃品、自燃品、腐蚀性物品、有毒物品、杀伤性物品以及放射性物质。

2. 邮电通讯知识

（1）邮件

邮件分为函件和包裹两大类。函件又分为信函、明信片、航空邮件、印刷品、盲人读物、小包、合封函件和保价信函；包裹分为普通包裹、脆弱包裹和保价包裹。按处理的时限分类，可以分为普通邮件、快递邮件和（国际）特快专递邮件。

各类邮件禁止寄有爆炸性、易燃性、腐蚀性、毒性、酸性和放射性的各种危险物品，麻醉药物和精神药品以及国家法令禁止流通或者寄递的物品等。

邮件资费因重量和性质不等而各不相同。国际函件资费：信函 20 克及 20 克以下 2.2 元；明信片 1.6 元；印刷品 20 克及 20 克以下 1.5 元；盲人读物免费；上述函件的航空附加费每 10 克加 0.7 元；挂号费每件 4.5 元。

寄往澳大利亚、印度、巴基斯坦、日本及东南亚诸国的函件减低资费，例如水陆路信函 20 克及 20 克以下每件的资费为 1.9 元，明信片为 1.3 元。寄往我国港澳台地区的函件资费：信函 20 克及 20 克以下 0.6 元；明信片 0.4 元；印刷品 20 克及 20 克以下 0.3 元；盲人读物免费；航空附加费每 10 克加 0.2 元；挂号费每件 2.2 元。

（2）电话

电话是深受人们喜爱的快速通讯手段。电话费用一般由打电话者自理，但也有"收话人付费电话"，即指发话人挂号时申明受话人支付话费的电话。目前，该业务原则上只对与我国有直达电路的国家和地区开放。

为了方便人们打电话，开发了磁卡电话业务，即通过磁卡电话机，用户利用磁卡实现通话的一种简便通话方式。打电话前，用户须事先根据需要购买不同面值的磁卡。

用户若希望直拨国内、国际电话，必须知道有关国家和地区城市的电话代码、例如，中国：北京 010，广州 020，上海 021，天津 022，哈尔滨 0451，厦门 0592，深圳 0755 等；国际：中国 86，美国、加拿大 1，俄罗斯 7，法国 33，英国 44，德国 49，澳大利亚 61，日本 81 等。

直拨国内电话，其顺序如下：城市代码＋用户电话。例如拨打上海的 3217200 的电话时，拨 0213217200 即可。

直拨国际电话，其顺序为：国际字冠＋国家（或者地区）代码＋用户电话。例如直拨法国巴黎的 42246879 的电话时，拨 0033142246879 即可。注意，有些国家的城市（地区）的区号第一位数是 0，例如法国巴黎的代码是 01，但在直拨国际电话时不用拨 01，只需拨 1 即可。

国际直拨电话收费以"分"为单位，基本收费时间为 1 分钟，通话不满 1 分钟时，按 1 分钟计算。

（3）传真

传真是当前旅游联系最普遍的快捷通讯方式，它可以把团体签证以及有领导人签字的文件、照片、图纸等真迹由远处传送到对方。它克服了电报、电传等只能传递文字但不能传递文件原样的缺点。发国际、国内传真的办法与打国际、国内长途电话一样，先拨通对方国家、地区传真代码（同国际、国内长途电话的代码），然后发出传真即可。其计费方式同电话。

（4）电报

1）国际用户电报（电传）

国际用户电报，即"电传"。各国、各地区的国际用户电报都有终端代码，例如，中国 85，德国 41，法国 42，英国 51，美国 23、25 等。国际用户电报的计费同电话。

2）国际电报

我国用户可以到办理国际电报业务的营业处交发国际电报。电报按字数计费,书信电报每份按 22 个计费字数算起,其余各类电报每份按 7 个计费字数算起,不足起算字数的一律按起算字数收费。

三、货币、保险知识

1.货币知识

货币知识的范围广、内容复杂,这里只介绍一些与旅游活动关系密切的常识。

（1）外汇知识

外汇,是指外国货币（包括钞票、铸币等）,外币有价证券（包括政府公债、国库券、公司债券、股票、息票等）,外币支付凭证（包括票据、银行存款凭证、邮政储蓄凭证等）以及其他外汇资金。

中国对外汇实行由国家集中管理、统一经营的方针。在中国境内,禁止外汇流通、使用、质押,禁止私自买卖外汇,禁止以任何形式进行套汇、炒汇、逃汇。

游客携入中国的外币和票据金额没有限制,但入境时必须据实申报;在中国境内,游客若需要钱时可以持外汇到中国银行及各兑换点兑换,但要保存好银行出具的外汇兑换证明（俗称水单,其有效期为半年）。离境时,人民币如未用完,可以持水单将其兑换回外汇,最后经海关核验《申报单》后可以将未用完的外币和票证携出。

在中国境内,18 个国家和地区的现钞可以兑换成人民币:澳大利亚元,奥地利先令,比利时法郎,加拿大元,丹麦克朗,意大利里拉,德国马克,法国法郎,日元,马来西亚元,荷兰盾,挪威克朗,新加坡元,瑞典克朗,瑞士法郎,英镑,美元,港币。

泰铢和菲律宾比索可以在侨乡的个别中国银行兑换,台胞携入的台币,中国银行可以通融兑换成人民币。

1）旅行支票

旅行支票是银行或者旅行社为方便游客,在游客交存一定金额后签发的定额票据。购买旅行支票后,游客可以随身携带,在预先约定的银行或者旅行社的分支机构或者代理机构凭票取款,比带现金旅行安全便利。

购买旅行支票时,游客要当场签字,作为预留印鉴;支取款项时必须当着付款单位的面在支票上签字;付款单位将两个签字核对无误后,方予付款,以防假冒。中国银行在收兑旅行支票时要收取 75‰ 的贴息。

2）信用卡

信用卡是指银行为提供消费信用而发给客户的,在指定地点支取现金、购买货物或者支付劳务费用的信用凭证,实际上是一种分期付款的消费者信贷。信用卡上印有持卡者姓名、签字、号码以及每笔赊购的限额和有效期等内容。

中国银行于 1986 年 6 月发行了人民币长城信用卡,中国工商银行于 1989 年 10 月发行了人民币牡丹卡。我国目前受理的主要外国信用卡有七种:万事达卡、维萨卡、运通卡、大莱卡、JCB 卡、百万卡和发达卡。

（2）保险知识

保险是一种风险转移机制,即个人或者企业通过保险将一些难以确定的事故转移给别人去负担，以付出一笔已知的保险费为代价，就可以将损失转移给保险公司承担。当然，办理保险本身并不能消除风险，保险只能为遭受风险损失的人提供经济补偿。

来华游客大多在本国、本地区保了旅行意外伤害保险，进入中国境内后，旅游团一般都自动加入了中国的保险。我国的各大旅行社都与中国人民保险公司总公司签订了协议。现将××旅行社编印的《旅行社旅客责任保险陪同人员须知》介绍于后，仅供参考。

《旅行社旅客责任保险陪同人员须知》

根据××旅行社与中国人民保险公司总公司协议，特制订《旅行社旅客责任保险陪同人员须知》如下：

一、基本知识

（一）保险范围：总社自联的外国旅游团队（散客除外）入境后均加入保险。

（二）保险期限：从旅客抵达中国境内时起算20天为限。

（三）索赔期限：事故发生后，全陪应协助地陪在24小时内告知当地分（支）社和当地保险公司，并在3天内递交书面通知，同时报告组团社。

（四）索赔通知内容：出事情况、原因、有无涉及第三责任者、估计损失或者赔偿金额等。

（五）赔款的支付：保险公司按我方提供的索赔凭证决定赔款外汇或者人民币，因此陪同或者客人在用外汇支付车费、医疗费、急需用品等费用时，一定要索取外汇发票。保险总公司接到保险分（支）公司的意见及赔款计算书后，20～30天内将赔款支付总社或者通知拒赔；保险分、支公司不支付赔款。

（六）可以退还找到的行李物品：保险公司已按全额赔偿的行李物品，如找回，该行李所有权归保险公司。如旅客要求退还原行李物品，则应在收到失物已找回的通知一个月内领取，或者委托他人代领，同时退回赔款。

二、行李物品的丢失、被盗或损坏

1. 行李物品的丢失、被盗或者损坏

（1）行李物品的丢失

1）行李物品的错运、错发

如发生行李物品的错运、错发事故后，经查确系××社有关人员的疏忽，保险公司可以负责再次托运的费用，陪同人员可以将有关情况书面说明并经领导或者有关分（支）社盖章连同再次托运的正本收据寄××社，向保险公司提出索赔，金额限制在人民币1000元以内。同时，为向旅客提供优质服务，可以购买必需替换用的内衣及生活必需品如牙具等，金额以人民币100元为限，可以凭购物的发票正本及情况说明一份[必须由有关分（支）社盖章]寄××社向保险公司索赔。

2）行李丢失

旅客到达目的地后，如没有领到行李，陪同人员务必将行李牌拿到手，并请丢失行李者填写证明一份，列明所丢物品及金额，同时陪同人员也必须写出情况说明一份，签字并经当地分（支）社盖章后，一并寄给××社向保险公司索赔，索赔金额以人民币5000元为限。

（2）行李物品的被盗窃

①旅客行李物品被盗窃后，陪同人员首先应向当地公安部门或者宾馆的保卫部门报案，尽可能拿到证明材料。同时要求旅客列明所丢物品的品名、金额。陪同人员也要书面

说明情况,经当地分(支)社盖章后寄××社向保险公司索赔。金额以人民币 4500 元为限。

②对于旅客的个人物品,如照相机等在其个人照料或者携带下丢失,保险公司不予赔偿。

(3)行李包装物的损坏

由于运输过程中装卸不慎,将旅客所用的行李包装物损坏,陪同人员可以掌握在人民币 100 元以内替旅客修理或者购买新的包装物,凭发票的正本寄××社向保险公司索赔。

如因包装物损坏,而使旅客行李物品全部或者部分丢失,可以按 2)的方式办理。

2.人身的伤亡

如旅客在旅游时发生意外事故,陪同人员应尽快与当地保险公司联系,申请检验。但对外(旅客)不必说明或者介绍保险人员。

(1)旅客一旦发生事故,陪同人员送旅客到医院治疗,以下费用均可向保险公司提出索赔:

①送旅客就医的出租汽车费(以车票为准,需写明路线及日期)。

②治疗意外伤病的挂号费、住院费(不包括特别护理费、伙食费及营养费)、手术费、药费、化验费、透视费等。因旅客大多数在境外投保了旅行意外伤害保险,因此,以上费用只有在旅客提出向旅行社索赔时,陪同将以上所有费用的正本报××社向保险公司索赔,副本无效。这些费用一般应由旅客先行支付,陪同人员不宜事先垫付,因为不论医药费支付多少,保险公司所承担的责任以人民币 15000 元为限,超过部分不能索赔。

(2)如旅客由于意外伤病不幸死亡,应立即通知当地保险公司,申请检验,除出具在医院抢救所支出费用的收据外,陪同人员还应请医院或者急救中心出具写明死亡原因的死亡证明。人身伤亡最高赔偿限额为每人人民币 22 万元。旅客伤亡的索赔程序仍是××分(支)社写明情况,寄××社向保险公司索赔。

(3)遗体遣返费最高赔偿限额为每人人民币 15000 元。

(4)第三者责任赔偿的最高限额为人民币 45000 元。

上述各项赔偿总的最高限额不超过人民币 30 万元。

3.旅客丢失行李物品或者发生事故如属以下情况,保险公司不予赔付:

①首饰、现金、息票、信用卡票据、有价证券、邮票、文件账册、说明书、手稿设计图文、电脑资料、飞机票、船票、车票、护照,动、植物及标本;

②假牙、假肢、隐形眼镜;

③金银、珠宝、古字画及古玩;

④行李物品的自然磨损、虫咬、变色、锈蚀或者老化;

⑤慢性病、传染病、分娩、怀孕、流产及牙科疾病以及因这些疾病而施行手术治疗所致的死亡。

4.一次旅游中的多次索赔

对于旅客在一次旅游期间发生多次保险责任范围内的索赔,旅行社可以多次提出索赔,由保险公司按照实际损失赔付,但每项累计索赔金额均以不超过对该旅客在旅行期间各项规定赔偿金额为限。

对于人民币 100 元以下小额行李物品的损失索赔,可以由旅行社事先垫付,再凭索赔申请及损失证明向保险公司领取。

5.备注

以上条款如有未尽之处,应以××旅行社与中国人民保险公司总公司签订的"旅行社旅客责任保险协议书"以及"旅行社旅客责任保险实施细则"为准。

四、旅游中的护理与急救知识

1.卫生常识

外出旅游,应该懂得一点卫生常识,如不吃不卫生的食物,不喝不洁的饮料;随身携带一些常用药物,以备不时之需。除此之外,导游人员还应该掌握几种常见病的治疗常识。

(1)晕车(机、船)

晕车、晕机、晕船者旅行前不应饱食,需提前服用药物(最好让其服用自备药或者医生提供的药);可能时让其坐在较平衡的座位上;长途旅行中旅客晕机(车、船),导游员可以请乘务员协助。

(2)中暑

中暑的主要症状是大汗、口渴、头昏、耳鸣、眼花、胸闷、恶心、呕吐、发烧,严重者会神志不清,甚至昏迷。人长时间地处在曝晒、高热、高湿热环境中容易中暑,所以盛夏旅游,导游员在带团时要注意劳逸结合,避免游客长时间地在骄阳下活动。若有游客中暑,可以置患者于阴凉通风处,平躺,解开衣领,放松裤带;可能时让其饮用含盐饮料,对发烧者要用冷水或者酒精擦身散热,服用必要的防暑药物;缓解后让其静坐(卧)休息。严重中暑者经过简单、必要的治疗后立即送医院。

(3)食物中毒

食物中毒对人体的危害很大,其症状是上吐下泻,特点是起病急,发病快,潜伏期短,若救治不及时,会有生命危险。发现游客食物中毒,让其多喝水以缓解毒性,严重食物中毒者立即送医院抢救。食物中毒都由饮食不卫生引起,导游员要随时提醒游客不要食用小摊上的食品。

(4)骨折

游客骨折,须及时送医院救治,但在现场,导游员应做力所能及的初步处理:

1)止血。游客骨折,应及时止血。止血的常用方法有:①手压法,即用手指、手掌、拳在伤口靠近心脏一侧压迫血管止血;②加压包扎法,即在创伤处放厚敷料,用绷带加压包扎;③止血带法,即用弹性止血带绑在伤口近心脏的大血管上止血。

2)包扎。包扎前最好要清洗伤口,包扎时动作要轻柔,松紧要适度,绷带的结口不要在创伤处。

3)上夹板。可以就地取材上夹板,以求固定两端关节,避免转动骨折部位的肢体。

(5)心脏病猝发

游客心脏病猝发,切忌急着将患者抬着或者背着去医院,而应该让其就地平躺,头部略垫高,由患者亲属或者领队或者游客从患者口袋中寻找备用药物,让其服用;同时,导游人员尽快联系附近医务所的医生前来救治,病情稍稳定后送医院。

(6)蝎、蜂蜇伤

若游客被蝎、蜂蜇伤,导游人员要设法将毒刺拔出,用口或者吸管吸出毒汁,然后用肥皂水(条件许可时用5%苏打水或者3%淡氨水)洗敷伤口,服用止痛药。导游人员、游客如识中草药,可以用大肖叶、药荷叶、两面针等捣烂外敷。严重者要送医院抢救。

另外,当旅游团中有游客中暑,食物中毒,骨折,心脏病猝发或者被蝎、蜂严重蜇伤时,导游人员应该立即报告旅行社,严重者送医院治疗。

2.其他常识

(1)国际时差

英国格林尼治天文台每天所报的时间,被作为国际标准时间,即"格林尼治时间"。人们在日常生活中所用的时间,是以太阳通过天体子午线的时刻——"中午"作为标准来划分的。每个地点根据太阳和子午线的相对位置确定的本地时间,称"地方时"。

地球每24小时自转一周(即360°),自1884年起,国际上将全球划分为24个时区,每个时区的范围为15个经度。以经过格林尼治天文台的零度经线为标准线,从西经7度半到东经7度半为中区(称为0时区)。然后从中区的边界线分别向东、西每隔15度各划一个时区,东、西各有12个时区,而东、西12区都是半时区,合起来称为12区。各时区都以该区的中央经线的"地方时"为该区共同的标准时间。

北京位于东经116.46°,划在东八区,该区的中央经线为东经120°,因此,"北京时间"是以东经120°的地方时作为标准时间。中国幅员辽阔,东西横跨经度64°,跨5个时区(从东五区到东九区),为方便起见,以北京时间作为全国标准时间。

北京与世界几个大城市的时差介绍如下:

北京位于东八区,当中午12时;汉城、东京位于东九区,为13时;莫斯科位于东三区,为7时;开罗位于东二区,为6时;巴黎、柏林位于东一区,为5时;伦敦位于0时区,为4时;纽约位于西五区,为上一天的23时。

(2)度量单位

1)重量

1公斤=2.20462磅=35.2736盎司=2斤(20两)

1斤=0.5公斤=1.10231磅=17.6370盎司

1磅=0.45359公斤=16盎司=0.9072斤(9.072两)

1克拉(宝石)=0.2克

1盎司(金衡)=155.5克拉=0.622两

2)面积

1平方公里=0.3681平方英里=100公顷=1500亩=247.105英亩

1平方英里=2.59平方公里=259公顷=3885亩=640英亩

1公顷=0.1平方公里=15亩=2.471英亩

1亩=0.165英亩=0.0667公顷

(3)摄氏、华氏换算

温度的测算标准有两种:摄氏度(℃)和华氏度(℉)。在我国,习惯于以摄氏测算温度。两者间的换算公式如下:

1)摄氏度换算为华氏度

摄氏度换算内华氏度的公式为

摄氏度=5/9×(华氏度-32)

例如,将90华氏度换算成摄氏度数。计算过程如下:

5/9×(90－32)＝5/9×58＝32.2℃

即:90 华氏度等于 32.2 摄氏度。

2)华氏度换算为摄氏度

华氏度换算为摄氏度的公式为

华氏度＝摄氏度×9/5＋32

例如,将 30 摄氏度换算成华氏度数。计算过程如下:

30×9/5＋32＝54＋32＝86℉

即:30 摄氏度等于 86 华氏度。

复习思考

1. 英国的礼俗禁忌包括哪些内容?

2. 什么是护照? 护照的类型有哪几种?

3. 国内的旅客列车包括几种类型? 对儿童购票的具体要求有哪些?

知识链接

国外各国关于"禁烟"的条例

中国的烟民数量非常大,所以出境旅游中,禁烟条例就是必读的一项。

新加坡从 2007 年开始就在包括酒店、夜店和卡拉 OK 在内的娱乐场所实施了禁烟令。在禁烟区吸烟将被罚款 200 新元(约合 1000 元人民币)。抽烟者如果对执行禁烟令的经营人员加以污辱、威胁或者阻挠,将被控上法庭,他将面对高达 1000 新元(约合 5000 元人民币)的罚款或者监禁 6 个月的处罚。

在澳大利亚,禁烟令中还明确规定了所谓公共场所的定义,即"围住"的公共场所是指有天花板或者屋顶,且永远或者暂时被围住面积超过 75％的场所。在这里,不仅不允许任何人抽烟,而且不准有烟灰缸、火柴、打火机和其他抽烟时使用的物品。

除了吸烟外,诸如乱扔垃圾、吐痰等陋习在国外均有可能会遭到罚款。肯尼亚新环保法规定,在公共场合随地小便、吐痰、乱丢废弃物将被视为犯罪行为,予以严惩。例如随便倾倒合成纤维纸的行为一经查出,将处以 3 个月监禁或者 3.5 万肯先令(相当于 400 多美元)的罚款。

(资料来源:摘录自"中国旅游论坛网")

附录一　导游人员管理条例

（中华人民共和国国务院令第 263 号）

第一条　为了规范导游活动，保障旅游者和导游人员的合法权益，促进旅游业的健康发展，制定本条例。

第二条　本条例所称导游人员，是指依照本条例的规定取得导游证，接受旅行社委派，为旅游者提供向导、讲解及相关旅游服务的人员。

第三条　国家实行全国统一的导游人员资格考试制度。

具有高级中学、中等专业学校或者以上学历，身体健康，具有适应导游需要的基本知识和语言表达能力的中华人民共和国公民，可以参加导游人员资格考试；经考试合格的，由国务院旅游行政部门或者国务院旅游行政部门委托省、自治区、直辖市人民政府旅游行政部门颁发导游人员资格证书。

第四条　在中华人民共和国境内从事导游活动，必须取得导游证。

取得导游人员资格证书的，经与旅行社订立劳动合同或者在导游服务公司登记，方可持所订立的劳动合同或者登记证明材料，向省、自治区、直辖市人民政府旅游行政部门申请领取导游证。

具有特定语种语言能力的人员，虽未取得导游人员资格证书，旅行社需要聘请临时从事导游活动的，由旅行社向省、自治区、直辖市人民政府旅游行政部门申请领取临时导游证。

导游证和临时导游证的样式规格，由国务院旅游行政部门规定。

第五条　有下列情形之一的，不得颁发导游证：

（一）无民事行为能力或者限制民事行为能力的；

（二）患有传染性疾病的；

（三）受过刑事处罚的，过失犯罪的除外；

（四）被吊销导游证的。

第六条　省、自治区、直辖市人民政府旅游行政部门应当自收到申请领取导游证之日起 15 日内，颁发导游证；发现有本条例第五条规定情形，不予颁发导游证的，应当书面通知申请人。

第七条　导游人员应当不断提高自身业务素质和职业技能。

国家对导游人员实行等级考核制度。导游人员等级考核标准和考核办法，由国务院旅游行政部门制定。

第八条　导游人员进行导游活动时，应当佩戴导游证。

导游证的有效期限为 3 年。导游证持有人需要在有效期满后继续从事导游活动的，应当在有效期限届满 3 个月前,向省、自治区、直辖市人民政府旅游行政部门申请办理换发导游证手续。

临时导游证的有效期限最长不超过 3 个月,并不得展期。

第九条　导游人员进行导游活动,必须经旅行社委派。

导游人员不得私自承揽或者以其他任何方式直接承揽导游业务,进行导游活动。

第十条　导游人员进行导游活动时,其人格尊严应当受到尊重,其人身安全不受侵犯。

导游人员有权拒绝旅游者提出的侮辱其人格尊严或者违反其职业道德的不合理要求。

第十一条　导游人员进行导游活动时,应当自觉维护国家利益和民族尊严,不得有损害国家利益和民族尊严的言行。

第十二条　导游人员进行导游活动时,应当遵守职业道德,着装整洁,礼貌待人,尊重旅游者的宗教信仰、民族风俗和生活习惯。

导游人员进行导游活动时,应当向旅游者讲解旅游地点的人文和自然情况,介绍风土人情和习俗;但是,不得迎合个别旅游者的低级趣味,在讲解、介绍中掺杂庸俗下流的内容。

第十三条　导游人员应当严格按照旅行社确定的接待计划,安排旅游者的旅行、游览活动,不得擅自增加、减少旅游项目或者中止导游活动。

导游人员在引导旅游者旅行、游览过程中,遇有可能危及旅游者人身安全的紧急情形时,经征得多数旅游者的同意,可以调整或者变更接待计划,但是应当立即报告旅行社。

第十四条　导游人员在引导旅游者旅行、游览过程中,应当就可能发生危及旅游者人身、财物安全的情况,向旅游者作出真实说明和明确警示,并按照旅行社的要求采取防止危害发生的措施。

第十五条　导游人员进行导游活动,不得向旅游者兜售物品或者购买旅游者的物品,不得以明示或者暗示的方式向旅游者索要小费。

第十六条　导游人员进行导游活动,不得欺骗、胁迫旅游者消费或者与经营者串通欺骗、胁迫旅游者消费。

第十七条　旅游者对导游人员违反本条例规定的行为,有权向旅游行政部门投诉。

第十八条　无导游证进行导游活动的,由旅游行政部门责令改正并予以公告,处 1000 元以上 3 万元以下的罚款;有违法所得的,并处没收违法所得。

第十九条　导游人员未经旅行社委派,私自承揽或者以其他任何方式直接承揽导游业务,进行导游活动的,由旅游行政部门责令改正,处 1000 元以上 3 万元以下的罚款;有违法所得的,并处没收违法所得;情节严重的,由省、自治区、直辖市人民政府旅游行政部门吊销导游证并予以公告。

第二十条　导游人员进行导游活动时,有损害国家利益和民族尊严的言行的,由旅游行政部门责令改正;情节严重的,由省、自治区、直辖市人民政府旅游行政部门吊销导游证并予以公告;对该导游人员所在的旅行社给予警告直至责令停业整顿。

第二十一条　导游人员进行导游活动时未佩戴导游证的,由旅游行政部门责令改正;拒不改正的,处 500 元以下的罚款。

第二十二条　导游人员有下列情形之一的,由旅游行政部门责令改正,暂扣导游证 3 至 6 个月;情节严重的,由省、自治区、直辖市人民政府旅游行政部门吊销导游证并予以公告:

(一)擅自增加或者减少旅游项目的;

（二）擅自变更接待计划的；

（三）擅自中止导游活动的。

第二十三条　导游人员进行导游活动，向旅游者兜售物品或者购买旅游者的物品的，或者以明示或者暗示的方式向旅游者索要小费的，由旅游行政部门责令改正，处 1000 元以上 3 万元以下的罚款；有违法所得的，并处没收违法所得；情节严重的，由省、自治区、直辖市人民政府旅游行政部门吊销导游证并予以公告；对委派该导游人员的旅行社给予警告直至责令停业整顿。

第二十四条　导游人员进行导游活动，欺骗、胁迫旅游者消费或者与经营者串通欺骗、胁迫旅游者消费的，由旅游行政部门责令改正，处 1000 元以上 3 万元以下的罚款；有违法所得的，并处没收违法所得；情节严重的，由省、自治区、直辖市人民政府旅游行政部门吊销导游证并予以公告；对委派该导游人员的旅行社给予警告直至责令停业整顿；构成犯罪的，依法追究刑事责任。

第二十五条　旅游行政部门工作人员玩忽职守、滥用职权、徇私舞弊，构成犯罪的，依法追究刑事责任；尚不构成犯罪的，依法给予行政处分。

第二十六条　景点景区的导游人员管理办法，由省、自治区、直辖市人民政府参照本条例制定。

第二十七条　本条例自 1999 年 10 月 1 日起施行。1987 年 11 月 14 日国务院批准、1987 年 12 月 1 日国家旅游局发布的《导游人员管理暂行规定》同时废止。

导游业务

附录二　导游人员管理实施办法

（2001 年 12 月 26 日国家旅游局局长办公会议讨论通过，
2001 年 12 月 27 日国家旅游局令第 15 号公布，自 2002 年 1 月 1 日起施行）

第一章　总　则

第一条　为了加强导游队伍建设，维护旅游市场秩序和旅游者的合法权益，依据《导游人员管理条例》和《旅行社管理条例》，制定本办法。

第二条　旅游行政管理部门对导游人员实行分级管理。

第三条　旅游行政管理部门对导游人员实行资格考试制度和等级考核制度。

第四条　旅游行政管理部门对导游人员实行计分管理制度和年度审核制度。

第二章　导游资格证和导游证

第五条　国家实行统一的导游人员资格考试制度。经考试合格者，方可取得导游资格证。

第六条　国务院旅游行政管理部门负责制定全国导游人员资格考试的政策、标准和对各地考试工作的监督管理。

省级旅游行政管理部门负责组织、实施本行政区域内导游人员资格考试工作。

直辖市、计划单列市、副省级城市负责本地区导游人员的考试工作。

第七条　坚持考试和培训分开、培训自愿的原则，不得强迫考生参加培训。

第八条　经考试合格的，由组织考试的旅游行政管理部门在考试结束之日起 30 个工作日内颁发《导游人员资格证》。

获得资格证 3 年未从业的，资格证自动失效。

第九条　获得导游人员资格证、并在一家旅行社或导游管理服务机构注册的，持劳动合同或导游管理服务机构登记证明材料向所在地旅游行政管理部门申请办理导游证。

所在地旅游行政管理部门是指直辖市、计划单列市、副省级旅游行政管理部门以及有相应的导游规模、有相应的导游管理服务机构、有稳定的执法队伍的地市级以上旅游行政管理部门。

第十条　取得《导游人员资格证》的人员申请办理导游证，须参加颁发导游证的旅游行政管理部门举办的岗前培训考核。

第十一条　《导游人员资格证》和导游证由国务院旅游行政管理部门统一印制，在中华人民共和国全国范围内使用。

任何单位不得另行颁发其他形式的导游证。

第三章　导游人员的计分管理

第十二条　国家对导游人员实行计分管理。

国务院旅游行政管理部门负责制定全国导游人员计分管理政策并组织实施、监督检查。

省级旅游行政管理部门负责本行政区域内导游人员计分管理的组织实施和监督检查。

所在地旅游行政管理部门在本行政区域内负责导游人员计分管理的具体执行。

第十三条　导游人员计分办法实行年度10分制。

第十四条　导游人员在导游活动中有下列情形之一的,扣除10分:

(一)有损害国家利益和民族尊严的言行的;

(二)诱导或安排旅游者参加黄、赌、毒活动项目的;

(三)有殴打或谩骂旅游者行为的;

(四)欺骗、胁迫旅游者消费的;

(五)未通过年审继续从事导游业务的;

(六)因自身原因造成旅游团重大危害和损失的。

第十五条　导游人员在导游活动中有下列情形之一的,扣除8分:

(一)拒绝、逃避检查,或者欺骗检查人员的;

(二)擅自增加或者减少旅游项目的;

(三)擅自终止导游活动的;

(四)讲解中掺杂庸俗、下流、迷信内容的;

(五)未经旅行社委派私自承揽或者以其他任何方式直接承揽导游业务的。

第十六条　导游人员在导游活动中有下列情形之一的,扣除6分:

(一)向旅游者兜售物品或者购买旅游者物品的;

(二)以明示或者暗示的方式向旅游者索要小费的;

(三)因自身原因漏接送或误接误送旅游团的;

(四)讲解质量差或不讲解的;

(五)私自转借导游证供他人使用的;

(六)发生重大安全事故不积极配合有关部门救助的。

第十七条　导游人员在导游活动中有下列情形之一的,扣除4分:

(一)私自带人随团游览的;

(二)无故不随团活动的;

(三)在导游活动中未佩带导游证或未携带计分卡;

(四)不尊重旅游者宗教信仰和民族风俗。

第十八条　导游人员在导游活动中有下列情形之一,扣除2分:

(一)未按规定时间到岗的;

(二)10人以上团队未打接待社社旗的;

（三）未携带正规接待计划；

（四）接站未出示旅行社标识的；

（五）仪表、着装不整洁的；

（六）讲解中吸烟、吃东西的。

第十九条　导游人员 10 分分值被扣完后，由最后扣分的旅游行政执法单位暂时保留其导游证，并出具保留导游证证明，并于 10 日内通报导游人员所在地旅游行政管理部门和登记注册单位。正在带团过程中的导游人员，可持旅游执法单位出具的保留证明完成团队剩余行程。

第二十条　对导游人员的违法、违规行为除扣减其相应分值外，依法应予处罚的，依据有关法律给予处罚。

导游人员通过年审后，年审单位应核销其遗留分值，重新输入初始分值。

第二十一条　旅游行政执法人员玩忽职守、不按照规定随意进行扣分或处罚的，由上级旅游行政管理部门提出批评和通报，本级旅游行政管理部门给予行政处分。

第四章　导游人员的年审管理

第二十二条　国家对导游人员实行年度审核制度。导游人员必须参加年审。

国务院旅游行政管理部门负责制定全国导游人员年审工作政策，组织实施并监督检查。

省级旅游行政管理部门负责组织、指导本行政区域内导游人员年审工作并监督检查。

所在地旅游行政管理部门具体负责组织实施对导游人员的年审工作。

第二十三条　年审以考评为主，考评的内容应包括：当年从事导游业务情况、扣分情况、接受行政处罚情况、游客反映情况等。考评等级为通过年审、暂缓通过年审和不予通过年审三种。

第二十四条　一次扣分达到 10 分，不予通过年审。

累计扣分达到 10 分的，暂缓通过年审。

一次被扣 8 分的，全行业通报。

一次被扣 6 分的，警告批评。暂缓通过年审的，通过培训和整改后，方可重新上岗。

第二十五条　导游人员必须参加所在地旅游行政管理部门举办的年审培训。培训时间应根据导游业务需要灵活安排。每年累计培训时间不得少于 56 小时。

第二十六条　旅行社或导游管理机构应为注册的导游人员建立档案，对导游人员进行工作培训和指导，建立对导游人员工作情况的检查、考核和奖惩的内部管理机制，接受并处理对导游人员的投诉，负责对导游人员年审的初评。

第五章　导游人员的等级考核

第二十七条　国家对导游人员实行等级考核制度。导游人员分为初级、中级、高级、特级四个等级。

第二十八条　初级导游和中级导游考核由省级旅游行政管理部门或者委托的地市级

旅游行政管理部门组织评定;高级导游和特级导游由国务院旅游行政管理部门组织评定。

第二十九条　由省部级以上单位组织导游评比或竞赛获得最佳称号的导游人员,报国务院旅游行政管理部门批准后,可晋升一级导游等级。

导游等级评定标准和办法由国务院旅游行政管理部门另行制定。

第六章　附　则

第三十条　本办法自 2002 年 1 月 1 日起施行。

第三十一条　本办法由国家旅游局负责解释。

附录三　导游证管理办法

一、为进一步规范导游证管理,依据《导游人员管理条例》和《导游人员管理实施办法》(国家旅游局第 15 号局令),制定本办法。

二、导游证是持证人已依法进行中华人民共和国导游注册、能够从事导游活动的法定证件。

三、导游证版式。导游证实行统一版式。新版导游证(2002 年版)为 IC 卡形式,可借助读卡机查阅卡中储存的导游基本情况和违规计分情况等内容,导游证的正面设置中英文对照的"导游证(CHINA TOUR GUIDE)"、导游证等级、编号、姓名、语种等项目,中间为持证人近期免冠 2 寸正面照片,导游证等级以 4 种不同的颜色加以区分:初级为灰色、中级为粉米色、高级为淡黄色、特级为金黄色;背面印有注意事项和卡号。

四、导游证编号。其规则为"D－0000－000000",英文字母"D"为"导"字的拼音字母的缩写,代表导游,前 4 位数字为省、城市、地区的标准国际代码,后 6 位数字为计数编码。不同等级的导游证卡号依各自顺序编号。

五、导游证的领取。领取人须持以下材料向所在旅游行政管理部门提出申请。

(一)申请人的《导游人员资格证书》及其复印件、《导游员等级证书》及其复印件(原件仅供交验);

(二)与旅行社订立的劳动合同及其复印件,或在导游服务中心登记的证明文件及其复印件(原件仅供交验);

(三)身份证及其复印件;

(四)按规定填写的《申请导游证登记表》。

六、导游证的发放。接受申请的所在地旅游行政管理部门通过导游管理网络核查申领人"导游资格证"、所服务旅行社和导游机构的合法性,核查申领人的导游执业档案有无违规记录;核查所提供劳动合同及其他证明的合法性。

经审核,发证机关应向符合规定条件的申请人颁发导游证,对不符合颁证条件的,要当面或以书面形式通知申请人;对材料不符合条件的,要求申请人进行补充和完善。

七、导游证的变更和换发。导游跨省或跨城市调动、姓名变更、等级变更,需更换导游证,原导游证作废。其他变更需更改导游证的相关内容,原导游证可继续使用。

持证人原导游证作废,须办理变更、换发手续。

(一)导游跨省或跨城市调动

导游跨省或跨城市调动,涉及发证机关和导游证编号的变更。原发证机关还须收回变更人原导游证、打孔作废,并在《申请导游证登记表》中注明"原证已收回"、"跨地变更、换发"字样。持原发证机关的证明和本办法第五条所要求的四项材料,到新单位所在地旅游行政管理部门换领导游证。变更人的新导游证编号应按新单位所属地区编码和该地区导游排序重新编排、建档、登记。

(二)等级调整

持原导游证和身份证、导游员等级证书(原件及其复印件)、《申请导游证登记表》(一式三份须注明"等级变更换发"字样)到原发证机关办理换领手续。

(三)调动所属单位的变更

在本地区内的所属单位变更,持原单位同意调出或解聘关系的证明材料、身份证、原导游证到原发证机关办理导游证变更手续,领取、填报《申请导游证登记表》(一式3份、须注明"单位变更"字样),同时持本办法第五条中所要求的四项材料,办理导游证。

(四)其他变更

其他变更程序可参照以上内容执行。

八、导游证遗失、补发。持证人发现导游证遗失须立即办理挂失、补办手续。

(一)持证人带团时发生遗失

持证人发现导游证遗失,应及时与原单位或委托旅行社联系,取得其单位开具的身份及遗失证明或复印件,并凭团队计划和日程表、遗失证件简要说明等材料完成行程。

(二)申请补发导游证

持证人应及时向所在单位报告、递交遗失证件简要情况,并持所属单位出具的遗失证明、身份证(及其复印件)、《导游人员资格证书》及其复印件、《导游员等级证书》及其复印件到发证机关办理遗失补办手续。填写《申请导游登记表》(一式三份),注明"遗失补发"字样。持证人凭此《申请导游登记表》到《中国旅游报》、省级日报联系办理登载"证件遗失作废声明"(内容包括导游证编号、姓名、卡号)事宜,自证件遗失作废声明登载之日起的1个月后,持登报启事、导游资格证、身份证、所在单位开具的证件丢失证明,到原发证机关补办导游证。

在申请补办期间,申请人不得从事导游活动。

导游证损坏的,持证人应持身份证(原件及复印件)、原导游证、导游资格(等级)证书和填妥的《申请导游登记表》(一式三份,须注明"损坏换发"字样),向原发证机关申请换发。

九、导游证的监督检查。持证人应接受旅游行政管理部门的检查,出示和提供有关材料。

持证人违规使用导游证,旅游行政管理部门依据《导游人员管理条例》、《导游人员管理实施办法》的规定作出相关处罚。其他组织和个人不得擅自扣留、销毁、吊销导游证。

十、本办法由国家旅游局负责解释。

十一、本办法自2002年4月1日试行,国家旅游局1999年10月1日实施的《导游证管理办法》和1999年8月27日发布的《关于改版和换发导游证的通知》到2003年4月1日废止。

附录四　导游服务质量

前　言

　　本标准对导游服务质量提出了要求,并规定了涉及导游服务过程中的若干问题的处理原则,其目的是为了保障和提高导游服务的质量,促进中国旅游事业的发展。

　　本标准的技术要求借鉴了旅游行业导游服务几十年实践工作经验、国家和部分企业的有关规章制度与导游工作规范,并参照了国外的相关资料。

　　本标准的附录 A 是标准的附录。

　　本标准由国家旅游局提出。

　　本标准由全国旅游标准化技术委员会归口并负责解释。

　　本标准起草单位:中国国际旅行社总社。

　　本标准主要起草人:张蓬昆、梁杰、范巨灵、朱彬、关莉。

　　中华人民共和国国家标准 GB/T 15971—1995

导游服务质量(Quality of tour—guide service)

1 范围

本标准规定了导游服务的质量要求,提出了导游服务过程中若干问题的处理原则。

本标准适用于各类旅行社的接待旅游者过程中提供的导游服务。

2 定义

本标准采用下列定义。

2.1 旅行社 travel service

依法设立并具有法人资格,从事招徕、接待旅行者,组织旅游活动,实行独立核算的企业。

2.2 组团旅行社(简称组团社) domestic tour wholesaler

接受旅游团(者)或海外旅行社预定,制定和下达接待计划,并可提供全程陪同导游服务的旅行社。

2.3 接待旅行社(简称接待社) domestic land operator

接受组团社的委托,按照接待计划委派地方陪同导游人员,负责组织安排旅游团(者)在当地参观游览等活动的旅行社。

2.4 领队 tour escort

受海外旅行社委派,全权代表该旅行社带领旅游团从事旅游活动的工作人员。

2.5 导游人员 tour guide

持有中华人民共和国导游资格证书、受旅行社委派、按照接待计划,从事陪同旅游团(者)参观、游览等工作的人员。导游人员包括全程陪同导游人员和地方陪同导游人员。

2.5.1 地方陪同导游人员(简称地陪) local guide

受接待旅行社委派,代表接待社,实施接待计划,为旅游团(者)提供当地旅游活动安排、讲解、翻译等服务的导游人员。

2.5.2 全程陪同导游人员(简称全陪) national guide

受组团旅行社委派,作为组团社的代表,在领队和地方陪同导游人员的配合下实施接待计划,为旅游团(者)提供全旅程陪同服务的导游人员。

3 全陪服务

全陪服务是保证旅游团(者)的各项旅游活动按计划实施,旅行顺畅、安全的重要因素之一。

全陪作为组团社的代表,应自始至终参与旅游团(者)全旅程的活动,负责旅游团(者)移动中各环节的衔接,监督接待计划的实施,协调领队、地陪、司机等旅游接待人员的协作关系。

全陪应严格按照服务规范提供各项服务。

3.1 准备工作要求

准备工作是全陪服务的重要环节之一。

3.1.1 熟悉接待计划

上团前,全陪要认真查阅接待计划及相关资料,了解旅游团(者)的全面情况,注意掌握其重点和特点。

3.1.2 做好物质准备

上团前,全陪要做好必要的物质准备,携带必备的证件和有关资料。

3.1.3 与接待社联络

根据需要,接团的前一天,全陪应同接待社取得联系,互通情况,妥善安排好有关事宜。

3.2 首站(入境站)接团服务要求

首站接团服务要使旅游团(者)抵达后能立即得到热情友好的接待,旅游者有宾至如归的感觉。

(a)接团前,全陪应向接待社了解本站接待工作的详细安排情况;

(b)全陪应提前半小时到接站地点迎候旅游团(者);

(c)接到旅游团(者)后,全陪应与领队核实有关情况;

(d)全陪应协助领队向地陪交接行李;

(e)全陪应代表组团社和个人向旅游团(者)致欢迎辞。欢迎辞应包括表示欢迎、自我介绍、表示提供服务的真诚愿望、预祝旅行顺利愉快等内容。

3.3 进住饭店服务要求

进住饭店服务应使旅游团(者)进入饭店后尽快完成住宿登记手续、进住客房、取得行李。为此,全陪应积极主动地协助领队办理旅游团的住店手续,并热情地引导旅游者进入

导游业务

房间,还应协助有关人员随时处理旅游者进店过程中可能出现的问题。

3.4 核对商定日程

全陪应认真与领队核对、商定日程。如遇难以解决的问题,应及时反馈给组团社,并使领队得到及时的答复。

3.5 各站服务要求

全陪各站服务,应使接待计划得以全面顺利实施,各站之间有机衔接,各项服务适时、到位,保护好旅游者人身及财产安全,突发事件得到及时有效处理,为此:

(a)全陪应向地陪通报旅游团的情况,并积极协助地陪工作;

(b)监督各地服务质量,酌情提出改进意见和建议;

(c)出现突发事件按附录 A(标准的附录)的有关原则执行。

3.6 离站服务要求

全陪应提前提醒地陪落实离站的交通票据及准确时间,协助领队和地陪妥善办理离店事宜,认真做好旅游团(者)搭乘交通工具的服务。

3.7 途中服务要求

在向异地移动途中,无论乘坐何种交通工具,全陪应提醒旅游者注意人身和物品的安全;组织好娱乐活动,协助安排好饮食和休息,努力使旅游团(者)旅行充实、轻松、愉快。

3.8 末站(离境站)服务要求

末站(离境站)的服务是全陪服务中最后的接待环节,要使旅游团(者)顺利离开末站(离境站),并留下良好的印象。

在当次旅行结束时,全陪应提醒旅游者带好自己的物品和证件,征求旅游者对接待工作的意见和建议,对旅途中的合作表示感谢,并欢迎再次光临。

3.9 处理好遗留问题

下团后,全陪应认真处理好旅游团(者)的遗留问题。

全陪应认真、按时填写《全陪日志》或其他旅游行政管理部门(或组团社)所要求的资料。

4 地陪服务

地陪服务是确保旅游团(者)在当地参观游览活动的顺利,并充分了解和感受参观游览对象的重要因素之一。

地陪应按时做好旅游团(者)在本站的迎送工作;严格按照接待计划,做好旅游团(者)参观游览过程中的导游讲解工作和计划内的食宿、购物、文娱等活动的安排;妥善处理各方面的关系和出现的问题。

地陪应严格按照服务规范提供各项服务。

4.1 准备工作要求

做好准备工作,是地陪提供良好服务的重要前提。

4.1.1 熟悉接待计划

地陪应在旅游团(者)抵达之前认真阅读接待计划和有关资料,详细、准确地了解该旅游团(者)的服务项目和要求,重要事宜做好记录。

4.1.2 落实接待事宜

地陪在旅游团(者)抵达的前一天,应与各有关部门或人员落实、核查旅游团(者)的交通、食宿、行李运输等事宜。

4.1.3 做好物质准备

上团前,地陪应做好必要的物质准备,带好接待计划、导游证、胸卡、导游旗、接站牌、结算凭证等物品。

4.2 接站服务要求

在接站过程中,地陪服务应使旅游团(者)在接站地点得到及时、热情、友好的接待,了解在当地参观游览活动的概况。

4.2.1 旅游团(者)抵达前的服务安排

地陪应在接站出发前确认旅游团(者)所乘交通工具的准确抵达时间。

地陪应提前半小时抵达接站地点,并再次核实旅游团(者)抵达的准确时间。

地陪应在旅游团(者)出站前与行李员取得联络,通知行李员行李送往的地点。地陪应与司机商定车辆停放的位置。

地陪应在旅游团(者)出站前持接站标志,站立在出站口醒目的位置热情迎接旅游者。

4.2.2 旅游团(者)抵达后的服务

旅游团(者)出站后,如旅游团中有领队或全陪,地陪应及时与领队、全陪接洽。

地陪应协助旅游者将行李放在指定位置,与领队、全陪核对行李件数无误后,移交给行李员。

地陪应及时引导旅游者前往乘车处。旅游者上车时,地陪应恭候车门旁。上车后,应协助旅游者就座,礼貌地清点人数。

行车过程中,地陪应向旅游团(者)致欢迎辞并介绍本地概况。欢迎辞内容应包括:

(a)代表所在接待社、本人及司机欢迎旅游者光临本地;

(b)介绍自己姓名及所属单位;

(c)介绍司机;

(d)表示提供服务的诚挚愿望;

(e)预祝旅游愉快顺利。

4.3 入店服务要求

地陪服务应使旅游者抵达饭店后尽快办理好入店手续,进住房间,取到行李,及时了解饭店的基本情况和住店注意事项,熟悉当天或第二天的活动安排,为此地陪应在抵饭店的途中向旅游者简单介绍饭店情况及入店、住店的有关注意事项,内容应包括:

(a)饭店名称和位置;

(b)入店手续;

(c)饭店的设施和设备的使用方法;

(d)集合地点及停车地点。

旅游团(者)抵饭店后,地陪应引导旅游者到指定地点办理入店手续。

旅游者进入房间之前,地陪应向旅游者介绍饭店内就餐形式、地点、时间,并告知有关活动的时间安排。

地陪应等待行李送达饭店,负责核对行李,督促行李员及时将行李送至旅游者房间。

地陪在结束当天活动离开饭店之前,应安排好叫早服务。

4.4 核对、商定节目安排

旅游团（者）开始参观游览之前，地陪应与领队、全陪核对、商定本地节目安排，并及时通知到每一位旅游者。

4.5 参观游览过程中的导游、讲解服务要求

参观游览过程中的地陪服务，应努力使旅游团（者）参观游览全过程安全、顺利。应使旅游者详细了解参观游览对象的特色、历史背景等及其他感兴趣的问题。

4.5.1 出发前的服务

出发前，地陪应提前十分钟到达集合地点，并督促司机做好出发前的各项准备工作。

地陪应请旅游者及时上车。上车后，地陪应清点人数，向旅游者报告当日重要新闻、天气情况及当日活动安排，包括午、晚餐的时间、地点。

4.5.2 抵景点途中的讲解

在前往景点的途中，地陪应相机向旅游者介绍本地的风土人情、自然景观，回答旅游者提出的问题。

抵达景点前，地陪应向旅游者介绍该景点的简要情况，尤其是景点的历史价值和特色。抵达景点时，地陪应告知在景点停留的时间，以及参观游览结束后集合的时间和地点。地陪还应向旅游者讲明游览过程中的有关注意事项。

4.5.3 景点导游、讲解

抵达景点后，地陪应对景点进行讲解。讲解内容应繁简适度，应包括该景点的历史背景、特色、地位、价值等方面的内容。讲解的语言应生动，富有表达力。

在景点导游的过程中，地陪应保证在计划的时间与费用内，旅游者能充分地游览、观赏，做到讲解与引导游览相结合，适当集中与分散相结合，劳逸适度，并应特别关照老弱病残的旅游者。

在景点导游的过程中，地陪应注意旅游者的安全，要自始至终与旅游者在一起活动，并随时清点人数，以防旅游者走失。

4.6 旅游团（者）就餐时对地陪的服务要求

旅游团（者）就餐时，地陪的服务应包括：

(a)简单介绍餐馆及其菜肴的特色；

(b)引导旅游者到餐厅入座，并介绍餐馆的有关设施；

(c)向旅游者说明酒水的类别；

(d)解答旅游者在用餐过程中的提问，解决出现的问题。

4.7 旅游团（者）购物时对地陪的服务要求

旅游团（者）购物时，地陪应：

(a)向旅游团（者）介绍本地商品的特色；

(b)随时提供旅游者在购物过程中所需要的服务，如翻译、介绍托运手续等。

4.8 旅游团（者）观看文娱节目时对地陪的服务要求

旅游团（者）观看计划内的文娱节目时，地陪的服务应包括：

(a)简单介绍节目内容及其特点；

(b)引导旅游者入座。

在旅游团（者）观看节目过程中，地陪应自始至终坚守岗位。

4.9 结束当日活动时的服务要求

旅游团(者)在结束当日活动时,地陪应询问其对当日活动安排的反映,并宣布次日的活动日程、出发时间及其他有关事项。

4.10 送站服务要求

旅游团(者)结束本地参观游览活动后,地陪服务应使旅游者顺利、安全离站,遗留问题得到及时妥善的处理。

(a)旅游团(者)离站的前一天,地陪应确认交通票据及离站时间,通知旅游者移交行李和与饭店结账的时间;

(b)离饭店前,地陪应与饭店行李员办好行李交接手续;

(c)地陪应诚恳征求旅游者对接待工作的意见和建议,并祝旅游者旅途愉快;

(d)地陪应将交通和行李票证移交给全陪、领队或旅游者;

(e)地陪应在旅游团(者)所乘交通工具起动后方可离开;

(f)如系旅游团(者)离境,地陪应向其介绍办理出境手续的程序。如系乘机离境,地陪还应提醒或协助领队或旅游者提前72小时确认机座。

4.11 处理好遗留问题

下团后,地陪应认真处理好旅游团(者)的遗留问题。

5 导游人员的基本素质

为保证导游服务质量,导游人员应具备以下基本素质。

5.1 爱国主义意识

导游人员应具有爱国主义意识,在为旅游者提供热情有效服务的同时,要维护国家的利益和民族的自尊。

5.2 法规意识和职业道德

5.2.1 遵纪守法

导游人员应认真学习并模范遵守有关法律及规章制度。

5.2.2 遵守公德

导游人员应讲文明,模范遵守社会公德。

5.2.3 尽职敬业

导游人员应热爱本职工作,不断检查和改进自己的工作,努力提高服务水平。

5.2.4 维护旅游者的合法权益

导游人员应有较高的职业道德,认真完成旅游接待计划所规定的各项任务,维护旅游者的合法权益。对旅游者所提出的计划外的合理要求,经主管部门同意,在条件允许的情况下应尽力予以满足。

5.3 业务水平

5.3.1 能力

导游人员应具备较强的组织、协调、应变等办事能力。

无论是外语、普通话、地方语和少数民族语言导游人员,都应做到语言准确、生动、形象、富有表达力,同时注意使用礼貌用语。

5.3.2 知识

导游人员应有较广泛的基本知识,尤其是政治、经济、历史、地理以及国情、风土习俗等方面的知识。

5.4 仪容仪表

导游人员应穿工作服或指定的服装,服装要整洁、得体。

导游人员应举止大方、端庄、稳重,表情自然、诚恳、和蔼,努力克服不合礼仪的生活习惯。

6 导游服务质量的监督与检查

各旅行社应建立健全导游服务质量的检查机构,依据本标准对导游服务进行监督检查。

旅游行政管理部门依据本标准检查导游服务质量,受理旅游者对导游服务质量的投诉。

附录 A（标准的附录）
若干问题处理原则

A1 路线或日程变更

A1.1 旅游团(者)要求变更计划行程

旅游过程中,旅游团(者)提出变更路线或日程的要求时,导游人员原则上应按合同执行,特殊情况报组团社。

A1.2 客观原因需要变更计划行程

旅游过程中,因客观原因需要变更路线或日程时,导游人员应向旅游团(者)作好解释工作,及时将旅游团(者)的意见反馈给组团社和接待社,并根据组团社或接待社的安排做好工作。

A2 丢失证件或物品

当旅游者丢失证件或物品时,导游人员应详细了解丢失情况,尽力协助寻找,同时报告组团社或接待社,根据组团社或接待社的安排协助旅游者向有关部门报案,补办必要的手续。

A3 丢失或损坏行李

当旅游者的行李丢失或损坏时,导游人员应详细了解丢失或损坏情况,积极协助查找责任者。当难以找出责任者时,导游人员应尽量协助当事人开具有关证明,以便向投保公司索赔,并视情况向有关部门报告。

A4 旅游者伤病、病危或死亡

A4.1 旅游者伤病

旅游者意外受伤或患病时,导游人员应及时探视,如有需要,导游人员应陪同患者前往医院就诊。严禁导游人员擅自给患者用药。

A4.2 旅游者病危

旅游者病危时,导游人员应立即协同领队或亲友送病人去急救中心或医院抢救,或请医生前来抢救。患者如系某国际急救组织的投保者,导游人员还应提醒领队及时与该组织的代理机构联系。

在抢救过程中,导游人员应要求旅游团的领队或患者亲友在场,并详细地记录患者患病前后的症状及治疗情况。

在抢救过程中,导游人员应随时向当地接待社反映情况;还应提醒领队及时通知患者亲属,如患者系外籍人士,导游人员应提醒领队通知患者所在国驻华使(领)馆;同时妥善安排好旅游团其他旅游者的活动。全陪应继续随团旅行。

A4.3 旅游者死亡

出现旅游者死亡的情况时,导游人员应立即向当地接待社报告,由当地接待社按照国家有关规定做好善后工作,同时导游人员应稳定其他旅游者的情绪,并继续做好旅游团的接待工作。

如系非正常死亡,导游人员应注意保护现场,并及时报告当地有关部门。

A5 其他

如遇上述之外的其他问题,导游人员应在合理与可能的前提下,积极协助有关人员予以妥善处理。

附录五　旅游安全管理暂行办法实施细则

（1994 年 1 月 22 日　国家旅游局颁布）

第一章　总　则

第一条　为贯彻落实《旅游安全管理暂行办法》,特制定本细则。

第二章　安全管理

第二条　旅游安全管理工作实行在国家旅游管理部门的统一领导下,各级旅游行政管理部门分级管理的体制。

第三条　各级旅游行政管理部门依法保护旅游者的人身、财物安全。

第四条　国家旅游行政管理部门安全管理工作的职责是:

（一）制定国家旅游安全管理规章,并组织实施;

（二）会同国家有关部门对旅游安全实行综合治理,协调处理旅游安全事故和其他安全问题;

（三）指导、检查和监督各级旅游行政管理部门和旅游企事业单位的旅游安全管理工作;

（四）负责全国旅游安全管理的宣传、教育工作,组织旅游安全管理人员的培训工作;

（五）协调重大旅游安全事故的处理工作;

（六）负责全国旅游安全管理方面的其他有关事项。

第五条　县级以上（含县级）地方旅游行政管理部门的职责是:

（一）贯彻执行国家旅游安全法规;

（二）制定本地区旅游安全管理的规章制度,并组织实施;

（三）协同工商、公安、卫生等有关部门,对新开业的旅游企事业单位的安全管理机构、规定制度及其消防、卫生防疫等安全设施、设备进行检查,参加开业前的验收工作;

（四）协同公安、卫生、园林等有关部门,开展对旅游安全环境的综合治理工作,防止向旅游者敲诈、勒索、围堵等不法行为的发生;

（五）组织和实施对旅游安全管理人员的宣传、教育和培训工作;

（六）参与旅游安全事故的处理工作;

（七）受理本地区涉及旅游安全问题的投诉;

（八）负责本地区旅游安全管理的其他事项。

第六条　旅行社、旅游饭店、旅游汽车和游船公司、旅游购物商店、旅游娱乐场所和其他经营旅游业务的企事业单位是旅游安全管理工作的基层单位,其安全管理工作的职责是:

（一）设立安全管理机构,配备安全管理人员;

（二）建立安全规章制度,并组织实施;

（三）建立安全管理责任制,将安全管理的责任落实到每个部门、每个岗位、每个职工;

（四）接受当地旅游行政管理部门对旅游安全管理工作的行业管理和检查、监督;

（五）把安全教育、职工培训制度化、经常化,培养职工的安全意识,普及安全常识,提高安全技能,对新招聘的职工,必须经过安全培训,合格后才能上岗;

（六）新开业的旅游企事业单位,在开业前必须向当地旅游行政管理部门申请对安全设施设备、安全管理机构、安全规章制度的检查验收,检查验收不合格者,不得开业;

（七）坚持日常的安全检查工作,重点检查安全规章制度的落实情况和安全管理漏洞,及时消除安全隐患;

（八）对用于接待旅游者的汽车、游船和其他设施,要定期进行维修和保养,使其始终处于良好的安全技术状况,在运营前进行全面的检查,严禁带故障运行;

（九）对旅游者的行李要有完备的交接手续,明确责任,防止损坏或丢失;

（十）在安排旅游团队的游览活动时,要认真考虑可能影响安全的诸项因素,制定周密的行程计划,并注意避免司机处于过分疲劳状态;

（十一）负责为旅游者投保;

（十二）直接参与处理涉及单位的旅游安全事故,包括事故处理、善后处理及赔偿事项等;

（十三）开展登山、汽车、狩猎、探险等特殊旅游项目时,要事先制定周密的安全保护预案和急救措施,重要团队需按规定报有关部门审批。

第三章　事故处理

第七条　凡涉及旅游者人身、财物安全的事故均为旅游安全事故。

第八条　旅游安全事故分为轻微、一般、重大和特大事故四个等级:

（一）轻微事故是指一次事故造成旅游者轻伤,或经济损失在1万元以下者;

（二）一般事故是指一次事故造成旅游者重伤,或经济损失在1万至10万（含1万）元者;

（三）重大事故是指一次事故造成旅游者死亡或旅游者重伤致残,或经济损失在10万至100万（含10万）元者;

（四）特大事故是指一次事故造成旅游者死亡多名,或经济损失在100万元以上,或性质特别严重,产生重大影响者。

第九条　事故发生后,现场有关人员应立即向本单位和当地旅游行政管理部门报告。

第十条　地方旅游行政管理部门在接到一般、重大、特大安全事故报告后,要尽快向当地人民政府报告,对重大、特大安全事故,要同时向国家旅游行政管理部门报告。

第十一条　一般、重大、特大安全事故发生后,地方旅游行政管理部门和有关旅游企事业单位要积极配合有关方面,组织对旅游者进行紧急救援,并妥善处理善后事宜。

第四章 奖励与惩罚

第十二条 对在旅游安全管理工作中有下列先进事迹之一的单位,由各级旅游行政管理部门进行评比考核,给予表扬和奖励:

(一)旅游安全管理制度健全,预防措施落实,安全教育普及,安全宣传和培训工作扎实,在防范旅游安全事故方面成绩突出,一年内未发生一般性事故的;

(二)协助事故发生单位进行紧急救助、避免重大损失,成绩突出的;

(三)在旅游安全其他方面做出突出成绩的。

第十三条 对在旅游安全管理工作中有下列先进事迹之一的个人,由各级旅游行政管理部门进行评比考核,给予表扬和奖励:

(一)热爱旅游安全工作,在防范和杜绝本单位发生安全事故方面成绩突出的;

(二)见义勇为,救助旅游者,或保护旅游者财物安全不受重大损失的;

(三)及时发现事故隐患,避免重大事故发生的;

(四)在旅游安全其他方面做出突出成绩的。

第十四条 对在旅游安全管理工作中有下列情形之一者,由各级旅游行政管理部门检查落实,对当事人或当事单位负责人给予批评或处罚:

(一)严重违反旅游安全法规,发生一般、重大、特大安全事故者;

(二)对可能引发安全事故的隐患,长期不能发现和消除,导致重大、特大安全事故发生者;

(三)旅游安全设施、设备不符合标准和技术要求,长期无人负责,不予整改者;

(四)旅游安全管理工作混乱,造成恶劣影响者。

第五章 附 则

第十五条 本实施细则由国家旅游局负责解释。

第十六条 本实施细则自 1994 年 3 月 1 日起施行。

附录六 重大旅游安全事故报告制度试行办法

(1993 年 4 月 15 日 国家旅游局发布)

第一条 为及时了解和妥善处理好重大旅游安全事故,特制定本办法。

第二条 本办法所称重大旅游安全事故是指:

(1)造成海外旅游者人身重伤、死亡的事故;

(2)涉外旅游住宿、交通、游览、餐饮、娱乐、购物场所的重大火灾及其他恶性事故;

(3)造成其他经济损失严重的事故。

第三条 各省、自治区、直辖市、计划单列市旅游行政管理部门和参加"中国旅游紧急救援协调机构"联络网的单位(以下简称"报告单位"),都有责任将重大旅游安全事故上报"中国旅游紧急救援协调机构"。

第四条 报告单位在接到旅游景区、饭店、交通途中或其他场合发生的重大旅游安全事故的报告后,除向当地有关部门报告外,应同时以电传、电话或其他有效方式直接向"中国旅游紧急救援协调机构"报告事故发生的情况。

第五条 重大旅游安全事故的报告内容主要包括:

1.事故发生后的首次报告内容:

(1)事故发生的时间、地点;

(2)事故发生的初步情况;

(3)事故接待单位及与事故有关的其他单位;

(4)报告人的姓名、单位和联系电话。

2.事故处理过程中的报告内容:

(1)伤亡情况及伤亡人员姓名、性别、年龄、国籍、团名、护照号码;

(2)事故处理的进展情况;

(3)对事故原因的分析;

(4)有关方面的反映和要求;

(5)其他需要请示或报告的事项。

3.事故处理结束后,报告单位需认真总结事故发生和处理的情况,并做出书面报告,内容包括:

(1)事故经过及处理;

(2)事故原因及责任;

(3)事故教训及今后防范措施;

(4)善后处理过程及赔偿情况;

(5)有关方面及事故家属的反映;

导游业务

（6）事故遗留问题及其他。

第六条　中国旅游紧急救援协调机构在接到报告单位的报告应及时向有关方面通报情况，并对所请示的问题做出答复。

第七条　"中国旅游紧急救援协调机构"设在国家旅游局综合司（电话：5138866—1623传真：5122096 地址：北京建内大街甲九号邮政编码：100740）。

第八条　本办法自印发之日起施行，由国家旅游局负责解释和修订。

专业网站汇集

1. 长城网：www. hebei. com. cn
2. 中国旅游门票网：http：//www. yoo66. com/zx
3. 中国旅游新闻网：http：//www. cntour2. com
4. 北京旅游网：http：//www. bjlyw. com
5. 河北旅游网：http：//www. youhebei. com
6. 旅游胜地网：http：//www. 71557. com
7. 中国·山海关旅游信息网：http：//www. shg. com. cn
8. 国家环保总局：http：//www. zhb. gov. cn
9. 中国环境在线：http：//www. chinaeol. net
10. 绿色和平组织：http：//www. greenpeace. org/china/zh

导游业务

参考文献

1. 余人. 导游业务. 北京：旅游教育出版社，1999.
2. 徐堃耿. 导游实务. 北京：中国人民大学出版社，2001.
3. 王连义. 幽默导游词. 北京：中国旅游出版社，2003.
4. 杜炜. 导游业务（第二版）. 北京：高等教育出版社，2006.
5. 孔永生. 导游细微服务. 北京：中国旅游出版社，2007.
6. 熊剑平. 导游业务. 武汉：武汉大学出版社，2006.
7. 陶汉军，黄松山. 导游业务. 天津：南开大学出版社，2005.
8. 赵阳，王丽飞. 导游实务. 哈尔滨：哈尔滨工业大学出版社，2005.
9. 唐鹏德，徐华玉. 导游业务，福州：福建人民出版社，2005.
10. 范黎光. 导游业务，北京：机械工业出版社，2005.
11. 毛福禄，樊志勇. 导游概论. 天津：南开大学出版社，2005.
12. 陶汉军，黄松山. 导游业务. 北京：旅游教育出版社，2003.
13. 窦志萍. 导游技巧与模拟导游. 北京：清华大学出版社，2006.
14. 侯志强. 导游服务实训教程. 福州：福建人民出版社，2004.
15. 王琦. 导游岗位实训. 上海：上海财经大学出版社，2007.
16. 潘宝明. 导游业务. 北京：中国商业出版社，2003.
17. 李瑞玲. 导游业务. 郑州：郑州大学出版社，2006.
18. 樊丽丽. 导游业务训练课程. 北京：中国经济出版社，2007.
19. 傅云新，蔡晓梅. 旅游学. 广州：中山大学出版社，2007.
20. 熊剑平，李志飞，张贞冰. 导游学. 北京：科学出版社，2007.
21. 王连义. 导游技巧与艺术. 北京：中国旅游出版社，2002.
22. 郭赤婴. 导游员职业道德实证分析. 北京：中国旅游出版社，2003.
23. 欧阳莉. 导游素质论及管理对策[J]. 湖南社会科学，2005(6).
24. 陈乾康. 导游实务. 北京：中国人民大学出版社，2006.
25. 谢彦君. 基础旅游学. 北京：中国旅游出版社，2004.
26. 韩荔华. 实用导游语言技巧. 北京：旅游教育出版社，2002.
27. 导游人员管理条例. 中华人民共和国国务院令第263号.
28. 导游人员管理条例实施办法. 中华人民共和国旅游局[2005]第15号令.